教育部人文社科研究规划基金项目"在线纠纷解决机制研究：理论、规则与实践"（22YJA820036）资助研究成果。

人大未来法治研究丛书

数字时代在线解纷机制
理论重塑与实践创新

Online Dispute Resolution in the Digital Age

Theoretical Reframing and Practical Innovations

郑维炜 著

中国社会科学出版社

图书在版编目（CIP）数据

数字时代在线解纷机制：理论重塑与实践创新／郑维炜著 .—北京：中国社会科学出版社，2024.3
ISBN 978 - 7 - 5227 - 3184 - 1

Ⅰ.①数… Ⅱ.①郑… Ⅲ.①互联网络—应用—民事纠纷—处理—研究—中国　Ⅳ.①D925.104 - 39

中国国家版本馆 CIP 数据核字（2024）第 049137 号

出 版 人	赵剑英
责任编辑	许　琳
责任校对	李　硕
责任印制	郝美娜

出　　版	中国社会科学出版社
社　　址	北京鼓楼西大街甲 158 号
邮　　编	100720
网　　址	http://www.csspw.cn
发 行 部	010 - 84083685
门 市 部	010 - 84029450
经　　销	新华书店及其他书店

印　　刷	北京君升印刷有限公司
装　　订	廊坊市广阳区广增装订厂
版　　次	2024 年 3 月第 1 版
印　　次	2024 年 3 月第 1 次印刷

开　　本	710×1000　1/16
印　　张	17.75
字　　数	278 千字
定　　价	88.00 元

凡购买中国社会科学出版社图书，如有质量问题请与本社营销中心联系调换
电话：010 - 84083683
版权所有　侵权必究

总序　建设面向未来的世界一流法学学科

未来已来!

进入21世纪第二个十年,人工智能、高端芯片、区块链、基因检测与基因编辑技术等突破了一系列重要的技术屏障,开始以我们从未想见的广度、深度和速度普及我们的生产和生活中,整个人类都面临着数千年未有之大变局!

已经到来的这个未来,令人印象深刻:人生而渴望自由,却无时无刻不身处网络中;人生而渴望平静的生活,却每分每秒都无处躲藏。人类有很多美好的想法,总想"鱼"和"熊掌"能够兼得,我们中国人就此还贡献了一个词叫"两全其美"。但生活的现实残酷地告诉我们,"鱼"和"熊掌"不可兼得。我们在得到的同时,一定会失去些什么:如果我们想享受农业社会的田园风光,就一定会付出物资相对匮乏的代价;如果我们想享受工业社会丰富的产品,就一定会牺牲恬淡、自然和舒适的生活。如果我们想享受人工智能时代的便利,我们准备付出什么?如何能够让人类的获得最大化,让付出的代价在人类可接受的范围内,这可能就是未来法治要着重去思考的问题。

2017年9月8日,中国人民大学法学院集中优质资源,成立未来法治研究院,就是为了回应新一轮科技革命和产业变革对法治、给人类所带来的机遇和挑战。未来法治研究院要成为促进法学学科与人工智能、互联网、大数据、云计算等现代科技及司法实践深度融合的重要载体,成为具有创新实力、在国际上拥有话语权、能够抢占国际学术制高点的重要战略创新力量,并力争具备在这些新兴学科领域与世界顶尖法学院平等对话和竞争的能力。目前,未来法治研究院已经会聚了一支具有法学、计算机科学、信息科学等跨学科背景、学缘结构多元、年龄优势明显、国际交往能力突出的学术团队。未来法治研究院自成立以来，立足中国问题，面向新一轮科技革命和产业变革所带来的挑战，已先后组织了多期未来法治读书会、具有较大影响力的学术研讨会和前沿讲座，逐步起到了学术引领作用。

未来法治是一个需要充分展现人类想象力的领域。如果说到现在为止，改革开放已经走过的四十多年，我们中国人向世界展现的主要是我们的学习能力的话，那么改革开放未来的四十多年，甚至更长的历史时段，我们中国人需要向世界展现的，主要应当是我们的想象能力：面对人类还没有给出答案的问题，我们要给出适合我们的答案；来到人迹罕至的区域，要留下我们的脚印；我们要在还没有路的地方，披荆斩棘，筚路蓝缕，走出一条自己的路！

组织出版这套未来法治研究丛书，就是试图展现未来法治研究院年轻同事们的学术想象力。我一直相信，对于一个过去百年来不断从人类共同文明中吸取营养的民族，能够对解决相同的问题提出更好的方案，能够对没有答案的问题给出我们的回答，才是我们这个民族能够对人类共同文明做出的最好的回馈。

让我们一起自信、勇敢地面对未来！

中国人民大学副校长　　王　轶　于明德法学楼
未来法治研究院院长

序

中国式现代化的发展，需要中国特色社会主义法治的全方位保障。面对中国未来法治事业进步的需要，中国人民大学法学院未来法治研究院组织青年教师们出版了未来法治研究丛书，令人耳目一新。未来法治研究院是中国人民大学法学院面向未来、回应数字时代法治发展与创新的需求、推动新时代法治理论研究的重要平台，而这套丛书无疑展现了法学院青年教师对数字时代法治问题的深刻思考。特别是郑维炜博士所著的《数字时代在线解纷机制：理论重塑与实践创新》一书，对深入理解数字时代的"网上枫桥经验"、坚持和发展"网上枫桥经验"进而继续深化我国智慧司法建设，具有启发性和导向性。

当前，中国已经迈入数字时代并位居世界前列，法治模式的数字化发展必将对传统法治理念进行重塑。本书付梓于新中国成立75周年之际，体现了数字时代在线解纷机制的最新理论研究成果，是对中国式现代化理论和"网上枫桥经验"的深入研讨。"枫桥经验"从诞生到演进再到"网上枫桥经验"的创新，始终彰显着一脉相通、历久弥坚的独特法律价值意蕴，即把问题解决在基层、把问题化解在萌芽状态。通过对在线解纷机制的"枫桥经验"本土化改造，探索数字时代"网上枫桥经验"的实践逻辑和实现路径，有力推动了在线解纷机制的中国化重塑。如何回应数字时代对法治发展的呼唤，实现数字科技与司法深度融合，无疑是继续深化智慧司法建设、建立新型的解纷机制的首要问题，也是为在数字时代中国法治的发展、在国际上发出中国声音提供了创新的中国方案。

本书的丰富内容呈现出以下特点：

首先，问题导向和目标导向相统一。本书不仅提出问题、解决问题，还在此基础上设立了未来的发展目标，提出了在线解纷机制未来发展的中国方案。本书通过对在线解纷机制的历史发展脉络的梳理，直接聚焦数字正义这一核心问题，并结合新时代"枫桥经验"的演进，从电子商务、名誉权、肖像权、著作权权属等实务中的焦点问题逐一展开，并最终落脚于智慧司法的创新和未来发展目标。作者在本书中通过对在线解纷实践和创新进行比较法的分析，提出自己独到的观点，从而展望未来在线解纷机制的发展前景。

其次，独特的编排体例和深入的比较分析。本书在编排体例上，不仅从法学理论的层面对在线解纷机制进行了学术的探讨，还用至少一半的篇幅聚焦于对实务问题的探讨，充分结合当下司法实践情况，从司法实务方面对相关问题进行了细致的分析，特别是通过对域外先进经验的比较研究，结合我国在线解纷机制的司法实践，提供给广大读者一种全新的体系性与广角性的解决思路。

最后，创新的学术观点和可操作性的司法建议。本书涉及的专题结合数字时代的人民司法呈现出新内容和新特点，对在线解纷机制的发展进行了回顾，对智慧司法的未来前景进行展望。本书充分展现了在线解纷机制司法实践中的难点、痛点，对进一步深入推进国家治理体系和治理能力现代化提出了可行性建议。

郑维炜博士近年来对智慧司法、在线解纷机制的学术探讨和研究取得了丰硕的成果。她相继在《人民日报》、《光明日报》和《中国社会科学报》发表相关理论文章，在学术界和法律实务界引起了良好的反响，得到了国家司法机关的肯定和认同。在此基础上，她几易其稿，将在线解纷机制的发展、衍变以及针对实务问题的应对之策通过本书六章二十余万字进行了客观详细地分析和展现。其理论问题剖析深刻而易懂，实务难点解构既注重解决实效，又兼具理论高度。在这本结合法学理论与实务实践的书稿即将付梓之际，我将本书隆重推荐给大家，希望能够为法学理论研究人员和司法解纷一线的实务工作者提供宝贵的借鉴和参考。

是为序。

龙翼飞
2024 年 1 月 4 日于明德法学楼

导　言

　　2023年是毛泽东同志批示学习推广"枫桥经验"60周年暨习近平总书记指示坚持和发展"枫桥经验"20周年。20世纪60年代，我国浙江诸暨枫桥镇创造了"枫桥经验"，发动和依靠群众，矛盾不上交，就地解决。这彰显了通过非诉讼途径解决基层矛盾、解决群众问题的重要性。此后，"枫桥经验"在实践中不断丰富发展，那么，如何将"枫桥经验"与互联网信息和通信等新技术相结合，成为备受关注的问题。在线解纷机制最早起源于20世纪90年代，是一种能独立于当事人所在的物理场所、大部分或主要过程利用互联网信息和通信等新技术进行的纠纷解决机制，主要包括在线和解、在线调解、在线仲裁和在线诉讼等，主要适用于解决电子商务、名誉权、肖像权、著作权权属等领域的纠纷。在线解纷机制适应数字时代发展需要，作为"网上枫桥经验"而成为解决纠纷、预防纠纷的有效途径。本书将从在线解纷机制相关理论、规则文本与创新实践角度出发，分析和阐述数字时代在线解纷机制的发展进路与图景；深入探讨在线解纷机制中接近正义与数字正义的交融博弈、技术要素对当事人意思自治的双重作用、在线解纷机制与法律文化的双向互动以及在线解纷机制在统筹国内法治和涉外法治中能够发挥的积极作用；着眼于在线解纷机制的规则文本与实践创新，对于其在不同纠纷类型中的运用进行分析与论证，通过比较与借鉴域外经验，推动具有中国特色的在线解纷机制与具体纠纷类型有机衔接和融合发展，更好地服务于新时代下的中国特色社会主义法治文明的进步与发展；聚焦智慧法院、智慧检院与未来司法，分析和讨论智慧司法发展过程中所要面对与解决的一些带有普遍性的理论和机制问题，从而为深入推进国家治理体系和治理能力现代化做出贡献。

数字时代为人类认识世界、改造世界提供了新技术、新思维，其与审判体系和审判能力现代化相互融合、相互促进，使得人民司法呈现出新内容和新特点。与此同时，当事人对建立一个公平、正义、高效为价值取向的纠纷解决机制的需求越来越迫切。在理论重塑方面，接近正义与数字正义的逻辑转换、当事人自我的权利处分和意思自治、法律文化的双向互动以及建立并完善相关的法治环境对于回应国家治理体系改革意义重大。接近正义理论最早是以法院为中心的理论，随着多元解纷机制的发展，其内涵越来越丰富。多元解纷机制和接近正义的融合，法院不再被视为当事人获得正义的唯一途径或者场所。而当事人在个案中通过互联网这一媒介以可视化方式来体验切实的公平公正，改变了纠纷解决的逻辑和路径，从而更好地促进数字正义的实现。意思自治理论则是在线解纷机制的正当性基础，方便当事人选择最适合自己利益追求的纠纷解决机制，对于如何建立数字时代的人际信任（interpersonal trust）具有重要意义。发展在线解纷机制必须充分正视不同国家、不同地区法律文化的多样性，在当事人之间以及当事人与平台之间建立起相互尊重、相互信任的长效机制。此外，统筹推进国内法治和涉外法治是习近平法治思想的重要内容。在国际民商事领域中推动国内法治与涉外法治的有机衔接，是在线解纷机制所发挥的重要作用。这必将对参与全球网络空间治理、坚定不移走中国特色社会主义法治道路提供理论层面的有力保障。

在实践创新方面，本书拟从四个普遍运用在线解纷机制解决纠纷和预防纠纷的领域——电子商务、名誉权、肖像权及著作权权属入手，考察在线解纷机制在国内外的相关实践，以总结有益经验、回应现实问题，推动在线解纷机制在解决和预防这些具体纠纷类型中发挥更为充分的作用，并以此逐步拓展适用范围，使在线解纷机制更好地适用于其他纠纷类型。总体来讲，在线解纷机制在实践中具备以下几个方面的新特点：其一，利用虚拟在线的形式解决纠纷；其二，增加软件程序辅助纠纷解决；其三，强调信息与数据的收集、分析以及多次利用，为解纷程序运行提质增效并防止纠纷再次产生提供助力。

在规则解读方面，本书还将聚焦我国智慧法院、智慧检院与未来司法，通过对《人民法院在线诉讼规则》《人民法院在线调解规则》《人民法院在线运行规则》等相关规则进行梳理与解读，为进一步细化在线纠纷解决规则、推动在线解纷机制有效落实提出有益建议，使之更加适应数字时代要求，为深化智慧法院建设提供规则保障。当然，本书也将对域外在线解纷机制相关规则进行系统梳理、解读和比较研究，为打造共建共治共享的全球网络空间治理格局提供法律支撑。同时，对目前我国智慧法院建设中存在的现实问题进行回应，从而巩固和拓展智慧法院建设成果，提升审判质效，推动司法制度更加成熟完善、更加适应数字时代的要求。

目 录

第一章 数字时代在线解纷机制的发展进路 …………………（1）
 第一节 在线解纷机制产生的历史背景与实践发展 …………（1）
 第二节 在线解纷机制的基本内容 ………………………（11）

**第二章 数字时代技术、解决纠纷与实现正义之间的
   连接点** ……………………………………………（21）
 第一节 "枫桥经验"视角下从接近正义到数字正义的
    演进 ……………………………………………（21）
 第二节 当事人自我的权利处分和意思自治 ……………（33）
 第三节 法律文化与在线解纷机制的双向互动 …………（38）
 第四节 法治环境的建立与完善 …………………………（55）

第三章 电子商务在线解纷机制 ……………………………（61）
 第一节 电子商务在线解纷机制的基本概述 ……………（61）
 第二节 域外经验：欧盟关于消费者在线解纷机制的
    立法规制与实践做法 …………………………（80）
 第三节 "一带一路"跨境电子商务在线解纷机制的
    发展路径 ………………………………………（93）

第四章 网络侵权的纠纷解决与预防 ………………………（110）
 第一节 网络侵权纠纷的起源与类型 ……………………（110）
 第二节 网络侵权纠纷在线解决的必要性 ………………（121）
 第三节 我国网络侵权的纠纷解决与预防 ………………（129）

第五章 网络著作权纠纷与在线解纷机制 (163)
- 第一节 网络著作权纠纷中的几个问题 (163)
- 第二节 为什么强调网络著作权纠纷的在线解决 (170)
- 第三节 我国网络著作权纠纷在线解决的实践探索 (182)

第六章 智慧司法与在线解纷机制 (203)
- 第一节 域外法院在线解纷项目的分析与讨论 (203)
- 第二节 我国智慧法院与互联网司法建设：运行现状与创新实践 (211)
- 第三节 我国智慧检院建设：目标厘定、实践探微与前景展望 (232)

参考文献 (253)

后　记 (270)

第一章 数字时代在线解纷机制的发展进路

第一节 在线解纷机制产生的历史背景与实践发展

一 在线解纷机制的产生

在线解纷机制最早可追溯到 20 世纪 90 年代，并与互联网的发展轨迹相一致，是一种能独立于当事人所在的物理场所、大部分或主要过程利用互联网信息和通信等新技术进行的解纷机制。该机制最早适用于解决电子商务纠纷，随后逐渐推广到网络侵权、知识产权、金融消费等纠纷领域，成为数字时代解决纠纷、预防纠纷的有效途径。在线解纷机制的完善与发展需要以互联网思维和技术为基础去重新审视传统的纠纷解决机制，进而满足数字时代当事人高效率、低成本解决纠纷的需求，最终实现数字正义的目标。

暴增的互联网用户与频繁且多样化的交往活动带来网络纠纷数量的增长。1969 年因特网出现，其后的 20 多年中，因特网完全没有得到普及。直到 20 世纪 80 年代中期到世纪之交，域名、万维网（www）、网络服务提供商（Internet Service Provider，ISP）、图形浏览器（Netscape）才相继出现，特别是随着 1992 年第一家网络服务提供商的出现，互联网用户人群开始扩大，自此万维网进入 1.0 时代。在这一时期，互联网开始向各种新方向和新领域发展，网络活动也更加丰富多样。一定范围和数量的网络纠纷使得在线解纷机制被越来越多的互联网用户需要。① 例如，1995年亚马逊和易贝（eBay）② 相继创立，它们的迅猛发展促成越来越多的网上交易。然而，电子商务中的电子支付方式比起面对面现金交易的方式更容易引起纠纷，造成了纠纷数量的进一步激增。

网络纠纷数量呈现几何式增长，给法院审判人员带来了巨大压力，无法回应当事人的诉讼需求。互联网的出现，为信息互通与人际沟通提供了新方法，使得在线解纷机制具备了可行性。③ 比如，电子数据管理系统让信息汇总更加便利，通过系统联通可以形成法律信息数据库，为在线解纷机制的适用奠定数据基础。再如，各类互联网即时通信技术视频会议、电话会议、电子邮件等，为当事人之间以及当事人、调解员、仲裁员、审判人员等的沟通提供便利，使得解纷活动能够在线进行。又如，区块链技术可以为电子证据的存储、固定、出示及质询提供支持，电子签名技术可用以甄别和确认当事人身份等。

在必要性和可行性均具备的条件下，在线解纷机制首先适用于电子商务领域，并凸显出其优越性。比如，易贝网成立后在短时间内获得了巨大的成功，但运营者敏锐地认识到了消费者对于网络购物的信任问题。为消解消费者对网络购物潜在风险的担忧，声誉系统在这种情境下被创造出来。消费者可以利用声誉系统对交易进行评价。这为消费者提供了更多关于卖家的信息，能够有效提高消费者的信任程度，降低购买风险。④ 美国国家技术和纠纷解决中心（The National Center for Technology & Dispute Resolution，NCTDR）在1999年开始了一项关

---

① 参见联合国贸易和发展会议《电子商务发展报告》，https://unctad.org/system/files/official-document/sdteecb20031overview_en.pdf，2023年7月14日。

② 官方网站为https://www.ebay.com/，2023年10月20日。

③ See Ethan Katsh, "ODR: A Look at History, in Online Dispute Resolution: Theory and Practice", in Mohamed S. Abdel Wahab, Ethan Katsh and Daniel Rainey eds., *Online Dispute Resolution: Theory and Practice-A Treatise on Technology and Dispute Resolution*, The Netherlands: Eleven International Publishing, 2012, p.21.

④ See Ethan Katsh, "ODR: A Look at History, in Online Dispute Resolution: Theory and Practice", in Mohamed S. Abdel Wahab, Ethan Katsh and Daniel Rainey eds., *Online Dispute Resolution: Theory and Practice-A Treatise on Technology and Dispute Resolution*, The Netherlands: Eleven International Publishing, 2012, p.26.

于易贝卖家与买家间纠纷调解的试点项目①，其主要内容是易贝网向用户发送相应链接，用户进入链接后填写投诉表格，之后调解员根据投诉表格通过电子邮件与各方沟通协调，就这样依托该项目在两周内处理了200多件纠纷。在试点项目后，易贝与SquareTrade②公司合作研发在线解纷系统，SquareTrade公司设计出了以技术为辅助手段，以和解谈判为核心的在线纠纷解决模式：在第一阶段买卖双方提出诉求、交换信息并尝试和解，如果无法和解，则进入第二阶段由调解员进行在线调解。SquareTrade公司用系统取代调解员，突破了简单复制的传统解纷方式，标志着在线解纷机制真正以技术为辅助手段解决纠纷。③

20世纪90年代后期，Cybersettle公司④和Smartsettle公司⑤陆续推出了自己的产品，运用技术和程序替代调解员，当事人零会面在线解纷得以实现，从而为在线解纷机制带来了新的发展。Cybersettle公司的"背靠背竞价"要求双方在系统中进行秘密报价，如果差价在双方都可以接受的范围内则为成功。该系统按照既定规则运行，应用范围广，在涉及金钱谈判的情况中都可适用。Smartsettle公司要求当事人将各自利益列明，通过技术产生各种利益组合并进行排序，辅助谈判，并为当事人提供最佳方案。⑥

作为独立的公共机构，法院也历经了电子化与在线化阶段。1993年美国威廉与玛丽法学院就出现了构建虚拟法院的构想，2001年密歇根州网络法院就是以此构想为原型建立的。⑦ 2001年澳大利亚联邦法

---

① See Ethan Katsh, Janet Rifkin and Alan Gaitenby, "E-Commerce, E-Disputes, and E-Dispute Resolution: In the Shadow of 'eBay Law'", *Ohio State Journal on Dispute Resolution*, Vol. 15, No. 3, 2000, pp. 705, 708–709.

② SquareTrade公司是美国一家著名的第三方质保服务商。官方网站为https://www.squaretrade.com/，2023年10月20日。

③ 参见[美]伊森·凯什、[以色列]奥娜·拉比诺维奇·艾尼《数字正义：当纠纷解决遇见互联网科技》，赵蕾等译，法律出版社2019年版，第46页。

④ Cybersettle公司是美国一家最早采用"双盲报价"解决争端的公司。官方网站为http://cybersettle.com/，2023年10月20日。

⑤ Smartsettle公司是由加拿大伊坎公司（iCanSystemsInc）开发的电子谈判系统。官方网站为https://www.smartsettle.com/，2023年10月20日。

⑥ 参见[美]伊森·凯什、[以色列]奥娜·拉比诺维奇·艾尼《数字正义：当纠纷解决遇见互联网科技》，赵蕾等译，法律出版社2019年版，第49页。

⑦ 参见龙飞《中国在线纠纷解决机制的发展现状及未来前景》，《法律适用》2016年第10期。

院电子法庭实现了信息、文件交流的在线化。2015 年英国建立了在线法院,该法院用来受理标的额不超过 25000 英镑的民事纠纷,其设计的程序包括第一阶段(在线评估)、第二阶段(在线辅助)以及第三阶段(在线裁判)。① 2017 年,新加坡启用"社区司法与审裁系统"(Community Justice and Tribunals System)。该系统允许争辩双方当事人借由互联网提交诉讼材料、支付电子费用,选择开庭审理日期,及时了解案件进展,大大提高了案件审理效率。②

二 在线解纷机制在中国的实践发展

在我国,在线解纷机制始于 21 世纪初。同一些国家在线解纷机制发展轨迹相类似,电子商务市场也是其发展的重要契机。淘宝网于 2003 年创办,2005 年已超过了易贝,成为我国最大的消费者对消费者(Consumer to Consumer,C2C)电子商务网上交易平台。相较于其他电子商务平台,淘宝网很早就为买家和卖家提供即时通信服务,方便双方就维权问题进行沟通协商。淘宝网也借鉴了易贝的做法,创立了信用评价系统,在完成交易后买家可就该笔交易对卖家进行信用评价,并创新推出了商盟集体声誉制度。

2012 年,阿里巴巴推出了吸收大众评审的纠纷解决平台。仅在 2014 年度就解决了 70 多万件纠纷案。③ 随着跨境电子商务的扩大,阿里全球速卖通制定了《阿里速卖通纠纷裁决指引》,对跨境电子商务纠纷的类型和纠纷处理程序进行了详细的阐释。④ 其他电子商务平台如京东、苏宁易购、国美在线等也根据平台需要提供了在线申诉、电

---

① See Lord Justice Briggs, "Civil Courts Structure Review: Final Report", p. 38, http://gffgba1dd8638c7b645c6scqxopcowqupp6wpw.ffhb.libproxy.ruc.edu.cn/hubfs/1845352/documents/Lord_Justice_Briggs_-_Final_Report.pdf.

② 黄国栋:《比较法视野下智慧法院建设的中国经验、实践困境与路径优化》,《法律适用》2023 年第 3 期。

③ 参见申欣旺《淘宝网的纠纷解决经验及其司法借鉴价值》,《浙江审判》2015 年第 11 期。

④ 参见郑维炜、高春杰《"一带一路"跨境电子商务在线争议解决机制研究——以欧盟〈消费者 ODR 条例〉的启示为中心》,《法制与社会发展》2018 年第 4 期。

子邮件、电话客服等解决纠纷的方式。①

当电子商务企业的在线解纷平台兴起之时，在线解纷机制的发展也随之全面起步。在淘宝网创立的次年，中国在线纠纷解决中心（China ODR）成立。该中心旨在解决电子商务相关纠纷，服务内容包括在线和解、在线调解和在线仲裁。这是我国首家全面提供在线解纷服务的平台。另一重要的在线解纷服务机构是中国国际经济贸易仲裁委员会（China International Economic and Trade Arbitration Commission，CIETAC）网上纠纷解决中心，其受理纠纷的类型集中于域名纠纷，包括域名、通用网址、无线网址和短信网址的抢注纠纷。② 当事人在线提交仲裁申请，填写格式仲裁申请书，并上传证据，或申请财产保全、证据保全，选定仲裁员，提交对其代理人的授权委托书，申请财产保全和证据保全，申请人或其仲裁代理人均须对所提交的文件进行电子签章或电子签名。

在法院方面，在线解纷是智慧法院建设的重要内容。自2016年最高人民法院首次提出建设智慧法院以来，其阶段性成果不断显现，杭州互联网法院、北京互联网法院和广州互联网法院相继成立，在线受理电子商务、名誉权、肖像权、著作权权属、金融消费等领域的纠纷。随后，具有跨行政区属性的互联网法庭也陆续设立。2021年4月9日，成都互联网法庭正式挂牌运行，集中管辖成都、德阳、眉山等地原本应由基层法院审理的一审互联网案件。2022年1月6日，长春互联网法庭设立，管辖吉林省范围内应由基层人民法院审理的部分一审互联网案件。2023年5月18日，江苏首家互联网法庭在苏州揭牌成立，将集中管辖苏州市辖区内应当由基层法院受理的七类第一审互联网案件，主要为数据、网络虚拟财产权属及交易、新业态用工、个人信息保护等互联网特性突出、有利于确立依法治网规则的案件。

作为智慧法院建设的重要内容，互联网法院和互联网法庭成为我国在探究发展在线纠纷解决机制中取得的突破性成果，充分展示了人民法院实现组织现代化、能力现代化与制度现代化所做出的努力。巩

---

① 参见龙飞《中国在线纠纷解决机制的发展现状及未来前景》，《法律适用》2016年第10期。

② 参见 CIETAC 网上争议解决中心网站 www.dndrc.cietac.org。

固和拓展智慧法院建设成果，还体现在 e 调解平台、多元纠纷解决平台以及浙江在线纠纷解决平台等的逐步推广，也为提高解纷质效做出了重要贡献。智慧法院的建设工作，充分体现了人民法院为完善国家治理体系和提升国家治理能力所做的努力，充分彰显出人民法院为解决审判工作的这一基本问题所创设新机制的使命感。现阶段智慧法院所取得的重要成果更加符合审判工作的运行和发展规律，为进一步提升审判工作的现代化和科学程度奠定了坚实的基础。2021 年 6 月 17 日、12 月 31 日和 2022 年 2 月 22 日，最高人民法院分别发布了《人民法院在线诉讼规则》《人民法院在线调解规则》《人民法院在线运行规则》等三个规则，三者之间既各有侧重，又相互配合，形成了有机衔接、三位一体的规则体系。我国在线纠纷解决规则体系逐步建立，既为打造共建共治共享的全球网络空间治理格局提供了法律支撑，也为继续深化智慧法院建设，推动构建中国特色、世界领先的互联网司法模式提供了制度保障。

三　在线解纷机制的国际合作

全球化的发展促进了资本、劳动力、科学技术、信息、产品和服务等在全球范围的流动和合理配置，有学者将全球化简明扼要地归纳为将整个世界压缩为一个单一市场和强化整体世界意识的过程。[1] 对全球化的这一解读实际暗含了技术要素。技术的发展使得全球资源得以流动，减小了人类跨境活动的阻碍。在线解纷机制依托于信息和通信等新技术即互联网的发展，并与全球化的发展相匹配，"在线解纷机制的构建和发展基本平行于互联网的发展与使用"[2]。"单一的、通用的、覆盖全球的和虚拟的"[3] 是互联网的基本特征。互联网超越了

---

[1] See Roland Robertson, *Globalisation: Social Theory and Global Culture*, London: SAGE Publications Ltd, 1992, p. 8.

[2] See Ethan Katsh, "ODR: A Look at History, in Online Dispute Resolution: Theory and Practice", in Mohamed S. Abdel Wahab, Ethan Katsh and Daniel Rainey eds., *Online Dispute Resolution: Theory and Practice-A Treatise on Technology and Dispute Resolution*, The Netherlands: E-leven International Publishing, 2012, p. 29.

[3] 参见中国社会科学院经济研究所编《现代经济词典》，江苏人民出版社 2005 年版，第 1147 页。

国家物理边界，有人甚至提出"电子空间独立宣言"①的口号，提出以网络空间作为基本的治理单位，法律也不再由国家最高主权机构颁布。②

正如美国学者伊森·凯什指出的，有人类活动的地方就有纠纷。一方面，国际民商事交往引发涉外纠纷案件，涉及两国或两国以上的主体、客体或者权利义务关系的产生、变更或消灭的事实发生在外国。另一方面，涉外纠纷案件的管辖权、法律适用、裁判的承认和执行，无不体现国家与国家的"边界"。为解决这些法律冲突，国家之间在诉讼领域和非诉领域开展了大量的国际司法合作。例如，在诉讼领域，有以海牙国际私法会议为主的"多边主义"③和双边司法协助协议。正如海牙国际司法会议宪章第一部分的规定，海牙国际私法会议的使命是逐步统一国际私法规则，调整私人或者商业机构的涉外法律关系，解决管辖权、诉讼、具体法律关系中的法律适用，以及对外国裁判的承认和执行等问题。目前在海牙国际私法会议主持下已经通过了多个公约，有关国际民事程序的公约包括《选择法院协议公约》《关于承认和执行外国民商事判决公约》等。在非诉领域，主要有《承认及执行外国仲裁裁决公约》（以下简称《纽约公约》）和《调解所产生的国际商事和解协议执行公约》（以下简称《新加坡调解公约》），《纽约公约》的缔结和《新加坡调解公约》的生效分别使得仲裁裁决和调解协议成为可以全球流通的法律文书。上述公约都为多元解纷机制搭建了国际框架，形成了诉讼、仲裁与调解等多元解纷方式之间的有机衔接并相互竞争的格局。

在线解纷机制的发展，借助互联网的赋能，超越传统诉讼和多元解纷方式在时间、空间上的限制，将主体、纠纷案件、中立人置于虚拟网络空间内，实现了纠纷解决领域的全球化活动。但由于各国国内法中关于在线解纷机制的法律规定不同，比如纠纷产生之前签订的仲

---

① See Matthew Fagin, "Regulating Speech Across Borders: Technology vs. Values", *Michigan Technology Law Review*, Vol. 9, No. 2, 2003, p. 395.
② 参见刘连泰《信息技术与主权概念》，《中外法学》2015年第2期。
③ 克里斯托弗·伯纳斯科尼：《海牙国际私法会议对有效多边主义的贡献》，中国法学网，2019年10月30日，http://iolaw.cssn.cn/xszl/gjfl0/rlmygtt/201911/t20191107_5030276.shtml，2023年10月9日。

裁协议是否有效，将直接影响到纠纷解决的实际效果。因此，全球化背景下在线解纷机制的发展，必然需要各国主动参与纠纷解决的国际合作，加快推进高效、便捷、共享共赢的解纷机制的运行。

（一）国际合作的主要类型

各国参与国际合作的方式按照参与的广泛性可以分为区域化和全球化的方式，按照参与主体可以分为官方和非官方的方式。

1. 区域化合作

近年来，欧洲几乎所有零售业的增长都来自电子商务。电子商务的蓬勃发展改变了欧盟消费者的消费理念和购物方式。为增强消费者对欧盟范围内电子商务市场的信心并保证消费者能够从中获益，确立欧盟范围内跨境及各成员国境内电子商务争议解决机制和程序规则，简易、高效、低成本地解决经营者与消费者之间的争议，欧盟议会和欧盟委员会出台了《欧洲议会和欧盟理事会关于在线解决消费者纠纷并修正第 2006/2004 号（欧共体）条例及第 2009/22 号（欧共体）指令的第 524/2013 号（欧盟）条例》（以下简称《消费者 ODR 条例》）[1] 和《欧洲议会和欧盟理事会关于替代性解决消费者争议并修正第 2006/2004 号（欧共体）条例及第 2009/22 号（欧共体）指令的第 2013/11 号（欧盟）指令》（以下简称《消费者 ADR 指令》）[2]。其中，《消费者 ODR 条例》旨在实现更高水平的消费者保护，增进欧盟内部市场特别是其数字空间方面的正常运作，建立欧洲范围内的在线解纷平台，促进独立、公正、透明、有效、快速、公平的诉讼外纠纷解决方式解决经营者和消费者之间的争议。[3] 该《条例》适用于欧盟范围内经营者与消费者之间因在线商品销售合同和服务合同交易所致争议的法庭外解决，排除经营者与消费者的线下商品销售和服务合同，以

---

[1] 自 2016 年 1 月 9 日起，《消费者 ODR 条例》在欧盟境内（丹麦除外）开始实施并直接适用。See Regulation (EU) No 524/2013 of the European Parliament and of the Council of 21 May 2013 on Online Dispute Resolution for Consumer Disputes and Amending Regulation (EC) No 2006/2004 and Directive 2009/22/EC.

[2] Directive 2013/11/EU of the European Parliament and of the Council of 21 May 2013 on Alternative Dispute Resolution for Consumer Disputes and Amending Regulation (EC) No 2006/2004 and Directive 2009/22/EC.

[3] 参见欧盟《消费者 ODR 条例》第 1 条。

及经营者之间的争议解决。① 实践证明,该《条例》在解决区域性电子商务争议方面发挥了实质性作用,是区域性电子商务在线争议解决机制的典范。

2. 全球化合作

关于在线解纷机制的全球化合作,目前仅有联合国贸易法委员会(United Nations Commission on International Trade Law, UNCITRAL,以下简称委员会)于2010年建立第三工作组——网络纠纷解决组。委员会第三十三届会议(2000年6月12日至7月7日)就将网上纠纷解决列入其今后工作方案的建议初步交换了看法。委员会第三十四届会议(2001年6月25日至7月13日)和第三十五届会议(2002年6月17—28日)决定,今后关于电子商务的工作将包括对网上纠纷解决问题的进一步研究,第二工作组(仲裁和调解)将与第四工作组(电子商务)就今后在该领域可能进行的工作展开合作。② 委员会第四十三届会议经讨论后一致认为应设立一个工作组,在跨界电子商务交易,包括企业对企业以及企业对消费者交易有关的网上纠纷解决领域开展工作。③ 由于各国在构建全球化的电子商务在线解纷机制中存在较大的争议,经过多年的讨论最终形成了一份无约束力的《关于网上纠纷解决的技术指引》。

3. 官方合作

上述区域化和全球化的合作都由各国政府代表提出,同时还有其他一些政府组织也在积极推动电子商务领域的国际合作。2007年7月12日,经济合作与发展组织(Organization for Economic Co-operation and Development, OECD)成员国通过了《关于消费者纠纷解决和补救

---

① 欧盟《消费者ODR条例》适用以诉讼外争议解决的方式,借助《消费者ADR指令》第20条第2款规定中所列举的ADR机构,通过ODR平台解决设立地在欧盟境内的经营者与住所地在欧盟境内的消费者之间因在线商品销售合同或服务合同所导致的合同权利义务争议。

② 第三工作组(网上争议解决)第二十二届会议工作报告(2010年12月13日至17日,维也纳), A/CN.9/716, para.1,联合国国际贸易法委员会, https://undocs.org/Home/Mobile?FinalSymbol=A%2FCN.9%2F716&Language=E&DeviceType=Desktop&LangRequested=False, 2023年10月9日。

③ 联合国国际贸易法委员会报告,第六十五届会议,补编第17号, A/65/17,第257段, https://documents-dds-ny.un.org/doc/UNDOC/GEN/V10/556/47/PDF/V1055647.pdf?OpenElement, 2023年10月10日。

的建议》(Recommendation on Consumer Dispute Resolution and Redress)①，为政府提供了一个适用于一国国内和跨境交易的有效争端解决和补救机制的统一框架，以帮助消费者解决纠纷和解决对企业的索赔问题。该框架涵盖一国国内和跨境交易中的争议，主要是解决电子商务快速增长引起的问题，同时也适用于传统交易。该建议书旨在清除当前消费者寻求救济的法律障碍。成员国越来越重视纠纷解决和救济机制，特别是集体行动机制。② 该建议书重点关注五个优先领域：确定有效的国内决议和救济框架所需的基本要素；改善跨境纠纷的解决；扩大私营部门解决纠纷举措的范围和效力；提供信息以监测消费者投诉的发展趋势以及提高消费者与企业避免和处理纠纷的意识。

4. 非官方合作

非官方的合作以中国为例，中国贸促会调解中心、上海经贸调解中心、北京"一带一路"国际商事调解中心已开通国际商事网上调解系统，与新加坡、意大利、瑞士等国家有关调解机构开展合作，取得良好进展。中国丝绸之路集团于2019年7月10日与联合国贸易法委员会签署了一项合作协议，希望向东南亚的消费者提供在线解纷方案，以此作为改善国际贸易和电子商务的工具。③ 其中，中国丝路集团将提供区块链技术等方案所需的技术支持，联合国贸易法委员会则提供相应的法律支持等。④

(二) 总结与评价

从效力来看，现有国际合作并未形成强制的准则和标准。除欧盟

---

① See http://www.oecd.org/sti/ieconomy/38960101.pdf, 10-20-2023.

② 消费者集体行动的纠纷解决和补救机制是指，当一些消费者声称他们因同一实体或相关实体的类似行为而遭受经济损害，并且他们单独解决争议不切实际或没有效率时，这些消费者应当能够利用集体解决这些争议的机制。包括但不限于：a. 消费者个人以自己的名义提起的诉讼，并作为因同一实体或相关实体的类似行为而遭受经济损害的其他消费者的代表方；b. 消费者组织代表因同一实体或相关实体的类似行为而遭受经济损失的消费者提起的诉讼；c. 消费者保护执法机构代表因同一实体或相关实体的类似行为而遭受经济损失的消费者提起的诉讼。

③ See https://unctad.org/en/pages/newsdetails.aspx?OriginalVersionID=2146, 10-22-2023.

④ 新华网：《中国丝路集团和联合国贸发会议签署跨境电子商务合作协议》，2019年7月11日，http://www.xinhuanet.com/world/2019-07/11/c_1124736674.htm，2023年10月9日。

消费者在线解纷平台外，在线解纷机制运行系统的体系化尚未形成。从既有在线解纷机制的司法适用来看，其主要集中于民商事纠纷领域，而国际合作的开展主要围绕电子商务开展。据全球著名的美国市场研究机构 eMarketer 报告，全球零售电子商务销售额在 2019 年增长 207%，达到 3.54 万亿美元。至 2021 年，全球零售电子商务销售额接近 5 万亿美元，尽管增长率低于 20%，但是电子商务市场仍正在经历大幅增长的过程。到 2023 年，预计全球零售电子商务销售额将突破 6 万亿美元，达到 6.54 万亿美元。[1] 电子商务纠纷的一个特点是价值量低、数量大，如果适用传统的纠纷解决方式会产生纠纷解决成本大于收益的问题。同时，价值量低、数量大的特点也意味着案件性质较简单、法律适用不复杂。事实上，案件性质一定程度上决定纠纷解决方式。正如在诉讼领域，各国以案件纠纷标的的大小设置小额诉讼或简易程序，实现简案快审、繁案精审。在仲裁领域，为了更高效、经济、快速地解决商事争议，仲裁程序进行了简化，形成"快速仲裁"或"简易仲裁"程序。国际商会仲裁院、斯德哥尔摩商会仲裁院、新加坡国际仲裁中心、亚洲仲裁中心、香港国际仲裁中心、世界知识产权仲裁和中国国际经济贸易仲裁委员会均规定了简易仲裁或快速仲裁。快速仲裁的适用既可以根据案件标的不超过仲裁机构确定的数额或案件的复杂性程度加以确定，也可以是通过双方的约定适用。

第二节　在线解纷机制的基本内容

一　在线解纷机制的参与主体

在线解纷机制的运行中，有着不同的参与主体，主要包括当事人、中立第三方、技术以及在线解纷平台。

（一）当事人

当事人是在线解纷机制中的基本参与主体，其决定了解决纠纷类

---

[1] "Worldwide Ecommerce Forecast 2023"，8 - 11 - 2023，https：//www.insiderintelligence.com/content/worldwide - ecommerce - forecast - 2023，10 - 20 - 2023.

型。在解决纠纷的过程中，原告需要证明自己与该纠纷具有直接利害关系并享有相关权利，其通常可以通过用户密码和用户注册信息来证明自己的主体地位。① 但因为网络主体具有隐蔽性，被告身份往往难以确定。以微博平台的侵权案件为例，原告需要先向微博的运营主体北京微梦创科网络技术有限公司请求披露侵权主体的信息后才能确定被告身份以启动下一步的纠纷解决程序。

（二）中立第三方

中立第三方包括在线调解员、仲裁员以及法官。通常情况下，除法律专业知识外，第三方需要掌握如何发起和管理在线会议、选择正确的交流工具、通过当事人的文字表达发现其偏好、引导当事人专注于纠纷焦点等技巧。

（三）技术

在线解纷机制的运行不仅需要重新考量纠纷解决中第三方介入者的角色和功能，更需要对技术在纠纷解决中的嵌入作出创造性的思考。② 这是因为在线解纷机制并非是简单地将现代技术应用到传统纠纷解决模式中，而是以互联网思维与技术为基础重新构建纠纷解决机制，从而使当事人更加便利地解决纠纷。许多学者提出技术应当成为在线解纷机制的第四方主体，但技术作为第四方必须是公正的，其不应偏向纠纷的任何一方，并要能够达成高效率低成本的效果。③ 在线解纷机制与替代性解纷机制的主要区别在于，除传统的纠纷双方和中立第三方之外，技术作为"第四方"加入到纠纷解决的全过程中。从某种意义上来说，正是作为第四方的技术迅速发展，催生了在线解纷机制。技术在一定程度上能够改变当事人之间相互作用的性质，并为纠纷解决的实现提供新的可能性。④ 技术作为第四方在纠纷解决的流程中是关键的，其使得远程沟通成为可能并且提高了第三方在该流程

---

① 参见何其生《互联网环境下的纠纷解决机制：变革与发展》，武汉大学出版社2009年版，第20—22页。

② See Janet Rifkin, "Online Dispute Resolution, Theory and Practice of the Fourth Party", *Conflict Resolution Quarterly*, Vol. 19, No. 1, 2001, p. 120.

③ See Ethan Katsh and Orna Rabinovich-Einy, *Digital Justice: Technology and the Internet of Disputes*, Oxford: Oxford University Press, 2017, p. 11.

④ See Ethan Katsh and Colin Rule, "What We Know and Need to Know about Online Dispute Resolution", *South Carolina Law Review*, Vol. 67, No. 2, 2016, p. 330.

中解决纠纷的能力。推进在线解纷机制的流程很大程度上依赖于技术为各方当事人提供的积极沟通方式。

在一些法律关系相对简单的案件中，技术甚至可以在一定程度上充当多元解纷机制中立第三方的角色。需要明确的是，技术并不能完全替代中立第三方的功能，但对于法律关系非常简单且模式化的案件，其可以通过提供沟通的一般框架、传达信息等方式协助谈判过程的推进、促成纠纷解决合意的达成，这方面的典型例证为自助式协商。在这些案件中，技术作为第四方可以通过以下方式来促进纠纷的在线解决：帮助当事人确定共同利益和相互能够接受的结果、为当事方提供模板和结构化表单并通过比较各方的选择来突出各方可能达成一致的领域等。[1] 但需要注意的是，技术在发挥此种作用时，其所作出的决定并不具有终局性。

值得一提的是，在纠纷预防方面，技术或许能够发挥更为关键的作用，这也是在线解纷机制领域将来可能实现的创新和发展之所在，即将注意力转移到运用技术预测纠纷的种类并设计相应的纠纷预防机制之上。这种机制的理想状态是通过运用大数据分析技术分析已有的数据，从源头获得对不同类型的纠纷洞察力。[2] 同时，根据技术分析的结果，我们未来可以设立新的程序和体系来帮助预防纠纷的出现并在这之中保证公平和高效，这是数字正义挑战的核心。[3] 这一功能，也将使在线解纷机制和多元解纷机制能够被截然区分。

（四）在线解纷平台

有学者提出服务提供商，即提供和交付技术要素的人应当被视为该机制中的第五方，亦应当视作在线解纷机制的主体之一。[4] 在线解纷平台根据其主体不同通常可以分为如下几类：其一是以提供解纷服务为内容的服务型企业法人，例如阿里、京东、苏宁易购等互联网企

---

[1] See Ethan Katsh and Colin Rule, "What We Know and Need to Know about Online Dispute Resolution", *South Carolina Law Review*, Vol. 67, No. 2, 2016, p. 331.

[2] See Ethan Katsh and Orna Rabinovich-Einy, *Digital Justice: Technology and the Internet of Disputes*, Oxford: Oxford University Press, 2017, p. 52.

[3] See Ethan Katsh and Orna Rabinovich-Einy, *Digital Justice: Technology and the Internet of Disputes*, Oxford: Oxford University Press, 2017, p. 20.

[4] See Faye Fangfei Wang, *ODR: Technology, Management and Legal Practice from an International Perspective*, Oxford: Chandos Publishing, 2008, pp. 28 – 29.

业都建立了自己的电子商务解纷平台；① 其二是以法院为主导建设的在线解纷平台，例如我国法院设立的一站式在线纠纷多元化解平台和互联网法院等；其三是各地综合治理中心建立的矛盾纠纷预防化解平台，例如浙江在线解纷平台。

二 在线解纷方式

在线解纷机制是一种依托互联网信息和通信等新技术与多元纠纷解决方式相结合的机制，具体包括在线和解、在线调解、在线仲裁和在线诉讼等。如前文所述，网络纠纷呈几何式增长导致了其与现有纠纷解决资源的供需矛盾，这在一定程度上促进了在线解纷机制的完善与发展，而网络纠纷类型的多样性、复杂性也促进了在线解纷机制的规范性和高效性。

（一）在线和解

在线和解是指，在没有第三人参与的情形下，当事人无须会面，直接利用网络信息技术进行解决纠纷的信息传输、交流、沟通，最后达成纠纷解决协议以化解纠纷的活动。② 在线和解是极具吸引力的诉讼替代机制，因为它在一定程度上能够回避面对面协商中可能出现的繁琐谈判。在线和解中，各方当事人无须亲自联系，由此也就无须担心要与另一方进行现场互动，也无须即时回复新的事实性、法律性问题或对和解建议作出回应。③ 一般而言，在线和解所达成的协议仅具有合同效力。根据技术参与的程度不同，在线和解可以分为自助式在线和解和协助式在线和解。

自助式在线和解没有中立第三方的介入，其旨在为那些对责任归属不存异议的索赔确定金钱上的和解数额。④ 自助式在线和解的运行模式如下：针对争议中当事人一方究竟"应赔付多少金额"这一问

---

① 参见郑世保《在线解决纠纷机制研究》，法律出版社2012年版，第89页。
② 参见郑世保《在线解决纠纷机制研究》，法律出版社2012年版，第40页。
③ 参见丁颖、李建蕾、冀燕娜《在线解决争议：现状、挑战与未来》，武汉大学出版社2016年版，第36页。
④ 参见丁颖、李建蕾、冀燕娜《在线解决争议：现状、挑战与未来》，武汉大学出版社2016年版，第40页。

题，各方当事人通过一个安全的、有密码保护的、基于网络的交流平台，分别提交各自的报价和请求，从而向平台一次性提出有关和解方面的要约。当报价和请求的金额足够接近时，平台就以两个数字的算术平均值作为案件和解的结果。

协助式在线和解不仅能够利用电子邮件或其他通信工具促进协商，而且能够基于人工智能工具通过提出问题、分析建议、提出方案等步骤促成当事人之间的和解。[1] 协助式在线和解是因新的交流功能的出现而产生的一种新的纠纷解决程序。协助式在线和解不同于调解，因为在这一过程中并不存在真人的第三方，信息技术作为第四方使得协商产生了翻天覆地的变化。但需要注意的是，在这一方式中技术仍不能在纠纷解决中起决定性作用。

（二）在线调解

在线调解是指，利用网络信息技术，由第三人实质性地参与纠纷解决，避免双方当事人直接会面，双方当事人及第三人通过网络电子设备和技术进行调解，最终在第三人的协助下达成纠纷解决协议。[2] 由于具有专业素养的第三人介入，在线调解解决纠纷的效率往往较高于在线和解。而相较于在线仲裁而言，其具备着金钱成本和时间成本较低、程序容易展开等优势。由此，尤其是在解决小额争议方面，在线调解的运用是比较广泛的。当在线调解中当事人的目的、调解员的职责并未发生改变时，其与线下调解本质的区别在于技术作为"第四方"的介入对各方当事人和调解员提出了不同的要求，这主要体现在信息交流的方式上：在线调解的中立第三方需要综合考虑各种通信选项以设计一个最有利于表达当事人真实意愿和讨论进展的通信环境。[3] 为方便当事人及时解决纠纷，规范依托人民法院调解平台开展的在线调解活动，提高多元化解纠纷效能，2021年12月27日，最高人民法院通过《人民法院在线调解规则》。该规则共30条，从司法解释层面

---

[1] 参见丁颖、李建蕾、冀燕娜《在线解决争议：现状、挑战与未来》，武汉大学出版社2016年版，第42页。

[2] 参见高兰英《在线争议解决机制（ODR）研究》，中国政法大学出版社2011年版，第74页。

[3] 参见丁颖、李建蕾、冀燕娜《在线解决争议：现状、挑战与未来》，武汉大学出版社2016年版，第38页。

对在线调解适用范围、人民法院在线调解内涵、在线调解组织和人员、在线调解程序、在线调解行为规范等作出规定，为全国法院深入推进一站式多元纠纷解决工作提供制度保障。①

（三）在线仲裁

在线仲裁，是指将信息技术与仲裁程序相结合，使包括提出申请、递交文件、听审及裁决作出的仲裁程序全部或大部分在线完成的纠纷解决程序。② 实践中，各纠纷解决平台中在线仲裁的信息技术的融入程度有所差异，依据裁决是否能够得到法院的承认和执行，在线仲裁可以分为有拘束力的在线仲裁和无拘束力的在线仲裁。前者是传统仲裁在在线环境中的延伸，后者是在线解纷机制在纠纷解决领域的创新之一。与传统仲裁协议相比，在线仲裁协议的有效性受到现行《中华人民共和国仲裁法》（以下简称《仲裁法》）的挑战。事实上，与传统仲裁协议相比，在线仲裁协议无论是在形式要件还是实质要件方面都与现行《仲裁法》的规定存在错位或脱节，必须加以协调和衔接。③

就具有拘束力的在线仲裁而言，广州仲裁委员会于2014年开始全面向线上仲裁转型，率先将区块链技术与互联网仲裁业务融合，成为发展并推广在线仲裁的"排头兵"。2015年，广州仲裁委员会牵头成立中国互联网仲裁联盟并发布了中国《广州仲裁委员会网络仲裁规则》④，在该规则下，因网络交易产生的争议及非因网络交易产生的争议均可以选择按照该规则进行仲裁。尤其在新冠肺炎疫情期间，线上仲裁展现出了传统仲裁所不具备的各种优势，包括实现案件的高效处理。2020年，广州仲裁委员会制定并发布全球首个互联网仲裁推荐标准（"广州标准"），入选国务院全面深化服务贸易创新发展试点"最佳实践案例"，获联合国国际贸易法委员会官网专版推介。2022年8月，广州仲裁委员会发布"广州标准（二）"，该标准针对性地破解了

---

① 参见钱晓晨、刘雪梅、徐德芳《〈人民法院在线调解规则〉理解与适用》，《人民司法》2022年第10期。

② 参见丁颖、李建蕾、冀燕娜《在线解决争议：现状、挑战与未来》，武汉大学出版社2016年版，第79页。

③ 参见程琥《在线纠纷解决机制与我国矛盾纠纷多元化解机制的衔接》，《法律适用》2016年第2期。

④ 广州仲裁委员会：《广仲战"疫""放大招"——区块链+互联网仲裁》，2020年3月3日，https://www.gzac.org/gzxw/741，2023年10月9日。

互联网仲裁中身份识别与电子送达两大难点，为进一步在全球推行"广州标准"夯实基础，是对建设国际统一的互联网仲裁规则的创新探索。与在线调解相比，在线仲裁的"拘束力"较强，其在听证、证据交换等方面仍具有传统仲裁的一般特性。与具有拘束力的在线仲裁相比，无拘束力的在线仲裁裁决更类似于一种权威意见，其功能在于根据当事人提交的费用及其选择的方式来协助他们尽可能达到解决纠纷的目的，这一形式类似于模拟审判，有助于双方当事人重新衡量其地位及得失。① 这方面比较典型的实践是专门性域名纠纷解决机制。以互联网名称与数字地址分配机构 ICANN 的实践为例。ICANN 通过了《统一域名争议解决政策》用以解决域名抢注案件。专家组作出的有关转移或注销域名的裁决只有在裁决作出后 10 日内双方当事人均未提起诉讼的情况下，才由注册商予以执行。该程序并不排除法院诉讼，双方当事人在任何情况下都可以向法院起诉，且法院无须遵循该裁决。

（四）在线诉讼

在线诉讼是一种新形态的审判模式，而不是简单地在法院日常司法裁判活动中辅助以部分网络技术手段。具体来说，在线诉讼是让所有庭审及相关诉讼行为都通过电子通信方式（包括音频、视频会议、网络视频会议以及网络传输方式等）进行的诉讼审理模式。2018 年 9 月，最高人民法院印发《关于互联网法院审理案件若干问题的规定》，确定了互联网法院案件管辖范围和上诉机制，明确了身份认证、立案、应诉、举证、庭审、送达、签名、归档等在线诉讼规则，有力地推动了电子诉讼制度机制发展完善。除互联网法院这一形式外，众所周知的微信小程序"移动微法院"也成为在线诉讼的媒介。2021 年 5 月 18 日，最高人民法院通过《人民法院在线诉讼规则》，该规则共 39 条，明确了在线诉讼的法律效力、基本原则、适用条件，内容涵盖在线立案、调解、证据交换、庭审、宣判、送达等诉讼环节，首次从司法解释层面构建形成系统完备、指向清晰、务实管用的在线诉讼规则体系。② 该规则中，大部分以阐释民事在线诉讼规程为主，但也对刑事

---

① 参见丁颖、李建蕾、冀燕娜《在线解决争议：现状、挑战与未来》，武汉大学出版社 2016 年版，第 119 页。

② 刘峥、何帆、李承运：《〈人民法院在线诉讼规则〉的理解与适用》，《人民司法》2021 年第 19 期。

在线诉讼的适用范围、适用方式有所提及。这也同样说明，除智慧法院主导民事在线诉讼外，也为智慧检院参与刑事公诉留有一席之地。且值得注意的是，在"捕诉一体"的刑事政策之下，作为公诉方的检察机关在刑事公诉前，还需要批准逮捕、决定是否起诉，而这一系列工作的行使在犯罪形态转变的当下，都离不开数字技术的加持。

三　总结与评价

数字时代下，尽管在线解纷机制能依托互联网信息和通信等新技术蓬勃发展的趋势得以广泛适用，但并没有一种解纷机制能够对所有的纠纷类型都发挥出最好的解纷效果，实践中也存在不适于在线解纷机制处理的纠纷类型。但总体来看，在线解纷机制充分利用了网络便捷、高效、不受地域限制以及促进资源共享化、社会化的优势，为全球网络空间的治理提供了良好的法律保障。

首先，程序更为灵活。在线解纷机制采取非常弹性的方式，甚至部分在线纠纷解决平台允许当事人以匿名的方式参加纠纷解决程序，这样就使当事人在缺乏信任且不具备面对面进行接触的条件时，仍可以进行纠纷的解决。①

其次，高效便捷、低成本。回溯在线解纷机制的历史，我们不难发现，该机制最初是为解决大量小额的电子商务纠纷而建立。很显然，传统纠纷解决方式的滞后性、复杂性、高成本已不能满足民众"高效、低成本"的解纷需求。

在线解纷机制的目标是在保证最基本公正的前提下追求效率。在线解纷机制解决纠纷的高效性是传统解纷方式无可比拟的，其将大量的人员从传统程序中解放出来，提高了办案人员处理案件的质效，大大降低了纠纷解决的人力成本，缓解了案多人少的矛盾。② 例如，在在线调解运行过程中，纠纷主体申报上来的纠纷信息将被迅速收集、归类及分析，并由相应纠纷解决平台选派合适的调解员及时调解处置，

---

①　参见郑世保《在线解决纠纷机制 ODR 研究》，法律出版社 2012 年版，第 160 页。
②　参见胡晓霞《我国在线纠纷解决机制发展的现实困境与未来出路》，《法学论坛》2017 年第 3 期。

并在网上公示处置结果,真正实现矛盾纠纷及时申报、及时化解、及时结案,成为纠纷主体可利用的最快捷、最省时、最有效化解矛盾的手段。①

在线解纷机制的费用成本低,加之在此类机制中的时间投入通常也不会影响到当事人正常的生产、生活。由此,在民事诉讼中经常发生的、希望通过诉讼费用等投入在诉讼成本方面拖垮对方当事人的目的难以达到。② 此外,绝大多数网络民事纠纷的标的额较小、当事人之间物理距离相对遥远,用传统的线下诉讼和多元解纷机制来解决这类网络民事纠纷往往会遭遇解纷成本高于标的额等现实问题,而在线解纷机制则很好地解决了这一问题。比如,国际商事仲裁适用于大额的跨境纠纷,基本上只有可以负担得起传统纠纷解决方式的大型经济实体从中受益。但就大量存在的、单笔交易额较小的跨境电子商务纠纷而言,仲裁费用过高,时间过长。一项调查显示,对低于 50 万美金的纠纷,近四分之三的受访者支持在仲裁规则内适用简易程序解决。③

最后,促进资源的共享化、社会化。人们可以通过在线纠纷解决平台,实现法律资源与非法律资源、官方资源与民间资源的合理配置和资源共享。④ 具体而言,这种资源的共享化和社会化可以分为以下四种:一是民间资源力量能够被积极调动起来。在线纠纷解决平台的多元化建设可以通过调动人民调解组织、行政调解组织、行业专家、律师、心理学家、社区工作者,以及社会志愿者等社会力量的参与,为当事人提供更多可供选择的纠纷解决渠道。二是企业和独立第三方的纠纷解决作用能够得到更大程度的发挥。例如新浪所建立的微博社区管理中心,该平台允许用户以泄露他人隐私、内容抄袭、不实信息、人身攻击等为由提起投诉,由微博社区委员会成员进行投票裁定,该社区委员会的成员将从主动报名的普通用户中甄选,其余用户也可进

---

① 参见胡晓霞《我国在线纠纷解决机制发展的现实困境与未来出路》,《法学论坛》2017 年第 3 期。
② 参见郑世保《在线解决纠纷机制 ODR 研究》,法律出版社 2012 年版,第 162 页。
③ 参见江和平《亚太经合组织在线跨境商务纠纷的合作框架》,《人民法院报》2017 年 5 月 12 日第 8 版,http://rmfyb.chinacourt.org/paper/html/2017-05/12/content_125379.htm?div=-1,2023 年 9 月 18 日。
④ 参见龙飞《中国在线纠纷解决机制发展现状及未来前景》,《法律适用》2016 年第 10 期。

行投票表达观点。三是智慧法院可以充分利用丰富的案件信息资源，准确反映经济社会运行动态，为纠纷解决和纠纷预防提供切实有效的司法建议。[①] 四是智慧检院可以通过司法平台的数据共享，了解民事法律监督对象的相关信息，追踪刑事判决的执行情况，准确把握法院在类案中的量刑幅度，以此来有效提高检察监督、助力公诉、推动矛盾实现源头化解之效果。

[①] 参见龙飞《中国在线纠纷解决机制的发展现状及未来前景》，《法律适用》2016 年第 10 期。

第二章 数字时代技术、解决纠纷与实现正义之间的连接点

数字时代为人类认识世界、改造世界提供了新技术、新思维,其与审判体系和审判能力现代化相互融合、相互促进,使得人民司法呈现出新内容和新特点。与此同时,当事人对建立一个以公平、正义、高效为价值取向的纠纷解决机制的需求越来越迫切。完善在线解纷机制的全过程中,接近正义与数字正义的交融博弈和逻辑转换、当事人自我的权利处分和意思自治、法律文化的双向互动以及建立并完善相关的法治环境对于数字时代的司法体制改革意义重大,必将为参与全球网络空间治理、坚定不移走中国特色社会主义法治道路提供理论层面的有力保障。

第一节 "枫桥经验"视角下从接近正义到数字正义的演进

2023 年是毛泽东同志批示"枫桥经验"60 周年,也是习近平总书记指示坚持和发展"枫桥经验"20 周年。在这 60 年间,"枫桥经验"与时俱进,历久弥新,其内涵和实践形式都在不断地丰富,具有极强的理论生命力与实践指导意义。

"枫桥经验"是特指 20 世纪 60 年代初,浙江省诸暨县枫桥区的干部群众总结出依靠和发动群众,坚持矛盾不上交,就地解决,实现捕人少、治安好的基层管理经验与社会矛盾解决经验。[1] 传统的"枫桥

---

[1] 赵蕾:《"枫桥经验"的理论提升》,《法律适用》2018 年第 17 期。

经验"依靠群众，坚持矛盾化解在基层，很大程度上消除了群众接近司法的障碍，使得基层群众能够充分享受司法资源。从这一角度来说，"枫桥经验"有助于实现接近正义的目标。"枫桥经验"强调要发挥调解机制的作用，而调解机制本身也是第三次接近正义运动的重要组成部分。

理论的发展进步需要同社会发展的节奏相适应。随着人类社会步入到数字时代，纠纷数量爆炸式增长，"枫桥经验"逐步发展为"网络枫桥经验"。"网络枫桥经验"主要强调"社情民意在网上了解、矛盾纠纷在网上解决"，近些年我国一直致力于在线解纷机制的发展，就是贯彻"网络枫桥经验"的重要形式。通过搭建网络平台，综合运用大数据、人工智能等数字技术，推动纠纷的线上解决，能够快捷、高效、低成本、公开地促进纠纷的解决。这恰好与当今社会对数字正义的追求相呼应。

数字时代下，人们对正义的追求显然迈入更高层次，接近正义到数字正义彰显出这种正义观的更新与进步。如果说接近正义尚不能完全实现正义的目标，数字正义则因其能够保障程序正义、实体正义、分配正义等正义维度的实现而更具优势。除此之外，强调"网上枫桥经验"理论的重要性，可以为数字正义理论注入中国本土理论的生命力。据此，数字正义作为既能兼顾时代特征又能吸纳本土特色的理论，能够充分支撑在线解纷机制在中国的发展。

一 从"枫桥经验"到"网上枫桥经验"

这一部分尝试对"枫桥经验"的发展与理论革新过程做历史主义的梳理。"枫桥经验"最初服务于党阶级斗争政策的需要，在改造"四类分子"的过程中，浙江省诸暨县枫桥区创造了依靠发动群众，就地解决矛盾的"枫桥经验"；随着党的中心政策路线由阶级斗争转变为经济建设，"枫桥经验"逐渐完成了从处理敌我矛盾经验到处理人民内部矛盾经验的转化，并由最初针对治安以及犯罪分子的治理改造为中心，拓展到基层纠纷的解决上。

（一）"枫桥经验"

1. 20 世纪 60 年代至改革开放前

这一阶段，"枫桥经验"主要是服务于阶级斗争的需要。"枫桥经验"产生于20世纪60年代初期改造"四类分子"(地、富、反、坏分子)的政治运动中。在这场改造"四类分子"的运动中，很多地方出现了乱捕、乱杀等过激行为，但是，浙江省诸暨县枫桥区通过说理斗争的方式，在没有逮捕一人的情况下，就能制服实施违法行为的"四类分子"，创造了"依靠和发动群众，坚持矛盾不上交，就地解决，把绝大多数四类分子改造成新人，实现捕人少，治安好"的经验。[1]

1963年，时任公安部领导的谢富治将枫桥区的经验汇报给正在杭州的毛泽东。毛泽东听后夸赞这一"矛盾不上交，就地解决"的做法，随后便作出指示，要求公安部上报汇报材料，好好总结枫桥经验。同年11月，经公安部和浙江省公安厅的讨论总结，形成了以中共浙江省委工作队和诸暨县委署名的《诸暨县枫桥区社会主义教育运动中开展对敌斗争经验》。1964年初中共中央发出了《关于依靠群众力量，加强人民民主专政，把绝大多数四类分子改造成为新人的指示》，同时转发了"枫桥经验"。[2] 这标志着枫桥经验的诞生。总的来说，这一阶段的"枫桥经验"是正确落实党的阶级斗争政策的工作经验，主要针对的对象是"四类分子"。[3]

2. 改革开放后

改革开放之后，党的方针政策开始发生转变，这一阶段聚焦到经济建设的重心上。"四类分子"也已消失，但与此同时，由于经济社会发生重大转型，各地发生的社会矛盾和纠纷的数量随之不断增多。

1980年，官方文件正式将"枫桥经验"的重点转向对违法犯罪人员的帮教改造工作。到那个时候，"枫桥经验"已经明确且完全地实现了从处理敌我矛盾经验到处理人民内部矛盾经验的转化。这一时期的"枫桥经验"主要还是针对治安和刑事问题以及对犯罪分子的改造。1993年，中央政法委、公安部、浙江省有关领导在诸暨召开枫桥经验30周年纪念大会，指出"枫桥经验"是社会治安综合治理的典范。1998年，浙江省公安厅、绍兴市委和诸暨市委又组成联合调查

---

[1] 余红霞：《"枫桥经验"的形成和发展历程》，《中共党史资料》2006年第2期。
[2] 吴锦良：《"枫桥经验"的演进与基层治理创新》，《浙江社会科学》2010年第7期。
[3] 谌洪果：《"枫桥经验"与中国特色的法治生成模式》，《法律科学》2009年第1期。

组,总结出"党政动手、依靠群众、立足预防、化解矛盾、维护稳定、促进发展"的时代特色。这时的"枫桥经验"已经发展成熟为一整套社会治安综合治理的群防群治的体系。① 2003 年,时任浙江省委书记的习近平同志指示,要充分珍惜"枫桥经验",大力推广"枫桥经验",不断创新"枫桥经验"。从此"枫桥经验"开始向更高水平治理转型。② 总之,改革开放后的"枫桥经验"侧重于实现治理犯罪分子与基层纠纷解决的目标。

从 20 世纪 60 年代至今,在 60 年的发展过程中,从社会管制到社会管理,从社会管理再到社会治理,"枫桥经验"历久弥新,真正顺应了社会在各个发展阶段中的基本矛盾和解纷需求,有效实现了以人民为中心的发展思想和服务宗旨,充分彰显了对于基层社会治理问题的中国智慧和中国方案。③

(二)"网上枫桥经验"

随着我国逐渐步入数字时代之后,新型权利纠纷更呈现出一种爆发式增长的态势,这严重影响我国司法机关的资源配置。若仅依靠线下方式解决线上与线下双重维度的矛盾纠纷,会导致诉讼延迟、当事人诉累以及司法公信力下滑等正义危机发生。因此,为合理改善传统线下方式的解纷效果,应当对"枫桥经验"进行理论革新。在这一时代背景之下,"网上枫桥经验"诞生了。

2015 年,国务院印发《关于积极推进"互联网+"行动的指导意见》,从国家战略高度将互联网与大数据的运用和管理纳入国家治理体系之中。党的十八届五中全会上,习近平总书记强调,要充分利用互联网、大数据、云计算等信息化技术手段和方式,有效发挥其在国家社会治理中的积极作用。2016 年 12 月,新华社《瞭望》周刊与阿里巴巴集团在北京召开网络"新枫桥经验"高峰研讨会,网络"新枫桥经验"的概念在此时被首次提出。2018 年 1 月的中央政法工作会议上,中央政法委首次明确提出"网上枫桥经验"概念:"要总结推广

---

① 谌洪果:《"枫桥经验"与中国特色的法治生成模式》,《法律科学》2009 年第 1 期。
② 陆健、严红枫、张颖:《"枫桥经验",基层社会治理的中国方案》,《光明日报》2021 年 3 月 17 日第 5 版。
③ 韩烜尧:《论中国的线上纠纷解决机制(ODR)——"网上枫桥经验"的探索与发展》,《首都师范大学学报》2021 年第 2 期。

'网上枫桥经验',推动社情民意在网上了解、矛盾纠纷在网上解决,努力使社会治理从单向管理向双向互动、线上向线上线下融合、单纯部门监督向社会协同转变"。①

"网上枫桥经验"强调"网上纠纷化解在早、化解在小""网上纠纷网上化解",是"用网"和"治网"的"枫桥经验"。一方面,"网上枫桥经验"以"互联网+社会治理"为手段,通过搭建网络平台,整合信息资源,创新工作载体,综合运用大数据、云计算等智能化、信息化手段和方式,提升矛盾纠纷解决智能化、精准化、高效化;另一方面,"网上枫桥经验"以网络为治理对象,综合运用"枫桥经验"的价值理念和成功做法,通过依靠和发动群众,强调自治、法治、德治"三治"结合,实现矛盾纠纷网上解决,正面力量网上凝聚,消极因素网上消解。② 为充分应对数字时代爆炸式增长的纠纷,应加快推进"网上枫桥经验"的建设,使"枫桥经验"在数字时代焕发新的生命力。并充分发挥其实践指导作用,以逐步实现"线上纠纷线上解决"的效果。③

二 从接近正义到数字正义

观察"枫桥经验"的演进过程,我们会发现其经历了一个由传统"枫桥经验"到"网络枫桥经验"的转变。与此同时,在线解纷机制的革新过程中,我们也发现了人们正义观的更新与演进,法律援助制度、公益诉讼以及多元解纷机制的出现都是人们追求接近正义理念的产物。随着人类社会步入到数字时代,仅仅强调接近正义已经远远无法应对复杂多发的纠纷,因此需要追求一种更高层次的正义观念,也即数字正义。

从"枫桥经验"到"网络枫桥经验",从接近正义到数字正义,

---

① 褚宸舸、史凯强:《"网上枫桥经验"浙江实践及其创新》,《浙江工业大学学报》(社会科学版)2019 年第 2 期。
② 褚宸舸、史凯强:《"网上枫桥经验"浙江实践及其创新》,《浙江工业大学学报》(社会科学版)2019 年第 2 期。
③ 韩烜尧:《论中国的线上纠纷解决机制(ODR)——"网上枫桥经验"的探索与发展》,《首都师范大学学报》2021 年第 2 期。

我们似乎可以发现两组概念之间的理论张力与密切联系。在"枫桥经验"之下，和解、调解等解纷方式更加便利快捷、贴近基层的解纷方式备受推崇，而这与接近正义的理念不谋而合；在"网络枫桥经验"之下，在线解纷机制更有利于充分利用数字技术的优势，为实现数字正义保驾护航。在这一制度演变与彼此交融的过程中，我们可以观察到中国本土化的制度和经验能够为接近正义、数字正义的实现提供源源不断的理论动力和实践支撑，更从侧面彰显了我国"枫桥经验"的强大生命力。

（一）"枫桥经验"与接近正义的实现

接近正义是为实现更经济、更简便、更快捷的司法程序所做出的各种努力的总称。"接近正义运动始于 20 世纪 60 年代。由于当时司法实践中存在种种障碍，当事人到法院诉讼需要经历重重困难，所以这项运动的主要目的就是为低收入阶层在寻求司法救济时扫除障碍。"[①] 意大利著名法学家莫诺·卡佩莱蒂（Mauro Cappelletti）首先提出了"接近正义"（Access to Justice）这一司法改革的新理念，并在全球范围内推动了一场影响深远的"接近正义"司法改革运动，其核心目标就是使司法具有高度民主性，成为真正贴近民众诉求、满足社会需求的权利救济机制，以保证所有人拥有平等分享司法资源、平等进入法院的机会。[②] 接近正义改革在西方大致经历了三个阶段，学者们将其成为三次浪潮：（1）第一次浪潮发生在第二次世界大战之后，其重点在于克服"接近正义"存在的经济障碍，为当事人提供法律援助和律师，建立灵活的、非正式的小额诉讼法庭或为当事人提供更多法律服务等方式，降低当事人的诉讼成本；（2）第二次浪潮发生在 20 世纪 70 年代。这一次改革以更广阔的视角考量当事人诉讼的需求，通过公益诉讼和集团诉讼，增强弱势群体的诉讼能力，将焦点从保护贫困当事人诉权扩展到更广层面的问题之上，例如环境保护纠纷和消费者诉讼。随着运动深入，第二次"接近正义"运动对诉权的保护范围从低收入人群扩展到中产阶级；（3）之后几十年出现了接近正义运动的第

[①] [美] 伊森·凯什、[以色列] 奥娜·拉比诺维奇·艾尼：《数字正义：当纠纷解决遇见互联网科技》，赵蕾等译，法律出版社 2019 年版，第 54—55 页。

[②] 王荔：《司法"接近正义"之实践逻辑转向》，《公共治理》2017 年第 8 期。

三次浪潮。这一次改革进行了简化法院程序的各种尝试,例如放缓诉讼进程,聘用非法律人士担任法官,以及在法院采用调解作为替代性纠纷解决方式。此时是多元纠纷解决运动与接近正义运动真正开始融合的时期。① 总的来说,接近正义追求的是平等价值的实现。

从三次接近正义的改革来说,接近正义就是为了弱势群体能够更加充分地享受到司法资源,以达到实质上的平等。② 因此,接近正义通过各种具体的机制制度,力求最大程度上保证司法资源的平等享有,而通过对平等价值的追求,接近正义运动才能真正地贴近正义实现。

"枫桥经验"有利于实现接近正义的目标。"枫桥经验"抓住了依靠群众、坚持矛盾不上交、就地化解的工作思路,是一种接近司法、实现正义的中国经验,使基层当事人能够以较低的成本完成纠纷化解。"枫桥经验"十年来"小事不出村,大事不出镇"的成功经验,很大程度上消除了群众接近司法的障碍,在确保公平的情况下,高效地化解了人民内部的矛盾。③

以调解为例,调解是"枫桥经验"的一个重要实践。相对于诉讼程序来说,调解能够节约当事人的维权成本和时间。更贴近于接近正义的目标和本质。"枫桥经验"的发源地浙江省诸暨县在调解方面的成效较为典型,诸暨县目前共有各类社会组织4767家,其中仅调解类社会组织就达1000余家,平均每4个常住人口中就有1人参加社会组织。诸暨县还建立了包括13个专业调解机构、742家调解组织、3536名人民调解员的大调解体系;形成了人民调解、行政调解、司法调解相衔接的"多层次、社会化、全覆盖"大调解格局,调解成功率达到97.7%。④ 调解属于多元解纷机制中的一种解纷方式,发展于第三次接近正义的改革之中,新的解纷方式拓宽权利救济渠道,能够更广泛地回应社会弱势群体的诉求,同时也使得对权利救济有不同需求的主

---

① [美]伊森·凯什、[以色列]奥娜·拉比诺维奇·艾尼:《数字正义:当纠纷解决遇见互联网科技》,赵蕾等译,法律出版社2019年版,第59—60页。
② 王荔:《司法"接近正义"之实践逻辑转向》,《公共治理》2017年第16期。
③ 赵蕾:《"枫桥经验"的提升》,《法律适用》2018年第17期。
④ 陆健、严红枫、张颖:《"枫桥经验",基层社会治理的中国方案》,《光明日报》2021年3月17日第5版。

体能够合理安排自己的权利救济渠道。① 因此，在枫桥经验之下，通过调解这样具体的解纷方式，能够最大程度上保证司法资源的平等享有。

（二）"网上枫桥经验"与数字正义的实现

何为数字正义？任何一种类型的社会都追求公平正义，数字正义就是数字时代对更高层次正义的追求，体现了人类正义观的更新与进步。从强调接近正义到强调数字正义，背后体现的是人们对时代特征的精准把握以及对社会治理水平与法治水平的更高期待。数字时代下，人们之间的信息交流更为频繁，权利意识不断提高，公众对公平正义的需求也更强烈。②

准确来说，"数字正义，即如何以正义原则引导新兴数字技术对社会、法律与伦理进行重塑，以及如何为算法自动化决策划定正当边界……将数字正义为数字技术应用，尤其是算法应用满足人权、正义、法治价值的一种理想状态"③。数字正义的表现形式可以分为四种，分别是分配正义、程序正义、互动正义和信息正义。分配正义涉及"信息处理者与大数据生产者之间数据资源的合理分配，以及如何在数字技术应用中为个体提供平等参与的机会"④，当今社会中，参与主体呈现出多元化的特征，如何实现数据资源的合理分配，满足多元主体的利益需求，是分配正义最终追求的目标；程序正义追求的是，在数字技术应用的过程中，应如何保障过程公开、信息透明、公众参与、流程准确等传统程序正义所追求的价值得到实现；互动正义追求的是在程序运行过程中，程序参与主体尤其是当事人能够有机会对计算机系统提出异议的权利得到保障。计算机系统往往不需要与外界用户进行沟通，便会按照固有的程序进行判断，这往往会导致个体意见不能得到充分的表达；信息正义是"要求攻破数据黑箱和算法黑箱，实现数据化过程的可见性、可解释性。"通过公开数据采集、分析和应用的

---

① 王荔：《司法"接近正义"之实践逻辑转向》，《公共治理》2017年第16期。
② 何柏生：《数字的法律意义》，《法学》2022年第7期。
③ 周尚君、罗有成：《数字正义论：理论内涵与实践机制》，《社会科学》2022年第6期。
④ 周尚军、罗有成：《数字正义论：理论内涵与实践机制》，《社会科学》2022年第6期。

过程，使公众的知情选择权、个人信息自决权等数字权利得到真正的实现。①

从接近正义到数字正义，纠纷解决机制由多元解纷机制迈向了在线解纷机制。在线解纷机制产生于20世纪90年代，在线解纷机制的应用逐渐由电子商务拓展到网络侵权、金融消费等领域中，其主要形式包括在线和解、在线调解、在线仲裁、在线诉讼以及一些互联网企业依托互联网平台自主搭建的纠纷解决途径。我国相继设立了杭州互联网法院、北京互联网法院、广州互联网法院、成都互联网法庭、长春互联网法庭以及苏州互联网法庭，淘宝、京东、微博等互联网平台也都有自己的解纷系统。这些都是在线解纷机制的重要实践成果。

如果说"枫桥经验"有利于实现接近正义的目标的话，那么在数字时代之下，"网络枫桥经验"能够促进数字正义的实现。在线解纷机制是网络枫桥经验的典型形式，也是实现数字正义的关键环节。相对于传统的纠纷解决方式而言，在线解纷机制具有非常大的优势，能够克服如诉讼这种传统纠纷解决方式的许多缺陷。传统的纠纷解决方式在人类社会尚未步入到数字时代时发挥着重要的作用，但在纠纷数量几何式增长的当下，其程序繁琐、耗时较长、消耗成本大的特点被显现出来，难以充分发挥定纷止争作用。如果说多元解纷机制的诞生使得接近正义运动迈上了更高台阶，在线解纷机制就使得接近正义运动更加迎合数字时代对于正义的追求。

三 数字时代下正义的实现

从接近正义到数字正义，追求的正义观也从接近正义迈向了更高层次的数字正义。如果说接近正义尚不能完全实现正义的目标，数字正义则因其能够保障程序正义、实体正义、分配正义等正义维度的实现而更能充分实现正义。除此之外，强调"网上枫桥经验"理论的重要性，可以为数字正义理论注入中国本土理论的生命力，提供本土理论的支撑。

---

① 周尚军、罗有成：《数字正义论：理论内涵与实践机制》，《社会科学》2022年第6期。

(一) 数字正义更能促进正义的实现

数字时代下，依托数字技术可以使得纠纷解决的效率提高，相较于接近正义来说，数字正义下解纷过程的公开性程度加深，解纷结果更加公正。这些都是数字正义力求实现的目标，具体来说包括以下几点。

第一，数字正义下纠纷解决的效率提高，纠纷解决的成本降低。没有效率便无法实现真正的公平正义。我国诉讼案件数量以每年20%到30%的速度递增，这使得法院面临着案多人少的困境，但与此同时，简单重复性的案件竟达到案件总量的80%，如果每个案件都运用人力资源走正式流程，将会使一些真正重要的案件无法得到充分的审理。因此有必要对案件进行繁简分流，对于简单重复性的案件，应当借助互联网和数字技术，简化诉讼流程，提高办案效率。这一方面能够降低当事人维权成本，另一方面也可以将办案人员从繁琐的线下程序中解放出来以便节约司法资源，将更多的人力物力以及时间分配给复杂疑难案件。

第二，数字正义下解纷过程的公开性增强。数字时代真正打破了物理空间的限制，实现了纠纷解决过程的可视化。也即"纠纷解决机制从单一物理空间的'平面公开'，迈向了跨越物理/数字双重空间的'立体可视'。"[1] 过去物理时空的阻隔，难以预测的行为和心理，如今凭借数字技术变得清晰可见易于把握。充分利用新兴技术的在线解纷机制使得决策过程褪去了神秘的面纱，多元参与以及可视化的过程使得司法公开的程度大大加强，公众参与度和社会接受程度也得到了进一步的提升，公众更能了解真相、实现正义，从而提高司法的权威性。[2] 近年来，我国司法机关也利用这些新技术进行了大量改革探索，致力于构建"网络化""阳光化""智能化"的新时代司法样态，实现了对物理时空资源和要素的优化重组。通过技术可以消解因物理时空条件局限而导致的正义实现难题，使物理意义上的"接近正义"迈向数字意义上的"可视正义"。具体表现为：在案件办理上，支持全流程的在线审理、办案全过程智能辅助、审理信息全方位在线公开；在

---

[1] 马长山：《数字社会的治理逻辑及其法治化展开》，《法律科学》2020年第5期。
[2] 张凌寒：《数字正义的时代挑战与司法保障》，《湖北大学学报》2023年第3期。

诉讼服务上，形成多功能、集成性、智能化、线上线下融合的一站式诉讼服务模式；各地开发上线的"微诉讼""移动微法院"等小程序或软件系统，使当事人可以足不出户便能参与在线庭审或者调解等程序。①

第三，数字正义下解纷结果更加公正。除了追求效率与公开，数字正义下的在线解纷机制具有排除主观局限性的优点，减少司法的任意性，能够更加客观公正地进行审理，确保"同案同判"的效果。传统模式下，依靠的是法官个人的判断，容易受到法官自身经历、价值观、实践经验的影响，具有较强的主观性；② 而在数字时代，借助人工智能、大数据等技术理性，能够充分排除摆脱主观性的影响，实现技术理性。

第四，数字技术不仅可以促进纠纷的解决，更能提高纠纷的预防能力。我国公安机关利用大数据进行犯罪预测、预警的现象也日益普遍。虽然在大数据时代之前，利用小数据也可预测犯罪、预警，但由于数据量有限，预测的精准度会受到限制。现在，在大数据面前，预测的精准度不断提高，有利于提升社会治理水平，推进社会治理现代化。③

第五，从更宏观的角度来讲，数字正义会促进数字民主的实现。纵观历史，每一次技术的革新都会推进民主的进程。互联网拓宽了公众表达、信息交换的公共空间以及社会治理和监督的方式。网络技术极大提高了民主的实现程度，增强了公民社会参与治理的力量。④

从接近正义到数字正义，正义的实现程度大大加深。接近正义并不能完全实现正义，而数字正义因其具备公开性、公正性和高效性能够更加贴近正义。正义具备多个维度，具体来说包括程序正义、实体正义以及分配正义。根据上述内容的分析，凭借数字技术的应用可以提高程序的公开性和可视性，这无疑能够促进程序正义的实现；数字正义下的在线解纷机制具有排除主观局限性的优点，可以减少司法的

---

① 马长山：《司法人工智能的重塑效应及其限度》，《法学研究》2022 年第 4 期。
② 赵杨：《人工智能时代的司法信任及其构建》，《华东政法大学学报》2021 年第 4 期。
③ 何柏生：《数字的法律意义》，《法学》2022 年第 7 期。
④ 何柏生：《数字的法律意义》，《法学》2022 年第 7 期。

任意性，这能够充分保证实体正义的实现。此外，数字正义下解纷效率的增强使得充分的司法资源能够供给到真正需要的疑难复杂案件中，这无疑可以增强这部分案件判决的公正性；数字正义下，当事人解纷的成本降低，解纷过程更加便捷，使得弱势群体更能够充分接近司法资源，有利于促进分配正义的实现。因此，数字时代下，数字正义克服了接近正义的局限性，弥补了接近正义的漏洞与缺陷，能够充分实现公平正义，促进当事人权利的保障。

（二）"网上枫桥经验"的本土理论供给

无论是接近正义还是数字正义，皆为西方学者提出的概念。接近正义是意大利著名法学家莫诺·卡佩莱蒂首先提出的司法改革的新理念；数字正义是美国法学家伊森·凯什在其著作《数字正义：当纠纷解决遇见互联网科技》一书中首次被提出的概念。在我国，在线解纷机制的产生和发展过程中，数字正义的理论无疑能为其发展提供充分的支持，但是不可否认的是，数字正义的理论仍然是个外来概念。

如上文所述，"网上枫桥经验"的提出能够为数字正义理论注入了本土理论的强大生命力，使数字正义更能贴合中国实际。"网上枫桥经验"不仅强调利用数字技术，更突出群众参与、自治与德治的重要性，这些都是纯粹的数字正义理论无法覆盖到的领域。因此，吸纳"网上枫桥经验"的数字正义不仅顺应时代的发展，更能与我国国情相契合，具有更深远的实际效果。

当然，在应用数字技术的过程中，可能会导致个人信息泄露、数字鸿沟、算法歧视等问题。具言之，数字技术的应用易导致当事人信息的泄露。因此当事人的商业秘密、数据信息和隐私安全在数字技术应用过程中需要格外加以保护。[1] 数字鸿沟是指存在一部分群体，会因为年龄、经济、身体缺陷等原因无法接触到数字产品及智能技术，或者无法长时间接触并快速适应数字产品及智能技术，导致其与主流人群之间形成数字鸿沟。[2] 算法歧视是指在算法的实际运用过程中，其所依靠自主数据分析机制会加速或放大现存的价值偏好，最终导致

---

[1] 赵杨：《人工智能时代的司法信任及其构建》，《华东政法大学学报》2021 年第 4 期。

[2] 孟醒：《智慧法院建设对接近正义的双刃剑效应与规制路径》，《中国政法大学学报》2020 年第 6 期。

最后形成的决策存在一定的歧视性。① 若要实现真正的数字正义，需克服这些技术上的缺点，以实现最终的目标。

总之，数字正义是正义观在数字时代的新发展，能够充分保证程序正义、实体正义、分配正义等正义维度的实现，"网上枫桥经验"也为数字正义理论注入了中国本土理论的生命力。如此具有强大的生命力的理论，能够充分支持在线解纷机制的发展。

第二节　当事人自我的权利处分和意思自治

意思自治原则是在线解纷机制的正当性基础，理应方便当事人选择最适合自己利益追求的纠纷解决方式，而"信任"是纠纷当事人选择在线解纷机制化解纠纷的最终动因，"被信任"是在线解纷机制启动和发挥作用的前提。良好的人际信任促使纠纷当事人接受和选择在线解纷机制、提升在线解纷各方的合作意愿以降低解纷成本，并促进在线与线下解纷机制的正向联动。② 因此，如何建立数字时代的人际信任关系尤为重要。

一　数字时代信任的新特点

信任是人在社会交往过程中出于对自己的安全考虑基于行为结果的预期形成的一种心理态度。③ 社会信任反映的是对陌生人或社会上大多数人的信任，④ 是社会运行的基础。社会信任的谱系演进史，是一个从农业社会到工业社会再到数字社会的信任发展史。

农业社会是熟人社会，社会人群相对固定，交往范围相对狭小，一般只与亲朋、乡邻等有血缘、地缘关系的熟人往来。在这种社会关

---

① 张莉莉、朱子升：《算法歧视的法律规制：动因、路径和制度完善》，《科技与法律》2021 年第 2 期。
② ［英］理查德·萨斯坎德：《法律人的明天会怎样？——法律职业的未来》，何广越译，北京大学出版社 2015 年版，第 29 页。
③ 马俊峰、白春阳：《社会信任模式的历史变迁》，《社会科学辑刊》2005 年第 2 期。
④ 李彬：《走出社会转型时期人际信任的困境》，《齐鲁学刊》2006 年第 2 期。

系格局中,人与人的联结依靠人际关系,因而信任构建机制也源自人际关系。人际信任实质上是一种在私人生活中产生且作用于私人生活的信任类型,[1] 这一时期的信任既以血缘、亲情关系为纽带,亦以当面、在场熟悉了解为依据,更以熟人社会所共有的伦理关系、公序良俗为依托,诉诸的是个人道德与名誉的有效监督制约,交往主体间的承诺具有可预期性与可信性。

随着社会生产力的发展,人类进入工业社会,社会合作分工的范围越发广泛,人际交往半径急剧扩大,交往形式变得复杂多样,人们根本无从了解合作对象的人品道德。"一个个私人联系所构成的网络"被打破,[2] 绝大多数人从熟人社会进入陌生人社会。人际关系不再是人与人交往的前提,伦理关系、公序良俗、道德尊严在陌生人社会约束力渐弱,新的信任构建机制也就随之产生。法律可以处理交往预期的可能性,并使预期在交往时得到接受。[3] 正是因为法律的稳定预测功能使得社会交往风险降低,法律信任才得以建立,制度信任才得以产生。当然,人际信任也并没有被工业社会所完全摒弃,因而工业社会信任体系是以制度信任为主、人际信任为辅。

数字时代,人们比以往任何时候都更加依赖数字技术。数字技术在带来便捷、高效、丰富多样生活的同时,也大大削弱了人们对环境的控制程度。数字技术作为重要的技术手段影响了信任的建构,这是因为数字时代具有建立在时空分离基础之上的"脱域"特质,[4] 在跨时空的互动中,由"熟人"到"陌生人"、"在场"到"缺场"的重大改变,使得时空分离及在时空分离基础之上的脱域性质不断加剧,人们一直以来依赖的保证机制逐渐瓦解,面对面交流的优势消失,视觉信任印象缺失,在线环境对人们既有的纠纷解决经验、惯例产生了较大的冲击。传统上依靠血缘、地缘等亲缘纽带所建立起来的人际信任逐渐向"系统信任"扩展。在线解纷机制的系统化、平台化发展使

---

[1] 马俊峰、白春阳:《社会信任模式的历史变迁》,《社会科学辑刊》2005 年第 2 期。
[2] 费孝通:《乡土中国》,北京大学出版社 2012 年版,第 48 页。
[3] 罗文波:《预期的稳定化——卢曼的法律功能思想探析》,《环球法律评论》2007 年第 4 期。
[4] "脱域"(disembeding)是英国社会学家安东尼·吉登斯提出的用来描述现代时空转换组合中社会关系的重构以及社会变迁特征的概念,时空分离是脱域的初始条件。[英]安东尼·吉登斯:《现代性的后果》,田禾译,译林出版社 2011 年版,第 23 页。

信任客体向在线系统急速扩展,将个人、社会群体、机构或组织、技术系统以及社会系统囊括其中。[1] 纠纷当事人更加关注在线解纷程序的公正透明性、服务主体回应是否迅速、资源是否易用等影响自身权利义务的程序性事项,并逐渐倾向于根据自身使用在线解纷系统的实际体验或他人的使用感受,对整个在线解纷系统的可靠性作出评价。

二 在线解纷方式之间的有机衔接

进入数字时代后,纠纷类型的多元化和纠纷主体诉求的多元化催生了解纷方式的多元化,形成一种互补的、满足社会主体多样需求的程序体系和动态的运作调整系统。[2] 我们应最大限度地尊重当事人的意思自治,基于自己的意愿选择解纷方式,满足其独立且多样的利益实现途径。[3] 比如,确保从案件源头减少最终进入诉讼程序的案件,畅通非诉衔接通道,及时引导当事人首先选择多元化的在线和解、调解以及在线仲裁等非诉方式将矛盾纠纷化解在诉讼之外,并进一步完善在线和解、调解、仲裁、诉讼之间的有机衔接与融合发展,切实满足当事人多元化纠纷解决需求,为当事人提供专业性更强的司法服务保障。

(一) 在线和解、调解与在线仲裁衔接

在线和解、调解与在线仲裁相衔接的优势在于充分尊重当事人的意思自治,其目的是最大限度地为当事人寻找最优的纠纷解决方式,节约当事人解决纠纷的成本,维护当事人的权益。2021年,为适应全球互联网经济迅猛发展条件下跨境电子商务纠纷快速增加的新形势,广州仲裁委员会基于亚太经合组织(APEC)的跨境电子商务纠纷在线纠纷解决合作框架,打造了全新的集谈判—调解—仲裁于一体的"在线纠纷解决平台"。该平台通过网上立案、远程庭审、线上谈判及调解、在线签署文书、电子送达等方式,实现仲裁"不见面"、服务"不打烊",为使用不同语言、具有不同使用习惯的当事人提供了自

---

[1] 高玉林:《信任建立与信任结构》,《广东行政学院学报》2012年第2期。
[2] 范愉:《非诉讼纠纷解决机制研究》,中国人民大学出版社2000年版,第17页。
[3] 郑维炜:《在线解纷机制推动公平正义触手可及》,《光明日报》2023年7月1日第5版。

主、便捷、高效、国际化的一站式在线解纷途径。

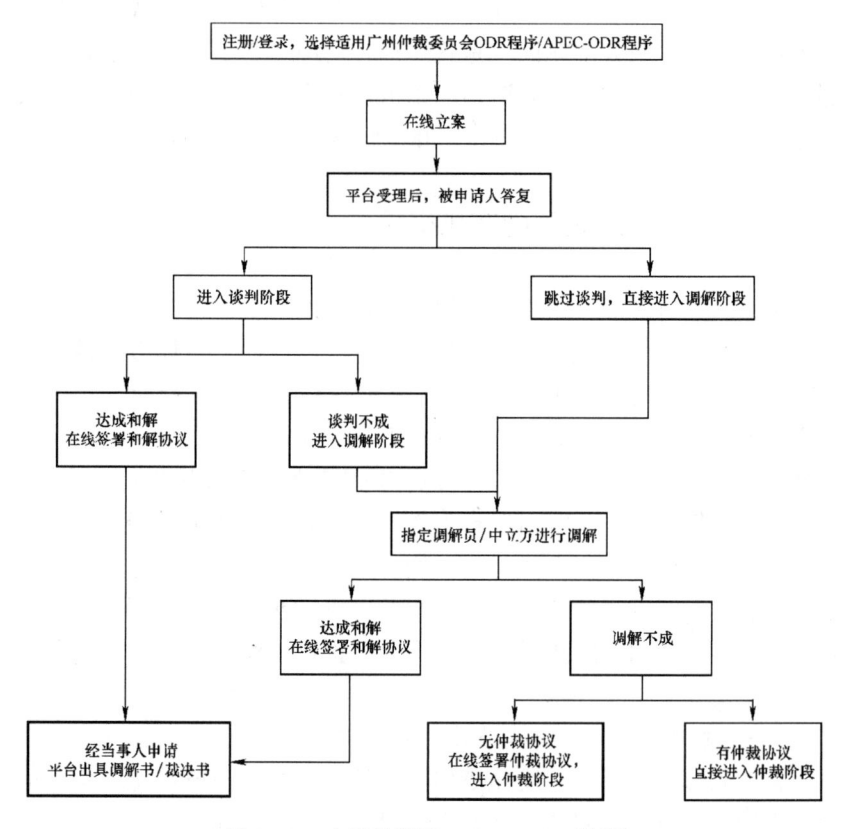

```
注册/登录，选择适用广州仲裁委员会ODR程序/APEC-ODR程序
                        ↓
                     在线立案
                        ↓
              平台受理后，被申请人答复
                   ↓              ↓
             进入谈判阶段      跳过谈判，直接进入调解阶段
              ↓        ↓              ↓
        达成和解    谈判不成
       在线签署和解协议  进入调解阶段
                        ↓
              指定调解员/中立方进行调解
                   ↓              ↓
             达成和解          调解不成
          在线签署和解协议       ↓        ↓
              ↓          无仲裁协议    有仲裁协议
        经当事人申请    在线签署仲裁协议， 直接进入仲裁阶段
       平台出具调解书/裁决书  进入仲裁阶段
```

图 2-1　广州仲裁委 APEC-ODR 流程

根据《广州仲裁委员会一站式多元化纠纷解决平台程序指引（试行）》第四条，平台解纷基本流程包含谈判、调解、仲裁。该流程遵循先谈判、再调解、最后仲裁的基本顺序，但上述三个程序均为非必要程序。① 自 2021 年 1 月上线以来，该平台已收案 150 多宗，调解率达 67%，远超传统案件 20% 的调解率；平均结案时间由 4 个月压缩至 23 天，结案效率较传统方式提升三倍，曾在 10 天内解决涉粤港澳三地 4 亿元的关联案，收到良好反响。利用批量智审方式处理的案件达

---

① 广州仲裁委员会：《广州仲裁委员会一站式多元化纠纷解决平台程序指引（试行）》，https://newodr.gzac.org/introduce/knowledgeRule/，2023 年 8 月 1 日。

3608 件，平均结案时间不到 1 个月，远低于传统商事仲裁 4 个月的审理周期。[1]

（二）在线和解、调解与在线诉讼衔接

在充分尊重当事人意思自治的前提下，如果将纠纷解决从传统法院引导至智慧法院，提供在线诉前调解或和解，能够大大减少法官审理案件的数量。大量案件由成本较低的专业调解组织或专职在线调解员进行处理，可以形成一个过滤体系，在无须法官介入的情况下便能公平、高效、低成本地解决纠纷。[2]

最高人民法院以人民法院调解平台为主渠道，实现与中央台办、全国总工会、中国侨联、全国工商联、人社部、退役军人事务部、中国人民银行、银保监会、证监会、国家知识产权局、国家发改委价格认证中心、中小企业协会等 12 家单位"总对总"在线诉调对接，同时邀请各类社会主体入驻平台，提供委派调解、司法确认、立案、速裁快审等全流程、菜单式、集约化"一网通调"解纷服务。《人民法院在线调解规则》施行后，符合条件的调解组织、调解员、港澳地区居民、台湾地区居民均有资格入驻人民法院调解平台。人民法院建立的电子化在线调解、诉讼平台作为纠纷双方当事人可选择的大型信息资料库，将在线调解的参与主体范围扩大，充分考虑到涉外、涉港、涉澳、涉台等复杂多变的案件情况。截至 2023 年 10 月，有 3504 家法院入驻此平台，在线汇集 10 万余专业调解组织和 39 万余名专业调解员，共调解案件超过 4748 万件。其中三成以上为律师和行业专业调解员。

人民法院调解平台与法院的审判流程管理系统实现了互联互通。法院接收的案件，在符合诉前、诉中调解相关要求的前提下，可从审判流程管理系统一键推送到人民法院调解平台，通过特邀调解组织、特邀调解员或"总对总"单位调解组织开展调解工作。在经特邀调解组织、特邀调解员和"总对总"单位调解组织调解完成的纠纷，也可以通过人民法院调解平台一键推送至审判系统，由法院完成出具司法

---

[1] 陈思民：《奋力打造全球互联网仲裁首选地——广州仲裁委员会探索"一站式"ODR 争议解决平台及实践》，《商事仲裁与调解》2011 年第 2 期。

[2] 郑维炜：《以智慧法院完善在线解纷机制》，《中国社会科学报》2023 年 6 月 7 日第 6 版。

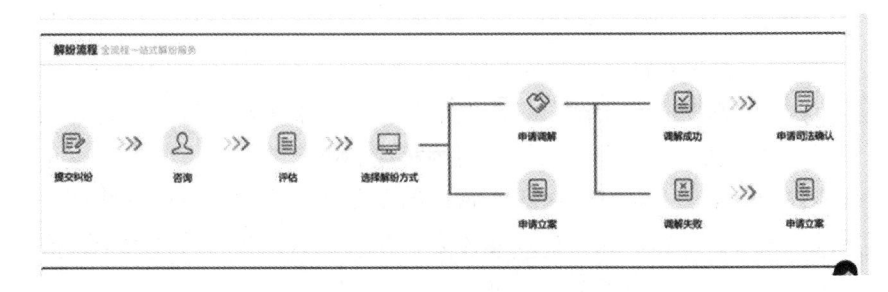

图 2-2　人民法院调解平台流程

确认、调解书或立案操作。

此外，人民法院调解平台为调解流程设置了时限管理。法院的特邀调解员在受理案件后，需在 30 天内完成调解流程，无法在规定时间内完成调解的纠纷案件，经双方当事人同意延长期限的，可以适当延长，延长时间原则上不超过 30 日。在规定期限内未能达成调解协议或者当事人明确拒绝继续化解、调解的，应当依法及时转入立案程序。通过对调解流程进行时限管理，2022 年平均每分钟有 75 件案件成功在诉前在线化解。调解平台在线对接 7.6 万个基层治理单位，嵌入乡村、社区、网格，及时把矛盾纠纷化解在基层、化解在萌芽状态，努力实现案结事了人和，加强诉源治理，提供普惠均等的现代化诉讼服务。①

第三节　法律文化与在线解纷机制的双向互动

不同的法律及法律制度中，凝结着各自所特有的文化因素，这些文化因素对法律及法律制度的产生、发展变化具有巨大的力量和作用。在数字时代，信息网络技术的发展与普及深化了全球化程度，不同文化人群可以突破时空障碍进行沟通交流，而由此导致产生跨国跨地区

---

① 周强：《最高人民法院工作报告——2023 年 3 月 13 日第十四届全国人民代表大会第一次会议上》，最高人民法院公报官方网站，2023 年 3 月 13 日，http://gongbao.court.gov.cn/Details/0cf2ab48a3d2a9cd604af4991aa7d7.html，2023 年 8 月 1 日。

纠纷数量也迅速增长。完善在线解纷机制需要充分正视法律文化的多样性，发掘不同国家、不同地区法律文化的特点，将其纳入制度设计的考量过程中，建立起当事人之间相互尊重、相互信任的长效机制。同时，在线解纷机制使得不同文化在碰撞中逐渐交融，人们有了更多的跨文化经验，进而在数字时代可能会创造出一种全新的法律文化。①

一　法律文化多样性对在线解纷机制的影响

造成法律文化多元性的因素有很多，例如地理环境和经济方式的影响，社会结构和生活方式的不同等②。世界范围内的法律文化差异不胜枚举，我们难以列举出一个全面的法律文化属性列表来解释差异。比如，丹尼尔·雷尼在《ODR 机制与文化》一文中提出，较为显著的法律文化差异主要有：个人主义文化（individualist culture）和集体主义文化（collectivist cultures），高语境文化（high context cultures）和低语境文化（low context cultures）。除此之外，商业资本文化、公共商谈文化和共同体文化③这样的文化差异也将对在线解纷机制产生一定程度上的影响，反过来在线解纷机制的不断发展也将推动新的法律文化的形成。

（一）个人主义文化和集体主义文化

从文化的角度来看，个人主义认为，个人是社会的单元，是判断价值标准的出发点，而社会是由个人组成的；集体主义认为，群体才是社会的单元，是判断价值标准的出发点，社会是由群体组成的，个人是群体的一部分，必须服从群体的利益。在人类社会的早期阶段，

---

① 郑维炜：《以智慧法院完善在线解纷机制》，《中国社会科学报》2023 年 6 月 7 日第 6 版。
② 张中秋：《比较法视野中的法律文化》，法律出版社 2003 年版，第 26 页。
③ "从历史上看，关于主体间关系主要有三种：一是市民社会中的契约关系，即通过利益计算达成的交易关系；二是公共领域中的交往关系，即通过理性对话和论辩而达成合意的商谈关系；三是共同体的连属关系，即主体之间世代养成和相互融通而产生的'你中有我、我中有你'的一家亲关系。三种关系并非彼此排斥，而是互有交叉，既对立又统一。"在三种关系之上建立了三种不同文化，即商业资本文化、公共商谈文化和共同体文化。张龑：《例外状态与文化法治国》，《法学家》2021 年第 4 期。

无论是东方还是西方，集团本位具有普遍性。[①] 但是，中西法律本位在演进和转换过程中，走上了两条日益分离的道路。中国传统法律走的是一条从氏族（部族）到家族（宗族）再到国家（社会）的集团本位道路，西方法律则经历了一条从氏族到个人到上帝再到个人的道路，其特点是愈益非集团化，亦即个人本位化。[②]

古代希腊、罗马国家与法肇始于平民与贵族的冲突。在某种意义上说，它们是社会妥协的结果，而不是任何一方以暴力无条件地强加于对方的命令。基于这样的历史前提，希腊城邦国家的政治正义论和罗马的司法才可能繁盛发达起来，西方法才具有对应社会性质的民主性和平等性，成为一种权利法。个人主义文化以权利为本位，对民众权利的保护和对统治者权力制约是其法律文化的基础[③]，其信奉自由，信奉市场的力量，不愿意政府过多干涉自己的行为，在解决集体问题时，往往通过投票来获取多数人意见。

中国传统集体主义法文化形成于特定的自然环境、历史环境和社会环境，表现出浓厚的家庭和宗族观念。独立于皇帝而作为私人的国家概念是不存在的，同样亦没有私人的社团法，没有协会法[④]，民众的公、私权利受到严格的限制。现代中国法律文化受到西方法律文化冲击发生了很大变化，对人民权利的保障受到越来越强的重视，但集体主义文化的影响仍然存在，群性价值并没有在个人主义的成长中发生"此消彼长"的萎缩。那种在西方社会中大规模出现的后现代式的对传统与权威的蔑视与否定，并没有在当代中国发生。[⑤] 集体主义文化以义务为本位，信奉权威人士，尊重长者意见，强调层级观念，崇尚集体归属感，不鼓励挑战权威意见。

在纠纷解决过程中，集体主义文化和个人主义文化背景下的当事

---

① ［德］马克斯·韦伯：《经济与社会》（下卷），林荣远译，商务印书馆1997年版，第1—5页。

② 张中秋：《中西法律文化比较研究》，法律出版社2009年版，第76页。

③ 陈晓律：《从习俗到法治——试析英国法治传统形成的历史渊源》，《世界历史》2005年第5期。

④ ［德］马克斯·韦伯：《经济与社会》（下卷），林荣远译，商务印书馆1997年版，第85—86页。

⑤ 包蕾萍、程福财等：《深度现代化："80后""90后"群体的价值冲突与认同》，上海社会科学院出版社2020年版，第9页。

人会有不同的表现：其一，受个人主义影响较大的当事人往往会将人际关系的重要性限制在与纠纷有关的实际问题上，更多地关注纠纷的解决是否符合法律规范；但是集体主义文化下的当事人对于人际关系在纠纷解决中的影响更为重视，并且更倾向于根据社会经验和传统来寻求解决办法。其二，个人主义文化下的当事人在纠纷解决的过程中一般都是自己拿定主意，注重个人意见的表达，倾向于自己处理个人的事务。然而，集体主义文化下的当事人则大不相同。在遇到纠纷时，他们往往会告知自己的大家庭甚至是大家族，信奉"人多力量大"的观点，大家一起帮忙出主意，共同渡过纠纷解决的难关。其三，在有第三方介入的调解程序中，个人主义文化下的当事人倾向于选择由精通程序的专业人员指导，但不需要特定领域专家或与各方有关系的人员。而集体主义文化下的当事人则倾向于由根据地位和社会阶层选择的第三方组织、引导调解程序的方式。这也就意味着，平台筛选调解人员侧重的标准不同，平台对有着不同文化背景的当事人的吸引力也有差异。因而在构建在线纠纷解决平台时，要关注平台本身的受众范围，了解受众的文化背景并有针对性地进行设计，这样将更有利于在线纠纷解决平台的推广和完善。[1]

（二）高语境文化与低语境文化

高低文化语境源自自身历史文化的发展，社会阶级越复杂，越会形成高语境文化。在存在上下等级的社会阶层中，例如中国和日本，直言不讳往往是一件非常避讳的事情，同时这也避免了很多矛盾和冲突的发生，这种对语言进行解读能力的传承对于社会发展起到了必不可少的作用。在低语境文化中，人们习惯用语言本身的力量来进行交际，倾向于简洁明了、直接易懂的表达方式。

低语境文化的成员倾向于认为词语具有具体的含义，高度明确性对于签订协议以终止纠纷至关重要。人们鼓励和倾向于将结果写成明确的书面协议，并由律师来审查以确定更多的细节。但是在高语境文化中，在人们交际时，有较多的信息量，或者蕴含在社会文化环境和情景中，或者内化于交际者的心中，一个词或者一个短语可以有不止

---

[1] 郑维炜主编：《在线纠纷解决机制研究——理论、规则与实践（人大未来法治研究院网络法读书会第4辑）》，法律出版社2022年版，第106页。

一种的复杂含义。一位社会地位较高、受尊重的人的点头认可可能比书面协议更重要。事实上，在高语境文化中，请求签订书面协议可能会被视为是一种侮辱或者对对方缺乏信任的表现。高语境文化往往也是集体主义文化，低语境文化往往对应着个人主义文化。①

（三）商业资本文化、公共商谈文化和共同体文化

商业资本文化建立在契约关系之上，公共商谈文化建立在交往理性关系上，共同体文化建立在连属文化和一家亲关系之上。每种文化的品质取决于相应的能力：商业资本文化取决于资本运用和节制能力；公共商谈文化取决于社会理解和共识能力；共同体文化取决于社会的连属与通融能力。各国的法律文化都包含上述三种文化，只是主次和程度不一，完善在线解纷机制应当考虑主导文化的形成基础与自身特点。

我国自古以来便是农业社会，经过世代养成和相互融通而产生了"你中有我、我中有你"的一家亲关系，形成了特有的"调处息争、无讼是求""贤能治理"等法律文化传统。这在中国当今的乡村仍有鲜明的体现，并以新乡贤文化为典型代表。在基层的治理中，乡贤往往起着重要作用。古代的乡贤是一个极富生命力、影响力和号召力的乡村精英群体，是维系传统治理体系和教化体系的重要力量，在我国形成了扎根乡土、内涵丰富、生命力强的乡贤文化。② 结合当代社会发展情况，各地推出新乡贤文化，其扎根于基层社会治理的实践之中，是对农村社会连属与通融能力的最大化利用，有利于发动和依靠群众实现调处息争的矛盾化解目标。这也是如今倡导"枫桥经验"，强调要做到"小事不出村，大事不出镇，矛盾不上交"，将综合性、人民性的基层社会治理模式创新作为新一轮调解制度发展动力的法律文化背景。

与乡村以共同体文化为法律文化的主色有所不同，中国城市以工商业发展为基础建立，基础设施现代化程度、法律理念普及程度、专

---

① 郑维炜主编：《在线纠纷解决机制研究——理论、规则与实践（人大未来法治研究院网络法读书会第4辑）》，法律出版社2022年版，第109页。

② 王斌通：《乡贤调解：创新"枫桥经验"的传统文化资源》，《山东科技大学学报》2018年第2期。

业人才队伍建设程度都相对较高，熟人社会逐渐为陌生人社会所取代[1]。这样，以利益作为协商筹码、以成文法律法规作为准绳、以相对理性视角分析事实的习惯逐渐养成，城市法律文化更多体现商业资本文化和公共商谈文化特点。城市中较难有类似于乡村中的乡贤等在辖区内有较高威望的群体，纠纷的解决主要依托于根据法律规定而形成的共识以及公权力主体的介入。同时，城市中人民法院信息化建设水平、宣传力度较高，城市居民接入网络的比例更高、对在线解决纠纷的接受能力也更强。

总之，商业资本文化背景下，市场主体常以纠纷解决为业务主体，或为提升自身运营可持续性而积极探索纠纷高效解决方式。在这种情况下，推动在线解纷平台的普及依靠平台自身的市场吸引力尤为重要。公共商谈文化背景下，需要形成统一化、标准化的规则，及时宣传推广促进共识形成。共同体文化背景下，一代人的相濡以沫和世代以来的文化积淀而形成的社会连属性在纠纷解决中有着至关重要的作用。要真正发挥在线解纷机制在其中的作用，必须具体分析不同区域的特点，利用好其中重要联结点的影响力，因地制宜，形成符合当地习惯、融于当地关系之中的解纷方式。

二　中国法律文化对在线解纷机制的影响

习近平总书记关于如何"宣传阐释中国特色"时强调："要讲清楚每个国家和民族的历史传统、文化积淀、基本国情不同，其发展道路必然有着自己的特色。""中国特色社会主义植根于中华文化沃土、反映中国人民意愿、适应中国和时代发展进步要求。"在线解纷机制的构建要扎根于有中国特色的法律文化，不应总依据西方法治文化进行设计与阐释。当代中国个体独立价值与自我意义的发展确是事实，人口规模巨大、幅员面积辽阔、多民族共同生活的国情也的确存在，但这只是使得中国法律文化的内涵更加丰富，并不意味着中国法律文化没有同一的底色。

---

[1] 季金华：《司法权威的文化建构机制》，《理论探索》2021年第1期。

（一）中国法律文化源自于长期历史发展的文化传统

传统中国的社会的秩序特征，一是一极性，这是指由国法所确立的至高无上、一统天下的社会大秩序；二是多样化，这是指由家礼家法、乡规民约、帮规行规社约等各种民间法所确立的各种社会小秩序；三是二元主从式，这是指整体社会秩序由以国法为主的大秩序和以民间法为从的小秩序二元构成；四是同质同构，这是指民间法与国家法在文化性质和结构原理上类同。① 中国法律文化的特征均是在此基础上发展衍生而来的。

1. 一元和合，权威信赖

一元和合的文化精神是指在多种主体的利益诉求和多重权力和权利的结构中，始终由一个最大的价值主张处于主导性的决定地位，安排不同的权力或权利在文化构型中的价值位置，推进实现不同的价值利益以达成社会正义的目标。在人与社会关系的分际规则中，隐含了一个权力主体，即认定和处置人与社会关系准则的职权者。这一主体要合理、确切地配置权利义务关系，明晰不同主体的行为界限，以维护安定秩序为目的，处置各类主体越制过限的行为，并实现职权设置的预想。②

传统人情政治源于古代封建政治中的"公权力私有"，以封建集权政治准则"普天之下，莫非王土；率土之滨，莫非王臣"等内容作为其行为的价值根源。"差序正义"以人情政治为逻辑起点，并以此形成了中国古代政治文化中的代表现象——民权君授，这种标榜"宽容"文化的政治行为将本属于人权的客体当作政治赠予的内容。与基于现代民主法治理念有着本质的不同，前者基于儒家礼制来实现权力要素变动，后者则强调与生俱来的基本人权与平等观念。③ 随着社会发展进步，群众的法治主体、权利主体意识在不断提高，自我认识也逐渐从"权利授予"转变为"权利主体"，但是传统影响仍然存在。中国的调解过程依然不是主要依靠专业人士去完成，而是依靠党团干

---

① 张中秋：《传统中国的法秩序及其构成原理与意义》，《中国法学》2012年第3期。
② 陈晓枫、张实根：《论中国民法典的传统法文化精神》，《江苏行政学院学报》2022年第2期。
③ 王韬钦：《传统政治文化语境下当代农村基层调解多重性叠加与联动之治》，《青海民族研究》2022年第2期。

部、警察、官僚、工会积极分子或其他一些地方性的权威人物。①

完善在线解纷机制应当重视当事人处置纠纷的文化偏好与文化权利。从中国当事人接纳权威介入纠纷解决的特点出发，牢牢坚持党对司法工作的绝对领导，充分发挥党的领导和我国社会主义制度优势，推动社会各方力量在矛盾化解中发挥更大作用，形成内外联动、上下协同、有序衔接的多元纠纷解决格局，真正把党的理论优势、政治优势、制度优势、密切联系群众优势转化为社会治理的强大效能，彰显中国特色社会主义社会治理体系和司法制度的巨大优越性。② 在智慧法院建设工作中，强调要建设人民法院调解平台，发挥平台集成主渠道功能，打破部门、区域和层级信息壁垒，构建"法院+"多元纠纷解决体系，广泛汇聚人民调解、行业专业调解、行政调解、基层干部、网格员等解纷力量，推动建立自上而下、全面覆盖的"总对总"多元解纷机制。③ 这符合人们信赖特定共同体权威向信赖国家权威的文化转型过程。④

2. 人本主义，社会依赖

儒家提倡德治、重视德化，强调"为政以德""以德化民""以德化俗"，在治国理政中坚持德法互补，在基层治理中更强调恤民爱民、德礼化民、导民向善、造福于民。"人本主义"精神和散发着文明与理性之光的"尚和"观念被誉为"中国古代法制与法文化的哲学基础"。与西方植根于个人主义的地方自治，作为与联邦分权或对抗的基本权利主体不同⑤，中国的基层自治是与中央政府府一起实现对公共利益的维护，而不是上下争权。人民与公权力间并非对抗关系，而是利益同一。世界著名的比较法学家威格摩尔曾说："中国人作为一

---

① 熊浩：《语境论视野下的〈新加坡调解公约〉与中国商事调解立法：以调解模式为中心》，《法学家》2022年第6期。
② 教育部机关服务中心：《推进中国特色一站式多元纠纷解决机制建设》，2022年3月，http：//www.moe.gov.cn/s78/A01/s4561/jgfwzx_ xxtd/202203/t20220310_ 606032.html，2023年10月20日。
③ 最高人民法院：《人民法院智慧法院建设工作成效新闻发布会》，2022年10月13日，https：//www.court.gov.cn/zixun - xiangqing - 375071.html，2023年10月20日。
④ 季金华：《司法权威的文化建构机制》，《理论探索》2021年第1期。
⑤ 王建学：《作为基本权利的地方自治》，厦门大学出版社2010年版，第119—123页。

个民族之所以能够顽强地生存下来，很大程度应归因于他们强有力的宗族和家庭组织。"① 注重集体秩序价值，使得中国的纠纷当事人往往不是被视为一个个高度孤立的原子化个体，而是被视为嵌入在某种社会关系的网络之中。纠纷解决便不只是在处理谈判桌上当事人之间的分歧，而是还应该关涉与当事人相连的广义社区。② "调处息争，无讼是求"是传统法律文化的重要特点，体现了中国人对"和谐"价值的追求。在处理个人纠纷的同时，需要关切和控制纠纷产生的外部性，以防止纠纷对集体关系与社会秩序的冲击。

因此，中国将纠纷解决放入"系统治理""综合治理""源头治理"的更高维度和更大系统中进行设计，推进中国特色一站式多元纠纷解决机制立足于服务国家治理体系和治理能力现代化、立足服务人民群众美好生活的需要③，而非仅限于私人矛盾化解层面。我们期待通过有效的治理能力投射，触达催生矛盾纠纷萌发的结构性因素和脉络性影响，将纠纷放置到"预、防、调、处、化、解"的时间长序列和社会大系统中予以考虑④。这根源于中国法律文化对群体价值的重视，将秩序作为价值期待与自然需求，其是从社群存续、秩序稳态、环境安定、整体发展的价值视角来理解和认知纠纷与解纷的。⑤

（二）中国法律文化熔铸于党领导人民创造的革命文化和社会主义先进文化

中国特色社会主义伟大实践是中国特色社会主义文化植根的沃土，在党领导人民革命、建设、改革的过程中，中国法律文化在继承传统的基础上不断创新发展，被赋予新的时代内涵。调解作为一种与司法裁判并存的社会矛盾化解方式，能较好地平衡各方利益，以平和的方

---

① ［美］约翰·H. 威格摩尔：《世界法系概览》（上），何勤华等译，上海人民出版社2004年版，第112页。

② See Catherine H. Tinsley, "Culture and Conflict: Enlarging OurDispute Resolution Framework", in Michele J. Gelfand and Jeanne M. Brett, eds., *The Handbook of Negotiation and Culture*, California: Stanford University Press Stanford, 2004, pp. 199-200.

③ 周强：《推进中国特色一站式多元纠纷解决机制建设》，https://www.court.gov.cn/xinshidai-xiangqing-348221.html，2023年10月20日。

④ 熊浩：《语境论视野下的〈新加坡调解公约〉与中国商事调解立法：以调解模式为中心》，《法学家》2022年第6期。

⑤ 苏力：《法条主义、民意与难办案件》，《中外法学》2009年第1期。

式将矛盾化解在萌芽状态，是诉源治理的重要抓手。调解符合我国长期以来"和为贵"的思想追求和纠纷解决艺术，是历史和文化的积淀①。同时，调解机制背后传统社会追求无讼的价值理念在现代法治建设中被丰富，从主要强调个体的忍让、维持社会稳定到强调符合公平合理法律原则的互谅互让、挖掘人民群众的智慧和发挥多元主体参与的作用。"枫桥经验"的发展正是中国法律文化熔铸于党领导人民创造的革命文化和社会主义先进文化的重要表现。

"枫桥经验"崇尚说理斗争，依靠群众化解矛盾纠纷，最初是教育人、改造人的经验，经过不断发展创新，成为了社会治安综合治理的典范和维护稳定的经验。②"枫桥经验"产生于枫桥，有着深厚的历史文化基础和一定的物质基础。枫桥镇是诸暨市的第一人口、地域大镇，素有"一部枫桥史，半部诸暨史"之说。据历史考证，早在五六千年前的新石器时代，枫桥先民就在枫桥江两岸繁衍生息；越国前期曾于此建都；魏晋时期、北宋末年、南宋末年分三个主要时期中原地区人口陆续南迁于此，带来了深厚的中原文明，形成了以"忠""孝""义""安"为内核的乡贤文化，并以"枫桥三贤"王冕、杨维桢、陈洪绶为杰出代表。长期以来，在"忠""孝""义""安"为内核的乡贤文化影响下，枫桥人形成了急公好义、崇尚说理的办事风格，为"枫桥经验"的产生夯实了乡贤文化基因。③ 自清末变法修律以来，地方自治次第展开，近代乡村自治逐渐启蒙。中国共产党领导下的陕甘宁边区制定了诸多关于基层治理和乡村建设的法律与政策提倡民间调解纠纷并规定"凡民事一切纠纷均应厉行调解"等。这一系列立法成果高度重视发动群众自行解决矛盾、化解矛盾，蕴含了中国共产党的先进执政理念，深刻体现了群众路线，走出了党领导下依靠群众推动乡村建设的新道路，是"枫桥经验"核心理念"矛盾不上交"的重要根基所在。中华人民共和国成立以后，在小农经济转型到集体经济的

---

① 郑重：《构建我国多元化纠纷解决机制的三个向度》，《人民法院报》2019年7月26日第5版。

② 余钊飞、罗爱军：《"枫桥经验"形成渊源考》，《浙江工业大学学报》（社会科学版）2023年第2期。

③ 谢恩临：《推进新时代乡村治理与文化重构的"枫桥经验"启示——评〈乡村治理与文化重构〉》，《中国农业资源与区划》2020年第4期。

历史变迁过程中，中国共产党高度重视社会改造和集体经济发展，将"四类分子"改造融入集体经济建设之中，在集体经济建设中不断发展治安保卫委员会、人民调解委员会、水利会等基层群众自治组织。治安保卫委员会、人民调解委员会、水利会等基层群众自治组织在"两类矛盾"的处理过程中，能够充分相信群众、依靠群众、发动群众，实现"矛盾不上交，就地解决"的工作目标，既有力推进了基层政权建设，也有效保障了集体经济的建立与巩固，为"枫桥经验"的诞生做好了历史铺垫。

从1962年"枫桥经验"初显端倪，至2018年纪念毛泽东同志批示学习推广"枫桥经验"60周年暨习近平总书记指示坚持发展"枫桥经验"20周年大会的召开，枫桥党政组织与人民群众沿着阶级斗争、改造救人、维护治安、解决纠纷的进路反映了中国特色社会主义法治建设的发展轨迹和中国法律文化内涵不断丰富的创新融贯过程。[1] 传统乡土社会推崇无讼理想及德治天下理念，"枫桥经验"汲取了传统乡土社会的精华，凝练成崇尚说理、就地解决矛盾、德法交融的基层治理经验，既创新发展了传统乡贤文化，又在调解矛盾中融入新时代法治思想，以更高水平的公平正义理念引导调解工作开展。在线解纷机制将"枫桥经验"与互联网信息和通信等新技术相结合，适应数字时代发展需要，作为"网上枫桥经验"而成为智慧法院建设的重要创新实践。[2]

（三）中国法律文化中独特的调解文化

在线解纷机制的多种解纷方式中，其中在线调解是合意最多、强制最少的和平方式。西方现代社会的调解制度是在其传统法律制度无法应对日益增长的纠纷解决要求、诉讼费用高昂使得普通人无法"接近正义"而不得已采取的诉讼外纠纷解决方式。而在中国，从古代儒家的"无讼"，到抗日民主政权时期的"马锡五"审判模式，再到新时代的"枫桥经验"，调解都体现出中华民族独特的法律文化意识。其不仅是外显于中华社会的治理模式，而且是内嵌于淳朴人心的处事

---

[1] 葛天博：《"枫桥经验"的回溯、重读与再兴》，《领导科学论坛》2020年第7期。
[2] 郑维炜：《在线解纷机制推动公平正义触手可及》，《光明日报》2023年7月1日第5版。

习惯与生活方式,[①] 我们应当有高度的文化自信去塑造新时代的调解制度。

与西方法律文化传统上以权利为轴心,追求正义有所不同,"古代中国人在整个自然世界寻求秩序和谐,并将此视为一切人类关系的理想"[②]。在中国追求妥协、崇尚和谐的社会理念下,调解始终占有重要地位。调解的历史最早可追溯至西周时期,西周设"调人","掌司万民之难而谐合之",即专门负责调解民间纠纷。中国传统调解制度以自给自足的小农经济、宗法家族制度、熟人社会为基础,体现了传统法律文化中一元和合、权威信赖、人本主义和社会依赖的特点。这些特点具体体现在:其一,对纠纷进行调处的主要目的便是恢复礼制、安定秩序、重新达致人与自然秩序的和谐,而非主要为伸张权利、分清是非黑白或寻求个案的公平正义。清代名幕汪辉祖的一段名言表现得再清楚不过,他说道:"勤于听断,善已。然有不必过分皂白,可归和睦者,则莫如亲友之调处。盖听断以法而调处以情。法则泾渭不可不分,情则是非不妨稍借理直者既通亲友之情,义曲者可免公庭法。调人之所以设于周官也"。其二,主持调解的主体具有权威性,调解具有教谕式的强制色彩。主持官府调解的官员都以国家强制力作后盾,主持民间调解的"里长"等都是家族的族长或德高望重的长辈,其权威性则来源于我国古代家国一体的社会格局及其赖以存续的礼治秩序。

新的社会实践和时代变化推动了中国调解制度的三次转型[③]:第一次是集体化时期的调解。20世纪40年代以来,在革命解放区,共产党的土地革命推翻了旧中国广大乡村的绅士、地主,粉碎了传统的绅权和族权,乡村精英再生产机制失效。在纠纷解决过程中,共产党用自身的干部和积极分子取代了传统乡村精英的位置。传统调解以人情考虑为主,辅之以法律和道理,集体化时期的调解则是以政策和法

---

① 廖永安总主编:《中国调解的理念创新与机制重塑》,中国人民大学出版社2019年版,第77页。

② 潘吉星编,[美]李约瑟著:《李约瑟文集》,辽宁科学技术出版社1986年版,第338页。

③ 廖永安总主编:《中国调解的理念创新与机制重塑》,中国人民大学出版社2019年版,第152页。

律为主,人情和道理为辅。调解人员由过去的原生型权威变为新政权认可的社区人员,调解人员趋向于干部化和非正式化,调解的原则和方法涉及国家政策和法律时更加强制化。[①] 著名的"马锡五审判方式"和"枫桥经验"正是在这一时期形成的。第二次是改革开放初期的调解。市场经济改革引发的经济结构变化和纠纷类型、数量剧增,调解更多与诉讼压力联系起来。随着改革开放的深入,农村社会从"熟人社会"转向"半熟人社会",国家行政权力后撤,乡村干部权力从"管理"走向"服务",乡村干部的行政权威被削弱。在市场经济的逐利驱动下,由于缺乏基本的调解经费保障,人民调解员既没有往日的权威来调解,也没有动力去做"费力不讨好"的调解工作。无利可图的公益化调解很难调动起他们的积极性。[②] 这使得人民调解更多依赖官方搭建的调解平台,民间自发形成的调解机制日益式微。第三次是新时代的调解。在社会法治化、现代化的过程中,纠纷的迅速膨胀已经造成国家司法机关的超载,在这种社会背景下,调解被置于多元解纷机制改革的格局之中,成为促进社会公平正义、维护社会和谐稳定的重要举措,更构成了国家治理体系和治理能力现代化的重要内容。新时代调解的显著变化是:首先,调解体系更加完善。在传统人民调解的基础上,行政调解、司法调解、行业调解、商业调解相互联动,律师调解、公证调解等新型调解形式不断涌现,形成了更为完整的调解体系。其次,调解的规范性增强,德高望重型的传统调解员减少,具备专业优势的知识权威型调解员成为主流。调解程序更加规范,更加注重保障当事人的合法权利,调解结果更加贴近既有法律的规定,更少地关注法律外的人情世故。

新时代中国的调解文化既继承着"无讼""和为贵"的文化传统,又融合了社会主义核心价值观在国家层面、社会层面、公民层面倡导的价值目标与价值取向。完善在线解纷机制,一方面,要发挥中国调解文化的独特优势,利用好其中蕴含的结合道德性表达和实用性实践的实用道德主义。从紧密连接事实情况出发,视不同情形进行调解,

---

[①] [美]黄宗智:《过去和现在:中国民事法律实践的探索》,法律出版社2009年版,第57—61页。

[②] 何永军:《乡村社会嬗变与人民调解制度变迁》,《法制与社会发展》2013年第1期。

而避免像西方法律形式主义那样,坚持必分对错,把法律推向必争胜负的对抗性制度。① 将传统法律实践中"第三领域"② 内涵丰富为多元主体参与、创新基层社会治理机制。另一方面,也要关注到中国调解文化重经验、重具体实用的特点背后存在的科学化、体系化不足的问题。在不少西方国家,社会学、心理学、经济学等研究成果被广泛应用于调解领域,法学院还设置标准化的调解课程对调解员进行培训。而我国的调解研究缺乏系统性、自洽性、本土性的调解知识体系,法学教育理念以诉讼和法庭为中心,忽视对学生进行调解学方面的知识与技能教育。③ 在线解纷机制的完善不应仅停留于在线平台规范制度的进一步发展,还需要有更加专业化、本土化话语体系支撑。我们要在坚持纠纷解决实践导向并扎根于中国特色法律文化的同时,加强中西话语的碰撞与对话,在求同存异中凝聚共识,使民族性的解纷话语更加符合当代中国和世界的需求。

三 在线解纷机制赋予法律文化新内涵

(一) 网络公民关系的开放性、虚拟性和多样性

文化是关系范式的产物。④ 互联网的持续普及使得时空障碍被打破,人们有了更多的跨文化经验,从而诞生出一种新的角色即网络公民。网络公民是网络和公民的结合,用来形容长期使用网络的人。无论我们出生在哪个国家和地区,沐浴着什么样的文化成长,在进入网络世界时都要遵守网络世界的规范,主体间的关系表现为开放性、虚

---

① [美] 黄宗智:《过去和现在:中国民事法律实践的探索》,法律出版社 2009 年版,第 262—263 页。
② 法律史学家黄宗智研究中国明清以来民事法律实践后认为,在正式司法审判与民间社会调解之间,国家总是首先鼓励当事人优先选择调解方式解决纠纷,只有在民间力量无法应对时,国家才开始介入。即便是当事人直接向国家寻求公力救济,国家也会通过一定方式将纠纷再交由其他基层社会的代言人或中间人去处理,从而在国家与社会之间形成半国家、半社会的中间领域,黄宗智将这一现象称为"第三领域"。[美] 黄宗智:《清代的法律、社会与文化:民法的表达与实践》,法律出版社 2014 年版,第 91—111 页。
③ 廖永安:《论构建中国自主的调解学知识体系》,《商事仲裁与调解》2023 年第 1 期。
④ 张龑:《例外状态与文化法治国》,《法学家》2021 年第 4 期。

拟性和多样性。①

开放性源于技术的发展与普及，进入网络世界的门槛越来越低，人们日常生活在线化程度越来越高。这使得弱势群体有机会在网络空间中发出自己的声音，与超出自身生活空间、所处阶层的其他主体进行沟通交流，能够获取接触更多信息知识资源的通道。在线解纷机制的运行吸收了网络通信技术的优势，借助互联网，摆脱了时间、空间、成本等对当事人的束缚，为基层纠纷解决提供专业支持，使得了解一线情况、有着基层纠纷解决经验的工作人员与熟悉法律法规、对规范程序掌握更深的专家能够更便捷地合作，在适应基层群众对地方性权威人物更为信赖的文化前提下，推动国家法与自然法的融合，为群体提供真正高效合理便捷的纠纷解决服务。

网络社会是一种数字化生存，人与人之间的交往关系是以数字化信息为基础展开的，海量主体以匿名的、虚拟的身份进行节点之间的交互。并且，网络群体具有流动性，变化迅速，随时可形成新的群体。②虚拟性的交互方式使得主体更易脱离小范围的群体共识，更多关注个人价值，以及规范、统一的程序价值。在线解纷机制对人民主体地位的强调也推动着群众从"权利授予"到"权利主体"的自我认识转变。正如智慧法院建设以"司法为民"为原则，《人民法院在线诉讼规则》中也对"合法自愿"和"便民利民"的基本原则予以明确。

网络公民关系的多样性使得网络社会也呈现出价值的多元，"如果说工业时代的奥秘是分工，那么数字时代的奥秘则是融合，是信息互通、资源共享、社会合作"③。多样性的背后隐含着对尊重包容、合作互惠的需求。各主体所生活的国家、地区在政治环境、经济发展、文化传统、法律制度方面都存在巨大差异，只有秉持尊重包容、合作互惠的理念，才能构建长效沟通机制。比如，搭建在线商事调解平台时，调解员的选聘不应局限于单一国家或个别领域，应当广纳全球优

---

① 冯建军：《网络公民教育：智能时代道德教育的新要求》，《伦理学研究》2022年第3期。

② 王静：《数字公民伦理：网络暴力治理的新路径》，《华东政法大学学报》2022年第4期。

③ 孟建柱：《加强和创新社会治理》，《人民日报》2015年10月9日第2版。

秀调解人才；解纷方式的设计也应尊重各国传统，只要在不违背平等自愿和公平公正原则的前提下，解纷方式选择可以更加多元与灵活。①

（二）融合数字公民伦理的法律文化

随着虚拟与现实关联的深化，网络中的纠纷矛盾愈发容易渗透到物理世界之中，网络公民与现实公民这种二元割裂的视角不足以应对社会治理的新问题。国内有学者认为，数字公民是具有规范适用技术能力的人②或是技术网络关系中的公民。③ 欧洲委员会认为，数字公民应具备使用数字技术进行生活、学习和工作的能力；具备参与社区、国家及世界政治、经济、文化等活动的责任感、知识技能、批判意识等；具备在正式、非正式及非正规环境中终身学习的能力；具备捍卫人权和尊严的能力。④ 从治理的视角来看，我们认为，数字公民突破了存在形态限制而关注到主体本身，指向的是存在于这个被信息技术辐射各个领域的数字社会的公民。"伦理性的东西就是自由，或自在自为地存在的意志，并且表现为客观的东西，必然性的圆圈。"⑤ 伦理指人们之间不同的关系以及所应当遵循的各种道理或规则⑥，其不仅关乎主观的价值判断，还包含客观规范。数字公民伦理正是由数字公民可达成群体共识的价值及基于该价值之上的行为规范共同构成的体系。

---

① 郑维炜、高春杰：《"一带一路"跨境电子商务在线争议解决机制研究——以欧盟〈消费者 ODR 条例〉的启示为中心》，《法制与社会发展》2018 年第 4 期。

② Ribble M. S., Bailey G. D., Ross T. W., "Digital citizenship: addressing appropriate technology behavior", *Learning & Leading with Technology*, Vol. 32, No. 1, 2004, pp. 6–11.

③ 冯建军认为：公民在网络上面对两种关系：一是作为网络的使用者与网络技术的关系，即人—机关系，可称之为技术网络关系；二是以技术网络为中介的人与人之间的关系，即人—人关系，可称之为虚拟社会网络关系。在技术网络关系中的公民称为数字公民，在虚拟社会网络中的公民称为网络公民。冯建军：《网络公民教育：智能时代道德教育的新要求》，《伦理学研究》2022 年第 3 期。

④ Frau-meigs D., O'neill B., Soriani A., et al., Digital citizenship education: overview and new perspectives, https://www.researchgate.net/profile/Vitor-Tome/publication/337812656_Digital_Citizenship_Education_overview_and_new_perspectives/links/5deb8881a6fdcc28370c963d/Digital-Citizenship-Education-overview-and-newperspectives.pdf.

⑤ ［德］黑格尔：《法哲学原理》，范扬、张企泰译，商务印书馆 1961 年版，第 165 页。

⑥ 倪愫襄编著：《伦理学简》（第 2 版），武汉大学出版社 2018 年版，第 10 页。

首先，数字公民伦理追求的是以事实判断为基础，综合中西思想之精华，关注个人的同时重视集体秩序与公共利益的价值。第一，事实判断是基于概念的工具理性，进行具有逻辑性的分析。① 数字时代，信息产生与流动的速度快、传播范围广，缺乏深度关联的群体极易形成，群体极化现象②的影响程度提升。若没有事实判断为底线而放任公民追求朴素的是非观，网络交互的开放性与多元性可能导向的是公民非此即彼的判断、无序的联合，对公权力的情绪化民意表达以及网络暴力正是这种"善因恶果"的体现。数字公民伦理所强调的是以法律规范规定的合法权利为边界、以透过大量信息而冷静探寻客观事实的理性为依托的价值判断，网络交互的虚拟性无法阻隔其主体存在于现实社会所应拥有的权利和承担的义务。第二，当今社会的变革使得因社会扁平化和主体分散化所衍生的新型法律关系不断涌现，传统的社会秩序和契约观念开始被改写。③ 在高度虚拟化的交互中，只有遵守规则，线上秩序才能得以维护，主体程序价值的认知才能得到提升。在线解纷机制的完善推动着群众"权利主体"意识的觉醒。在线解纷平台的建设有助于培养当事人按流程要求操作的习惯，也能够更加清晰地将程序规范呈现于当事人面前，便于其了解在诉讼流程中的权利与义务，使得当事人在个案中形成对程序正义的理解与重视。但仅关注个体的主动性、独立性和自主性并非数字公民伦理所追求的价值，因为个人主义导向的是由竞争产生的秩序，这有利于增强社会的活力、激励个人发展但若没有相反机制制衡易于走向弱肉强食的丛林法则。④中国法律文化中有着由团结产生秩序的基因，个人的修身治国齐家平天下的理想发展路径之中蕴含着对社会责任的承担，对群体和谐的追求。正如我们在推进在线解纷机制提升矛盾解决效率的同时，也为可

---

① 王静：《数字公民伦理：网络暴力治理的新路径》，《华东政法大学学报》2022 年第 4 期。

② 社会心理学研究发现群体在讨论后原有的态度会发生冒险性或谨慎性偏移，即已有观点或情绪会被坚持与强化，这一发现被概括为群体极化现象。蒋忠波：《"群体极化"之考辨》，《新闻与传播研究》2019 年第 3 期。

③ 黄丽云：《数字社会的伦理困境与法治文化建设》，《中国政法大学学报》2022 年第 2 期。

④ 马德普、龙涛：《现代种族主义的嬗变及其个人主义根源》，《民族研究》2022 年第 1 期。

能被数据鸿沟隔断的弱势群体设计救济路径,数字公民伦理强调减少功利色彩的理性和个人主义,在增加人道、人情,尊重人的主体价值的同时,也更关注集体秩序与公共利益。①

其次,数字公民伦理包含践行与保障其价值追求的行为规范,其形成于共识产生的过程之中同时对成员形成强制力。这种行为规范的特点体现为立足于沟通、共识及承认,对自由、平等、权利的内涵、属性与边界进行重新厘定和限缩平衡。②数字公民伦理是法律文化的一个面向,其形成于不同法律文化逐渐交融的过程,它基于西方经典的公民伦理,又融合了中华法律文化中"社会依赖"的集体秩序精神。法律文化的内涵将得到不断丰富与完善,从而创造出一种并不同于单一的集体主义或个人主义文化、高语境文化或低语境文化,而是对各种文化的吸收和扬弃,最终形成一种大多数人共同遵守的数字时代的法律文化。

第四节 法治环境的建立与完善

只有在良好的法治环境下,才能够实现在线解纷机制的最大效用。法治应该是一个系统、完整的概念,它既应该是一种治国之道,又应该内含对良好法律制度的追求;它既应该在观念上体现宪法和法律至上权威、制约权力和保障权利以及民主、自由、平等、人权等价值理念,又应该在国家和社会的治理过程中将这些价值理念付诸实施,转化为一种良好的法律秩序。所以,法治的普遍性体现在,它并非针对个别人、个别情况所颁布,而是具有普遍的效力。法的价值目标在最为普遍和一般的意义上常常被表述为正义或公共幸福;法律是一种致力于公平、正义的艺术,法的价值就在于最大限度地促进人类生活的福祉。

---

① 马长山:《网络空间治理中的公民文化塑造》,《内蒙古社会科学》(汉文版)2018年第4期。

② [美]埃里克·布莱恩约弗森、安德鲁·麦卡菲:《第二次机器革命》,蒋永军译,中信出版集团2016年版,第342页。

一 坚持以人民为中心——"枫桥经验"发展下的在线解纷机制

法治在中国特色社会主义时代下被赋予新的时代内涵。法治坚持以人民为中心、坚持人民至上、坚持人民主体地位的特点,也是我国社会主义法治与西方法治的根本区别所在。[1] 中国式法治现代化是以人民为中心的法治。坚持以人民为中心是全面依法治国的根本立场,是社会主义法治的基本要求。中国式法治现代化建设要求法治建设的每一个环节都体现"以人民为中心"这一要义。我国社会主义法治也认同"人民的福利是最高的法律"。

法治贯彻"以人民为中心"。保障人民利益,首先是保障每一个具体的个人的利益,而不是用相对模糊的"国家、集体和公共利益"或"整体性利益"来取代个人利益。具体性人民利益体现为个体的法律权利。[2] 基于法律的规范性和权威,将人民利益具体化为个体所享有的法律权利并予以充分尊重,就是对个体利益最有力、最现实的保障。而以人民为中心的发展思想正是体现出了"枫桥经验"的本质内涵。[3] 枫桥经验的本质在于人民主体性。一切的治理活动都必须要围绕人民的根本利益,而人民的根本利益的落实才能保障治理活动的有效性。人民主体性是枫桥经验的核心价值。在"枫桥经验"的发展过程中,"人民性"贯穿于整个治理过程,表现在依靠社会群众进行自我调解,将矛盾化解在源头。数字时代下,枫桥经验的特征在于法治化。[4] 运用中国特色社会主义法治来化解纠纷便是人民调解下的新时代的"枫桥经验"。一方面,枫桥经验本身蕴含着法治的规则与运用方式,具有法治创新与发展的普遍性适用意义,因而走向法治化是其必然的趋势。[5] 另一方面,枫桥经验是针对本土独有法治实践最有效

---

[1] 游劝荣:《习近平法治思想的司法理论》,《中国法学》2023年第4期。
[2] 李晓辉:《论以人民为中心的法治》,《法制与社会发展》2023年第3期。
[3] 张文显:《新时代"枫桥经验"的核心要义》,《社会治理》2019年第9期。
[4] 褚宸舸、李德旺:《近十年人民调解"枫桥经验"研究的回顾与展望(2008—2017)》,《民间法》2018年第1期。
[5] 李林:《推进新时代"枫桥经验"的法治化》,《法学杂志》2019年第1期。

的处理方式。

二 "枫桥式"法治化的依托——新型的营商环境

法治是最好的营商环境,建立良好的法治化营商环境需要在线解纷机制的参与。法治既是营商环境的重要内容和目标,又是营商环境的制度动力和根本保障。国务院《优化营商环境条例》第六十六条,"国家完善调解、仲裁、行政裁决、行政复议、诉讼等有机衔接、相互协调的多元解纷机制,为市场主体提供高效、便捷的纠纷解决途径。"该条例明确指出,良好的营商环境需要多元解纷机制的参与。并且,该条例将"法治化"同"市场化""国际化"并列作为优化营商环境的三大原则,表明法治对于营商环境的重要价值。

(一) 智慧法院

法治化营商环境依托智慧法院的建设,善意文明司法以促进多方共赢。人民法院是法治化营商环境的重要参与者、推动者、实践者,审判工作中要积极发挥司法职能作用,努力营造稳定、公开、透明的法治化营商环境。司法队伍是营商环境法治化建设的主要依托力量,唯有始终坚持立德树人,德法兼修,建设德才兼备的高素质法治工作队伍,才能为推进营商环境法治化进程提供强大可靠的人才保障,确保法治政府与法治社会行稳致远。[1]

数字时代,智慧法院以数字化、网络化、信息化、智能化技术手段为支撑,坚持以司法为民为宗旨,为人民群众、各类企业提供集约、高效、便民的诉讼服务。全面推进智慧法院建设,可以助推优化法治化营商环境工作提档升级,为企业发展营造稳定、公平、透明、可预期的营商环境。深入推进网上立案、跨域立案、网上缴费等服务,通过科技赋能,让诉讼活动全流程、各环节均能在网上开展,做到打官司"一次都不用跑",减少了市场主体往返增加的时间和经济成本。

(二) 市场主体

法治化营商环境需要市场主体的共同合作维护。提供消费者纠纷在线解决服务的企业是指在辖区市场监管部门的指导监督下,通过全

---

[1] 李建伟:《习近平法治思想中的营商环境法治观》,《法学论坛》2022年第3期。

国 12315 平台提供消费纠纷在线解决服务的企业。对消费者来说，可以通过手机或电脑，直接与企业协商解决消费纠纷，实现"一次也不用跑"；对企业来说，可以减少中间环节的沟通成本，将消费纠纷化解在源头，真正实现"双赢"。市场监管部门通过建立在线解纷机制进而引导、监管、示范"三位一体"的模式，打通消费纠纷和解的"最后一公里"。这有助于建立和谐的消费关系，促进消费纠纷化解在源头，提升消费者满意度，促进营商环境和消费环境的双重优化。以消费纠纷化解在企业、解决在源头为目标，通过建立在线解纷引导、监管、示范三位一体的模式，持续强化经营者主体责任和信用约束，能逐步构建起企业履行主体责任、行业自律、社会监督、部门协作为一体的消费维权共治新格局。

三 诉源治理——"枫桥经验"法治化的核心内容之一

创新诉源治理工作，是习近平中国特色社会主义法治道路的题中应有之义。诉源治理由法院先行提出，通过非诉衔接重塑司法格局。在数字时代下，诉源治理不仅仅限于法院内部，还逐渐向社会个体和其他组织机构延伸。诉源治理的本质是不同主体对于纠纷的预防或者化解所采取的措施，有效地调和潜在或者已经出现纠纷的当事人之间的矛盾，以此减少进入诉讼纠纷。其本身包含着纠纷预防和纠纷分流的层次，并且和中国的法治紧密联系在一起。[1] 诉源治理所遵守的理念是司法便民与司法为民。我国社会主义法治的核心是保障群众的利益，减少群众的对抗性因素，促进社会主义法治的和谐。因此在对比其他西方国家时，中国特色社会主义法治更多体现了预防性的特点，在源头上就要去维护人民群众的权益。因而，加强诉源治理，必须落实新时代的"枫桥经验"，做好调解工作。因为"枫桥经验"本身便强调对于民间的矛盾的调解先行，其是与官方司法审判并存的社会矛盾的解决方式，止矛盾纠纷于未发。只有始终坚持在法治轨道上，以预防化的态度助力于化解矛盾纠纷，提升诉源治理的法治化水平，才

---

[1] 张文显：《新时代中国社会治理的理论、制度和实践创新》，《法商研究》2020 年第 2 期。

能使法律真正地体现"人民的道德意愿",进而最大限度地实现良法善治的局面。

(一)法院主导型在线解纷机制的诉源治理——行业治理需求

加强"非诉讼"诉前引导。习近平总书记指出,我国国情决定了我们不能成为"诉讼大国"。人民法院承担着纠纷化解的重要职责,参与诉源治理是应有之义,要把非诉讼纠纷解决机制置于前端,推动更多法治力量向引导和疏导端用力。法院研发的人民法院的调解平台便是诉源治理的突出体现。原则上,全国的法院都必须入驻平台,最大限度汇聚调解资源。在调解开始前,法院便可以通过平台推送相类似的案件去引导当事人对案件进行评估,合理预期。调解可以由当事人或法院进行线上调解。调解成功后,双方当事人可以进行电子签名,在线申请司法确认。目前为止,调解成功案件已经超过 160 万件。[①]这使得大量纠纷在诉讼外得到了及时化解。

成立多元化调解中心。例如上海高院建立了一站式多元解纷平台,对外与人民调解组织、证券银行调解组织进行线上的互联互通,对内与人民法院调解平台、审判执行系统进行互通,可以为当事人提供多方面的在线服务。另外,其也具有成本低、解纷效率高、保密性强等特点,可以实现不同环节、不同部门之间的信息共享与数据融通。一些社会安全事件的发生往往是最初的矛盾纠纷没有得到及时有效解决。深入推进诉源治理,可以让部分矛盾化解在诉讼程序之前。因此,诉前调解工作助推了诉源治理走深走实,切实发挥了诉前调解在分流化解矛盾、减少诉讼增量、缓解执法办案压力、维护社会稳定等方面的作用。

(二)平台治理型在线解纷机制的诉源治理——市场化治理需求

诉源治理要善于创新发展新时代"枫桥经验",发动和依靠群众。这种理念也可以体现在电子商务平台上。目前各大商务电子平台根据相关的互联网的需求建立了一套与互联网相适应的高效、智能、公正的在线解纷机制。以《淘宝平台争议处理规则》为例,该规则系统地规定了买家和卖家的维权程序,淘宝平台可以提交大众评审进行判断,最后根据大众评审的结果处理双方的纠纷。大众评审的运作逻辑便是

[①] 参见官方网站http://tiaojie.court.gov.cn/,2023 年 10 月 20 日。

通过群体投票,以少数服从多数的基本原理去实现纠纷争议的及时解决。同时,大众也可以参与到行业规则的制定。因此,大众评审其直接通过电子商务平台进行买卖双方关于货物相关的问题的处理,而不必由此提交到法院,使在线解纷机制具有中立性、正当性和公平性。大众评审纠纷解决可以分为诉前协商、审前准备和集中处理三个阶段,诉前阶段可以实现案件分流,保证当事人主张明确化和具体化。在审前准备阶段,当事人可以陈述自己的理由并提供相关证据,在规定时间完成表达和举证。集中处理阶段中,买家有权选择是否适用大众评审对纠纷进行判断。评审期间,评审员通过匿名方式对任务进行判定,如果需要回避,应当主动放弃投票。对于评定票数必须达到一半以上为有效结果。为保证纠纷解决的执行,《淘宝平台争议处理规则》还规定,即使用户对决定不满意,在通过其他争议处理途径未取得终局决定前,仍应先履行调处决定,以避免个别用户通过极端方式人为阻碍解纷结果的实现。一方面,平台所需经济成本很低,平台内部纠纷解决相比传统纠纷解决方式而言更加便捷,可以为当事人减少许多不必要的漫长等待,方便了双方当事人的时间安排,大大提高了电子商务的运行效率。另一方面,激发了社会解纷力量,减轻了司法"案多人少"的压力,及时解决了网络交易双方的纠纷,借助该种机制,平台可以吸引更多如法官等专业人士,在业余时间参与到纠纷解决中来,凭借其专业知识和解纷经验对相关证据材料进行认定,作出更为科学的事实判断和处理结果。

第三章 电子商务在线解纷机制

第一节 电子商务在线解纷机制的基本概述

一 电子商务与电子商务纠纷

数字时代,互联网信息和通信等新技术的不断更新换代使得个人生活方式逐渐改变,还带动了国家产业结构的优化升级,加速了经济全球化的进程,成为国家未来发展的关键要素。电子商务也因互联网的普及进入到人们的视野。它利用了互联网的优势,具备产生双向互动、缩短物理距离、建立网络虚拟交易空间等特点,突破了传统交易在时间、空间上的限制,降低了企业的交易成本,提高了整个经济链的效率。电子商务因其所具有的显著优势受到众多企业的欢迎,已进入到快速发展的阶段。但近年来,随着电子商务活动的不断演进,基于电子商务交易活动而产生的各类纠纷也频频发生,为此,有效解决电子商务纠纷,对维护消费者合法权益和促进电子商务规范发展意义重大。

(一)电子商务的概念、类型与特点

联合国国际贸易法委员会《电子商业示范法》对"电子商务"的概念作出了广义和狭义的区分。广义的"电子商务"是指以电子数据交换而进行的商业活动。而"电子数据"是指经由电子手段、光学手段或类似手段生成、储存或传递的信息,以上提及的手段包括但不限于电子数据交换(Electronic Data Interchange,EDI)、电子邮件、电报、电传或传真。狭义的"电子商务"是指电子计算机之间以标准格式进行的数据传递。

《中华人民共和国电子商务法》（以下简称《电子商务法》）第二条第二款将电子商务定义为通过互联网等信息网络销售商品或者提供服务的经营活动。相较于传统的商业模式而言，由于与互联网信息和通信等新技术相结合，电子商务具有跨区域性/跨国性、交易过程的虚拟性、更大的信息不对称性等特点。

按交易主体的不同，电子商务可以分为：代理商、商家和消费者（Agents, Business & Consumer, ABC）电子商务，企业对消费者（Business to Consumer, B2C）电子商务，企业对企业（Business to Business, B2B）电子商务，消费者对消费者（Consumer to Consumer, C2C）电子商务，此外还有企业对市场（Business to Marketing, B2M）电子商务、生产厂家对消费者（Manufacturers to Consumer, M2C）电子商务、企业对政府机构（Business to Administrations, B2A）电子商务、政府对个人（Consumer to Administration, C2A）电子商务、线下商务机会与互联网结合（Online to Offline, O2O）电子商务等类型。其中ABC电子商务是代理商（Agents）、商家（Business）和消费者（Consumer）之间的集生产、经营、消费为一体的交易模式。淘众福是采用ABC电子商务的典型代表，它通过互联网、刊物及移动媒体，为代理商、商家和消费者提供生活信息服务。上述三者角色可以相互转化，例如消费者可通过消费或推荐转化为商家的代理商，实现消费营销的相互转化。B2C电子商务是发生在企业和消费者之间的交易模式，天猫商城、京东商城、唯品会等是采用该种交易模式的典型代表。B2B电子商务是企业间实现产品、服务等资源交换的商务模式，包括垂直的生产商与供应商的供货关系，以及生产商与经销商的销货关系。C2C电子商务是发生在个人消费者之间的交易模式，阿里巴巴旗下的闲鱼、拍拍、易趣等是采用该种模式的典型代表。B2M电子商务是指企业面向多方进行电子商务的一种商业模式，多方可以包括供应商、客户、员工和合作伙伴等。M2C电子商务是指生产厂家直接对消费者提供自己生产的产品或服务的一种商业模式，拼多多、美的电器官方旗舰店等是采用该种交易模式的典型代表。B2A电子商务是企业与政府机构之间进行的电子商务活动，例如，政府将采购的细节在国际互联网络上公布，通过网上竞价方式举行招标，企业也要通过电子的方式举行投标。C2A电子商务是指政府对个人的电子商务活动，这类电子商务活动目前还没有真正形成。但在个别发达国家,如在澳大利亚,政府的税务机构已经通过指定私营税务或会计师事务所用电子方式来为个人报税。O2O 电子商务是将线下的实体店和互联网结合,形成线上与线下双向流通的商业闭环模式。该模式不仅能提高消费者的购物效率,还能为商家增加客户引流,降低运营成本。

(二) 电子商务纠纷的特殊性

纠纷作为一种社会现象,表现形式颇多,但实质上均可归结为利益上的争端。纠纷就是公开地坚持对某一价值物的互相冲突的主张或要求的状态。[1] 电子商务纠纷作为纠纷的一种表现形式,不仅具有一般民事纠纷的特点,还具有其特殊性。电子商务纠纷是当事人在电子商务活动中,通过网络进行在线交易过程中产生的各种民事纠纷的总称。一般情况下,电子商务交易主体主要包括企业、个人消费者和平台。其中平台基于网络交易的特殊性而产生,包含电子银行、网络交易中心、认证机构、第三方物流等服务性主体。在电子商务纠纷的法律关系中,当事人的法律地位是平等的,各方都享有法律赋予的权利,承担相对应的法律义务。电子商务交易过程主要涉及人身关系和财产关系。虽然交易的形式因为技术的加入而发生变化,但电子商务交易的主体内容、法律关系和纠纷的本质并没有发生实质改变,只是互联网信息和通信等新技术的融入使得交易形式和交易关系更为复杂,从而带来了新的交易纠纷类型和问题。

(三) 电子商务纠纷的类型

电子商务纠纷是一个综合性的概念,区分并厘清电子商务纠纷的具体类型,有助于我们进一步认识到电子商务纠纷中存在的问题和挑战。

按电子商务纠纷所涉法律关系的不同,电子商务纠纷分为:合同纠纷和侵权纠纷。电子商务合同在我国属于民事合同,依据联合国国际贸易法委员会《电子商务示范法》的有关规定,电子商务合同是指合同双方当事人通过电子信息网络平台使用数据文档或电子邮件等形式,签订的确定双方民事权利义务关系的协议。双方当事人在合同履行过程中基于各种原因产生的纠纷即是电子商务合同纠纷。电子商

---

[1] 季卫东:《程序比较论》,《比较法研究》1993 年第 1 期。

侵权纠纷既包括基于电子商务合同而产生的侵害人身权利的纠纷，也包括电子商务中的一方主体实施侵权行为导致他人权益受到损害的纠纷，主要类型有知识产权纠纷、产品缺陷导致的人身损害纠纷等。

按电子商务交易内容的不同，电子商务纠纷分为：交易双方因服务协议存在异议产生的纠纷、因交易标的货不对版产生的纠纷和因退换商品产生的纠纷。其一，交易双方因服务协议存在异议产生的纠纷。平台和消费者对签订的合同中的管辖权条款协定、格式条款中平台的免责条款和加重消费者义务的条款存在异议而导致的纠纷均属于此类纠纷。其二，因交易标的货不对版产生的纠纷。网络购物平台是一个虚拟的市场，很多消费者在进行网络购物时都是通过商家的产品介绍和展示来了解产品。然而，不少商家基于利益驱使，利用消费者在信息掌握上的劣势，夸大或虚构产品或服务，欺骗消费者购买，从而产生了大量的电子商务合同纠纷。其三，因退换商品产生的纠纷。在网购中，消费者经常会因为商家提供的虚假或夸大的图文信息而购买到货不对版或有瑕疵的商品。但在消费者要求退换商品时，商家有时会以图文仅供参考、损坏属于运输途中的问题等理由主张自己不负相关责任，还会以规定消费者须自付退货、换货的邮费等方式来阻却消费者退货或者换货。消费者通常考虑到退换货运费成本高（可能接近甚至超过商品的价格）以及证据收集困难等问题，只能选择默默承受或用差评回应。类似这样的纠纷，不仅影响到我国电商环境的健康发展，还影响了商家的再次销售以及消费者的权益保护。

按电子商务交易主体的不同，电子商务纠纷分为：ABC 电子商务纠纷，B2C 电子商务纠纷，B2B 电子商务纠纷，C2C 电子商务纠纷，还有基于 B2M、M2C、B2A、C2A、O2O 等电子商务模式产生的纠纷。这与上述电子商务的类型是一一对应的。其中，ABC 电子商务模式下所发生的内部代理商务纠纷和外部消费纠纷都属于 ABC 电子商务纠纷；B2C 电子商务纠纷是发生在企业和消费者之间的纠纷类型，此种纠纷类型以小额交易纠纷为主。

（四）电子商务纠纷的特点

数字时代，电子商务纠纷是依托互联网信息和通信等新技术、产生于电子商务交易活动中的争端。因其受网络的影响，相比于传统的商务纠纷，除了具备上文提到的一般民商事纠纷的性质外，还具备以下主要特征。

1. 纠纷主体跨地域、跨国界性特征明显

电子商务可谓是现代商务的高速公路，是集金融管理和商贸信息于现代信息技术中的信息化交易模式。其缩小了生产、销售、消费间的距离，突破了时空、地理的限制。"24 小时营业无休假""海外购""闪购全球"等电商业务如今已风靡全球。消费者只要连接网络，便可跨越区域、跨越国门、跨越大洲获得所需的商品和服务。随着互联网信息和通信等新技术的迅速发展，越来越多不同地域的购物者活跃在网络平台，随之也带来了大量的跨地域、跨国界的纠纷。而传统以主权和地域为要素的司法管辖制度显然已经无法适应这种新纠纷模式的需要，我们必须寻求与电子商务纠纷相适应的纠纷解决机制。

2. 纠纷发生过程的虚拟性

电子商务发展依赖于互联网信息和通信等新技术，这就决定了电子商务交易的过程是在数字化、虚拟化的网络空间完成的，电子商务交易的双方只需利用网络信息交换工具就可完成合同的谈判、签订和履行。与传统面对面的纸质化的商务交易模式相比，数字化成为电子商务颠覆传统商务模式的标志。在给人们带来高效和便捷的同时，数字化交易也给现代的纠纷解决取证工作带来了挑战：纠纷主体的真实身份确认困难，难以开展维权；电子商务纠纷的合约内容约定不明确或有失公平，法律效力有待商榷；证据凭证普遍缺失；证据效力有待相关法律给出进一步解释等。这些难题都严重阻碍了电子商务纠纷受害主体的维权之路。

3. 纠纷主体的信息不对称性

电子商务发生在虚拟的网络空间中，因此交易双方通常都不知道对方的真实身份；并且在网络交易和登记中，即使是提供相关信息，对方所提供的资料也并非都是真实完整的。特别是个体消费者，往往只能通过商家展示的有限信息对商家的主体资格、营业场所、运作模式、赔付能力等进行浅层次的了解。虽然近几年来我国监管部门为应对电子商务纠纷出台了许多整顿措施，越来越多的商家信息也更加趋向透明化，但司法实务中仍存在不少主体难以确定的纠纷，这也使信任危机问题愈发普遍。需特别提到的是，在 B2C 电子商务中，消费者在接受商家的服务和商品之前，都必须要接受商家拟定的电子服务协议，而这些服务协议多是格式合同，条款内容冗长复杂，且多半是商家设定的对自己免责、损害消费者权利的陷阱条款。大部分消费者并不能有效理解协议内容，从协议签订伊始就出现了双方当事人地位不平等的局面。并且，电子商务中还经常存在虚假刷好评、刷信誉的行为，这更加增大了消费者通过平台中的商家声誉等级和网友评论对商家进行筛选的难度。纠纷产生后，在产品信息、合同条款信息以及证据收集问题上，消费者与掌握更多信息的商家相比更是无计可施。

二　电子商务在线解纷机制的运行现状

（一）立法规则

目前关于电子商务活动的实体法规定只是散见于《民法典》《消费者权益保护法》《电子签名法》等相关法律和《电子商务模式规范》《网络购物服务规范》《关于促进电子商务规范发展的意见》等部门规章或规定中。《消费者权益保护法》第二十五条规定了网购消费者自收到商品 7 日内可无条件退货（鲜活易腐等规定的商品除外）；第二十八条强调了对网购消费者"知情权"的保护；第四十四条规定了网络平台的责任，进一步保障了消费者的追偿权。虽然《消费者权益保护法》的这些规定回应了网购消费者的诉求，进一步保障了网络交易的安全和网购消费者的权益，但仍然存在不足之处。例如，"7 日无理由退货"条款中消费者退货时应保持商品"完好"的标准为何？通常消费者收到货物后都会打开查验，商品的包装自然便会被拆开，在退货时很难完全包装回原样，有些包装拆开后甚至便无法复原。商家可能会为了逃避退货故意以商品"不完好"而拒绝消费者的请求。

（二）在线解纷平台（电商平台、第三方专业机构平台、司法机关平台）

我国电子商务在线解纷机制虽起步较欧美要晚，但得益于国内电子商务的飞速发展、信息技术的不断进步以及国家层面的各项政策支持和实践探索，也在逐步建立。虽然在一些方面还有不足，但也发展出了自己的特色，并且取得了一些成果。目前我国国内的电子商务在线解纷平台主要包括三大类：第一类是电子商务企业自身建立的解纷平台，第二类是第三方（非官方）创建的在线解纷平台，第三类是官方组织建设的在线解纷平台。

1. 电子商务企业的解纷平台

此类机制可以被称为平台内的解纷机制，主要包括以淘宝网为代表的电子商务平台内部的投诉、和解及调解程序。这些电子商务平台在平台内发布纠纷处理规则、向买卖双方提供各种纠纷解决途径，通过保证金、平台内的限制措施等手段来保障纠纷处理结果的执行。

以淘宝平台为例，《淘宝平台服务协议》将纠纷解决条款纳入注册协议中，引导当事人在发生纠纷时诉诸淘宝平台与客服解决，提升消费者与销售者对淘宝平台纠纷解决程序的知情与参与。《淘宝平台服务协议》由当事方与淘宝平台经营者共同缔结，用户对条款内容、免除或限制责任条款、法律适用以及纠纷解决条款无异议，选择同意协议，即可成为淘宝会员。网络用户注册成为"淘宝"会员，承诺遵守纠纷解决规则，实际上概括性地授权了"淘宝"根据规则处理当事方之间的纠纷的权力。任何一方要求淘宝平台介入的，平台即有权处理纠纷，无须双方同意，除非双方自行选择协商或者一方通过司法途径解决。因此，在尊重当事人意思自治的前提下，淘宝平台促使纠纷当事方充分熟悉、广泛使用在线解纷机制。淘宝在多年来的发展中形成了一套完整的规则。《淘宝平台争议处理规则》一共有 6 章 78 条，基本上涵盖了在淘宝平台从注册到交易完成会遇到的所有问题，并且对拍下、绑定、限制社区功能等个性化的网络术语进行了解释。同时，淘宝平台还设置了个性化和人性化的处罚措施，如扣分、屏蔽店铺、限制交易等，其处罚措施具体分为行为限制类、信息限制类、永久处罚类。

淘宝解纷机制所采取的处罚措施与法律的强制性措施不同，它紧密地结合了淘宝上交易的特点，主要是对主体能够享受的平台服务进行限制，而很少直接涉及主体的实体权益。这些限制之所以有效，是因为这些限制会影响到店铺的实际交易。除此之外，淘宝规则还对一些特殊物品的交易进行了详尽规定，如书刊杂志、彩票、旅游等。上述处罚措施和对特殊物品交易的规定都十分具体，具有较强的可操作性，对于解决实际问题十分有效。

2. 第三方（非官方）在线解纷平台

第二类是第三方（非官方）创建的在线解纷平台。我国国内早期的在线解纷平台包括中国电子商务法律网、北京德法智诚咨询公司发起成立的"中国在线争议解决中心"、中国国际经济贸易仲裁委员会成立的中国国际经济贸易仲裁委员会域名争议解决中心。中国消费者协会也向全国消费者提供了一个投诉和解平台，与美国的"信任徽章"制度类似，但并没有成熟案例。[1]

此外，第三方（非官方）在线解纷平台还包括中国电子商务协会调解中心、中国互联网协会调解中心、浙江在线矛盾纠纷多元化解平台。2008年9月25日，中国互联网协会调解中心在于南京举办的"第七届中国互联网大会"上正式成立。中国互联网协会调解中心目前已经与全国多家法院签署了《委托调解协议》，与最高人民法院及地方各级人民法院建立了委托调解工作机制，与多家省级互联网协会签署合作协议，逐步构建了全国范围的调解机制。[2]浙江在线矛盾纠纷多元化解平台则是我国国内相对比较成熟的专门在线解纷平台，其解纷流程包括在线咨询、在线评估、在线调解、在线仲裁、在线诉讼。

近年来，得益于电子商务的发展与国家对于仲裁的重视，我国国内的在线仲裁有了新的突破。2019年4月16日，中共中央办公厅、国务院办公厅印发了《关于完善仲裁制度提高仲裁公信力的若干意见》，提出要积极发展在线仲裁。意见要求，要适应互联网等新经济新业态发展需要，依托互联网技术，建立网络化的案件管理系统以及与电子商务和互联网金融等平台对接的仲裁平台，研究探索在线仲裁、智能仲裁，实现线上线下协同发展；要建立完善互联网仲裁规则，明确互联网仲裁受案范围，完善仲裁程序和工作流程，为当事人提供经济、便捷、高效的仲裁服务；要研究仲裁大数据建设，加强对仲裁大数据的分析应用，推动与相关部门数据的互联互通，构建多方参与的网络治理协作机制，有效化解涉网纠纷，促进仲裁与互联网经济的深度融合。[3]

---

[1] 王晓：《完善在线纠纷解决机制刻不容缓》，《中国贸易报》2016年7月28日第A6版。

[2] 中国互联网协会调解中心：《大事记》，http：//www.netmvp.cn/Infol.aspx?cid=15&par=2，2023年8月11日。

[3] 新华社：《中共中央办公厅 国务院办公厅印发〈关于完善仲裁制度提高仲裁公信力的若干意见〉》，2019年4月16日，https：//www.gov.cn/xinwen/2019-04/16/content_5383424.htm，2023年8月11日。

杭州仲裁委员会于 2019 年 7 月 5 日正式成立杭州互联网仲裁院，凡是纠纷标的额不超过 500 万元的网络购物合同纠纷、网络服务合同纠纷、银行卡纠纷等，均可在仲裁院的"中国杭州智慧仲裁平台"上，实现案件所有环节的电子书面审理。杭州互联网仲裁院制定了《杭州仲裁委员会智慧仲裁平台简易案件电子书面审理仲裁规则》，对答辩、组庭、举证质证、管辖权异议、变更仲裁请求、反请求、仲裁员回避等程序均进行了规定，并嵌入平台的相应程序中。[①] 2022 年智慧仲裁平台共受理案件 572 件，平均结案天数为 23 天，简易案件审理期限大幅缩短。

宁波仲裁委员会积极贯彻落实中共中央办公厅、国务院办公厅《关于完善仲裁制度提高仲裁公信力的若干意见》提出的"积极发展互联网仲裁"要求，于 2019 年 7 月 18 日召开发布会，宣布建立全国首个互联网仲裁电子证据平台，实现了互联网仲裁案件全流程线上解决，真正做到纠纷产生在网络，纠纷化解在网络。宁波仲裁委上线的电子证据平台依托"多源数据+智能核验+司法大数据+区块链存证+共享共治"，借助实名认证、电子签名、时间戳、完整性鉴别、数据加密算法等先进互联网技术手段保障电子数据的安全性和真实性，并确保仲裁约定是双方当事人的真实意思表示。2022 年 5 月，宁波仲裁委员会正式启用"微仲裁"在线平台，实现从仲裁申请、立案、缴费、受理、举证、答辩、质证、在线开庭、调解到裁决等全部仲裁程序在网上完成，当事人也能通过平台实时了解案件进展，查阅相关仲裁文书，真正实现了"一次都不用跑"。对仲裁数字化发展路径的探索扩大了仲裁在矛盾化解上便捷、快速的优势，并且极大地降低了仲裁成本。

青岛仲裁委员会于 2019 年 8 月 23 日发布《互联网仲裁规则》，并上线全省首个互联网仲裁平台。该互联网仲裁平台主要受理三大类案件：通过电子商务平台购买商品或服务而产生的纠纷，金融机构与借款人在互联网上进行的金融借款合同纠纷以及其他纠纷，地方金融组织与借款人在互联网上进行的小额贷款合同纠纷及其他纠纷。该仲裁

---

① 杭州仲裁委员会：《杭州互联网仲裁院揭牌仪式暨新闻发布会在杭州仲裁委员会召开》，2019 年 7 月 5 日，http：//www.hzhac.org/newsShow_276.html，2023 年 8 月 11 日。

平台搭建了国内首个基于 5G 网络切片技术的电子证据平台，能够有效解决电子证据易篡改、易伪造、取证难、认定难等问题，从而实现批量化、智能化仲裁案件。截至目前，包括青岛蓝海股权交易中心区域性股权交易在内的诸多区块链电子证据平台应用场景成功落地，存证量近 190 万条。2023 年 9 月 12 日，全国首个具有创新性和引领性的区块链电子合同存取证团体标准《区块链电子合同存取证规则》在全国团体标准信息平台成功发布实施。该规则规定了基于区块链技术实现的电子合同存取证总体要求和参考架构、功能要求、数据可信存取要求、能力要求、安全要求，适用于电子合同存取证工作。

综上，相较于电子商务企业的解纷平台，第三方（非官方）在线解纷平台具有更明显的社会化特征。其拥有的海量数据库资源、提供的综合服务体系有助于打破电子商务平台间的信息壁垒，形成较为标准的解纷规则，使解纷结果更符合当事人的预期。同时，由专业的中立第三方在线解纷不仅可以层层过滤和分流大量简易、适宜调解的案件，还能优化社会解纷流程、合理配置社会解纷资源、大大节省消费者处理纠纷的时间、精力和人力成本。

3. 官方在线纠纷解决平台

第三类是官方组织建设的在线纠纷解决平台，主要是利用现有的司法资源，依托于人民法院系统构建的。此类平台主要包括诉讼和调解两种纠纷解决路径。

（1）人民法院在线调解平台

2012 年 4 月，最高人民法院经中央批准，发布了《关于扩大诉讼与非诉讼相衔接的矛盾纠纷解决机制改革试点总体方案》，确定了 42 家地方法院作为多元纠纷解决机制改革试点法院，并部署了若干项新的改革措施。[①] 2016 年 6 月 29 日最高人民法院公布《关于人民法院进一步深化多元化纠纷解决机制改革的意见》（以下简称《意见》），《意见》第十五条规定了"创新在线解纷方式"：根据"互联网＋"战略要求，推广现代信息技术在多元化纠纷解决机制中的运用。

---

① 最高人民法院：《多元纠纷解决机制改革试点进展顺利，最高人民法院进行中期评估》，2013 年 1 月 14 日，http://www.court.gov.cn/zixun－xiangqing－5010.html，2023 年 8 月 11 日。

在上述文件的指导下，最高人民法院于2018年2月建设了便捷、高效的"人民法院在线调解平台"（tiaojie.court.gov.cn）。该平台可以实现诉前调解、诉中调解、司法确认、立案等业务在互联网与法院专网之间实时自动流转。截至2023年9月，全国3504家法院开通了"在线调解平台"，该平台调解的案件数量已经超过4793万件。当事人只要登录微信"多元调解"小程序，借助网络和调解平台的音视频调解对话功能，即使身在异地、足不出户也可以实现调解。平台根据纠纷类型和调解员擅长的领域向当事人推荐调解员，纠纷当事人也可以从调解员信息库自行选择，根据调解员的擅长领域和身份信息选择适合的调解员。达成调解协议后，当事人可通过平台进行线上确认，签收调解书；若未达成协议，也可通过平台申请转为诉讼程序。

（2）北京互联网法院

北京互联网法院采取区块链（Block Chain）和智能合约（smart contract）技术实现执行"一键立案"。[1] 北京互联网法院基于区块链技术创设的电子证据平台"天平链"于2018年正式建立。2019年4月9日，首个采用"天平链"证据的判决出炉。"天平链"电子证据平台作为中央网信办首批备案的区块链单位，完成跨链接入区块链节点18个，实现互联网金融、著作权等9类25个应用节点数据对接，在线采集证据数超过472万条，跨链存证数据达1000万条。[2] 北京互联网法院的电子诉讼平台已经实现了全流程网上诉讼，包括起诉、应诉与答辩、举证质证、宣判、执行在内的所有环节都可在线上进行。

根据北京互联网法院2023年8月31日发布的《北京互联网法院审判工作情况白皮书》[3]，2018年9月9日至2023年7月31日，北京互联网法院共受理案件193936件，审结案件182447件。从案件类型上看，以著作权权属、侵权纠纷，网络侵权责任纠纷，信息网络买卖合同纠纷为主，分别占71.57%、11.27%、8.65%。北京互联网法院

---

[1] 熊志钢：《全国首例！北京互联网法院采用区块链智能合约技术实现执行"一键立案"》，2019年10月28日，http://jszx.court.gov.cn/main/FrontPageNews/246387.jhtml，2023年8月11日。

[2] 中华人民共和国最高人民法院编：《中国互联网司法白皮书》，人民法院出版社2019年版，第18页。

[3] 北京互联网法院：《北京互联网法院审判工作情况白皮书》，2023年8月31日，https://mp.weixin.qq.com/s/n_7vr06CQzoDuf-agP7dNQ，2023年9月1日。

建设"多功能、全流程、一体化"的电子诉讼平台，全面完成了诉讼模式从线下到线上的整体架构，当事人立案申请在线提交率100%，诉讼费用在线交纳率92.24%，在线庭审率99.89%，庭审平均时长28分钟，比普通线下庭审节约时间约3/4。

截至2023年7月31日，北京互联网法院共受理涉网商事案件28326件，审结24395件。其中，信息网络买卖合同纠纷15692件，占全部商事案件的55.40%；网络金融合同纠纷9329件，占32.93%；网络服务合同纠纷3305件，占11.67%。从涉诉领域看，涵盖"衣食住行文体康美"等各个消费领域，从实体商品到虚拟服务，从物质享受到精神需求都有涉及。

涉电子商务平台案件中，产品和服务质量问题依然层出不穷，在微商、代购、二手买卖、转单等新型购物模式中表现更为突出。电子商务平台"一对众"型的交易模式使得格式条款的应用更为普遍，但存在格式条款内容复杂，提示说明不足的问题，加重了消费者的弱势地位。在"跨境电商平台格式条款案"中，北京互联网法院贯彻弱者保护原则，认定B2C跨境电商网站通过格式条款方式排除消费者所在国法院管辖的协议内容无效，有力维护了我国司法主权和消费者合法权益。该案入选2021—2022年度全国消费维权十大典型司法案例。

(3) 广州互联网法院

广州互联网法院于2019年3月30日正式上线运行"网通法链"智慧信用生态系统，以区块链技术为基础，坚持"生态系统"理念，构建"一链两平台"新一代智慧信用生态体系。司法区块链依托智慧司法政务云，联合"法院＋检察院＋仲裁＋公证"多主体，集聚"电信运营商＋金融机构＋互联网企业"，为智慧信用生态系统提供区块链技术支撑。

广州互联网法院创新发展"枫桥经验"，不断扩展解纷生态圈。其在阿里巴巴、腾讯、抖音等7家互联网平台设立"枫桥E站"线上诉源治理站点，其联合平台企业及司法行政机关、仲裁机构、高等院校、专家学者等第三方调解力量，实现平台自治与司法治理互动衔接。通过开展"示范庭审＋学者点评"等活动，让企业、商户了解同类型案件的裁判规则，化解大量潜在纠纷。至今，枫桥E站从源头调解纠纷超 5 万件。① 此外，该院还搭建粤港澳在线纠纷多元化解平台。该平台汇聚了 61 个调解机构 584 位调解员，其中包含港澳地区调解员 20 名，推动构建纠纷调解跨域协同机制。至今，该平台已调解纠纷 17 万余件。

（4）杭州互联网法院

杭州互联网法院则首创"5G＋区块链"的涉网执行新模式，开启了系统化运用前沿信息技术赋能执行的新纪元。5G 技术让处于不同时空的申请人、被执行人都能通过音视频第一时间全方位、立体式了解执行过程，进一步增强执行透明度，保障当事人的知情权。同时，引入区块链技术后，执行音视频可以同步至司法区块链，可进行现场校验并固化原始视频证据，让整个执行过程变得更加可信真实，进一步助推执行规范化建设，并保障当事人对执行工作的监督权。"5G＋区块链"互联网执行新模式通过多方实时互动，利用司法区块链确保执行过程的公正公开透明，实现了执行正义的全程可视化。2019 年 12 月 19 日，杭州互联网法院在线宣判司法区块链智能合约技术应用于民事诉讼审判程序的全国首例案件，这也是电子商务领域首例交易全流程上链存证的诉讼案件。②

2020 年 7 月 15 日，杭州互联网法院跨境贸易法庭正式成立，这是全国首个依法集中审理跨境数字贸易纠纷案件的人民法庭。同日，跨境贸易法庭全流程在线审理了"第一案"——新加坡用户起诉网购平台浙江天猫网络有限公司网络服务合同纠纷案。自成立以来，该法庭共审结涉外民商事案件 300 余件，通过典型个案审理，在电子标签、海外代购、平台责任等领域探索形成了一系列涉外交易规则，推动跨境数字产业健康发展，着力打造国际网络纠纷解决的"优选地"。

2023 年 3 月 15 日，杭州国际商事法庭正式揭牌成立，这是全国第九家、浙江首家国际商事法庭，当日，杭州国际商事法庭还同步上线"数智国商"系统和法庭中英文门户网站，现已基本建成集国际商

---

① 广州市中级人民法院：《创新矛盾纠纷多元化解机制 助力市域社会治理现代化发展》，2023 年 5 月 23 日，https：//mp.weixin.qq.com/s/qGs4vRUs9ooVQyFYUyZ_RA，2023 年 9 月 15 日。

② 人民法治网：《全国首例应用区块链智能合约技术案件宣判》，2019 年 12 月 22 日，https：//www.rmfz.org.cn/contents/847/258067.html，2023 年 8 月 11 日。

事纠纷全流程在线诉讼、"一站式"融解决、数助决策司法服务对外开放新高地等功能于一体的"数智国商"系统,实现国际商事纠纷诉讼、仲裁、调解"三联通",持续为中外当事人提供"普惠均等、智能高效、一站式融解决"的数智司法服务。3月16日,杭州国际商事法庭第一案落槌,同时适用《联合国国际货物销售合同公约》和我国《公司法》判决一起德国公司与我国公司涉疫情物资的国际货物买卖合同纠纷。①

(5) 成都互联网法庭

作为我国首个跨行政区域集中管辖互联网案件的专业法庭,成都互联网法庭成立于2021年4月9日,管辖四川省成都、德阳、眉山、资阳辖区内应由基层法院受理的第一审互联网案件。成都互联网法庭积极运用大数据、云计算、人工智能、区块链等最新技术,精心打造了以云诉诉讼服务平台、云调多元解纷平台、云审在线庭审平台、云辑审判管理平台、云智专家智库平台、云链电子存证平台为核心的"云系列"新一代智慧审理和司法服务平台。建立并完善了与互联网纠纷相适应的诉讼服务机制,推动网络空间治理取得明显成效。"云调"平台作为成都互联网法庭多元解纷的前沿阵地,满足了群众多元化的解纷需求,缓解了法院人案压力,优化了法治化营商环境,帮助公众初步树立起在线非诉解纷观念。截至目前,该院通过"云调"平台申请调解的案件有21017件,调解平均用时25.5天,初信初访化解率达95%左右。

2021年该庭新收案件6632件,同比增加276%,法官人均结案数368.39件,相当于2020年全年的3.76倍,结案率达99.99%,一审服判息诉率为97.39%,居全省法院第一位。在全流程在线审理的创新模式下,案件平均审理周期仅为28天左右。② 2022年,该庭案件总量同比增长近3倍,共受理各类案件24000余件,审结近24000件,结案率超过98%。

此外,国内多个省份的法院已经开通了诉讼服务网,当事人可

---

① 杭州中院:《杭州国际商事法庭挂牌成立,刘捷、李占国共同揭牌》,2023年3月15日,https://mp.weixin.qq.com/s/zJaaBHybkaIBqcZ7q6YfhQ,2023年9月15日。
② 网信四川:《成都互联网法庭召开挂牌成立一周年"云端"新闻发布会》,2022年4月9日,https://mp.weixin.qq.com/s/rW8qkF89HYLSu0y669SCag,2023年8月11日。

以通过互联网进行立案、交费、送达等司法活动。在新冠疫情期间，也有大量案件通过互联网信息和通信等新技术进行了网上开庭。深化中国智慧法院建设已经取得了阶段性成果，并且正在有条不紊地推进。

（6）长春互联网法庭

2022年1月6日，长春新区人民法院设立长春互联网法庭，这是东北三省首家互联网法庭。集中管辖吉林省范围内应由基层人民法院受理的第一审互联网案件，包括通过电子商务平台签订或者履行网络购物合同而产生的合同纠纷、产品责任纠纷；签订、履行行为均在互联网上完成的网络服务合同纠纷、借款合同纠纷等。

长春互联网法庭坚持用互联网思维审理互联网案件，对传统审判方式进行重构。借助AI助理、云直播、云调解、云庭审和智慧法院管理系统等技术手段，实现案件立案、缴费、送达、调解、证据交换、庭审、宣判等诉讼环节全部在线上完成。推出"异步质证"审理模式，让当事人可以自由选择时间和地点登录吉林电子法院平台，以不同时、不同步、不同地的方式参与庭前程序，突破时空双重维度的限制为当事人提供诉讼便利，也让庭前程序更加便捷高效。

属于长春互联网法庭管辖的八类案由中，互联网金融借款合同纠纷占57%。根据互联网金融借款合同纠纷数量多、当事人遍布全国各地的特点，长春互联网法庭积极推动互联网金融类案智审，实现批量审核立案或者转调解、批量送达、排期、开庭、裁判文书自动生成，将关键信息"表格化""清单化"，创新采用"合一开庭"模式进行系列案件一并审理，案件平均审理周期缩短9—15天。一年来，已审结涉金融借款合同纠纷案件共计1095件，为维护金融市场秩序提供了强有力的法律支持。

自2022年6月1日受理案件以来，长春互联网法庭网上立案2099件，已结1947件，结案率92.76%。已关联当事人的案件100%在线开庭审理，平均审理期限29天，其中互联网金融案件庭审平均用时5—10分钟，相较传统审理模式节约至少30分钟；一审服判息诉率达97.12%，极大地缩短了诉讼周期，实现了审判质效质的飞跃并持续向好。让"一次都不用跑"的诉讼体验越来越顺畅、简便，为当事人带来了更优质的司法体验。①

（7）苏州互联网法庭

2023年5月18日，苏州市虎丘区人民法院设立苏州互联网法庭，集中管辖苏州市辖区内应由基层人民法院受理的七类第一审互联网案件。云审和融诉是苏州互联网法庭的一大特色。如果不方便去法庭参与庭审，当事人、律师可选择在苏州市范围内100多家"云审·融诉驿站"，直接参与在线开庭、在线调解、在线诉讼服务，打通司法联系群众、服务群众的"最后一公里"。随着法庭的揭牌设立，苏州已经从四庭协同走向了五庭协同，拥有了包括苏州知识产权法庭、苏州破产法庭、苏州国际商事法庭、苏州劳动法庭在内的五家国字号专业法庭，为苏州打造法治化营商环境锻造最硬内核。

三　跨境电子商务在线解纷方式的选择

在跨境电子商务模式下，网络经营者面对的是全世界的消费者，发生的纠纷往往涉及多个国家的法律适用、不同法域的管辖、陌生环境下的诉讼以及远超出交易本身的金钱和精力成本等问题。这一切都会极大影响电子商务中消费者和经营者进行跨境网络交易的信心。针对跨境电子商务在线解纷的上述不同特点，选择何种跨境电子商务在线解纷方式值得深入的研究和分析。

首先，选择何种跨境电子商务在线解纷模式应当考虑不同国家的技术标准差异。跨境网络购物是通过互联网使全世界范围内的经营者与消费者实现交易的电子商务模式，而在线解纷机制也依靠互联网通信技术（Information Communication Technology，ICT）进行跨境沟通与信息交流来处理纠纷案件。因此，在利用在线解纷机制解决跨境网络购物纠纷时，必须充分重视互联网信息和通信等新技术的作用。若从解纷机制受互联网技术影响程度的层面考虑，大致可以将解纷机制分为三类：第一类解纷机制是完全不涉及互联网技术

---

① 长春新区人民法院：《长春新区人民法院召开长春互联网法庭成立一周年新闻发布会》，2023年5月31日，https://mp.weixin.qq.com/s/6c58EVeNhGmwtiURg - DgCA，2023年9月24日。

的机制;第二类解纷机制是传统纠纷解决方式随着数字时代的到来完成了自我改良和发展,引入新的通信技术作为传统通信方式的辅助机制;第三类解纷机制则是完全用互联网信息和通信等新技术取代了传统的信息交换方式,彻底颠覆了传统的纠纷解决方式。根据在线解纷机制对技术的依赖程度,可以将其划入前述第三类机制行列中。尤其是在采用双盲报价机制的在线和解模式中,互联网信息和通信等新技术已经完全取代中立第三方,成为该模式下开展在线解纷机制的唯一有效工具。技术作为第四方在在线解纷机制的发展与完善过程中扮演着最为关键的作用。易贝网、Smartsettle 公司等之所以能有效解决电子商务纠纷,最大的原因就在于其充分依赖互联网信息和通信等技术,帮助当事人进行讨论、评估、调查,并最终妥善处理纠纷。[1] 该技术运用的程度,很大程度上可以决定某一在线解纷机制的有效性及效率。目前全世界范围内用以处理跨境网络购物纠纷的在线机制主要依托的技术是电子邮件通信(e-mail Communication),这一技术能够以最简单的方式传递包括文字、图像、音频、视频等多种形式在内的信息及文件,不仅传递速度迅速,且便于对文件的管理。

在线解纷机制中与技术标准有关的内容主要涉及多样化的网上非诉讼纠纷解决程序的技术、互联网环境和系统协调性的技术、交易安全和消费者隐私保护技术、互联网通信技术等。但由于目前各个国家和地区在上述技术层面尚未有统一的标准可供参考,各个国家和地区按照自己的规定和步调对技术进行操控,因而在解决涉及跨境性质的纠纷时,在线解纷系统可能会存在技术不兼容的风险,从而影响到纠纷解决的实施。具体来讲:第一,技术发展的地区性差异和技术发展不均衡。受经济发展水平差异的影响,从在线解纷机制中平台提供者到在线解纷机制所使用的技术都在经济更为发达的国家或地区产生,对于经济较为落后的国家或地区的经营者和消费者而言,在进行跨境交易时本身就处在较为弱势的地位。在纠纷产生后,其要通过在线解

---

[1] Christina L. Kunz, Maureen Del Duca, Heather A. Thayer & Jennifer Debrow, "Click-through agreements: Strategies for Avoiding Dispute on Validity of Assent", *The Business Lawyer*, Vol. 57, 2001, p. 2.

纷机制寻求救济的成本比经济发达的国家或地区要高，导致在线解纷机制的使用率也相应更低。由此也容易使在线解纷技术的发展滞后，无法大范围地推行统一的技术标准。第二，语言和文化的差异使技术的推广普及受阻。目前世界上共有两百余个国家和地区，所使用的语言种类繁多，这不仅使跨境网络购物纠纷的产生概率提高，也会影响到互联网信息和通信等新技术在在线解纷机制领域的应用。如前所述，目前大多数在线解纷机制提供者所使用的语言都为英语，一旦消费者或者经营者来自非英语国家，那么，由于语言的障碍将可能导致纠纷得不到妥善解决。发达的技术总是从经济发达国家和地区向其他国家和地区传递，而由于语言和文化的差异，一些国家和地区会对先进的技术产生排斥，拒绝接受新的技术，跨境网络消费者和经营者就可能因此无法使用在线解纷机制来寻求救济。

其次，选择何种跨境电子商务在线解纷模式还应当考虑不同国家法律制度的差异性。在线解纷机制的完善与发展过程中，许多国际组织和机构包括欧盟、国际经济合作与发展组织、国际商会等都曾为树立在线解纷机制的行业标准做出努力。然而在线解纷机制作为一种适用范围日益广泛的纠纷解决模式，目前在质量与公平的相关标准上还主要依赖于服务商的尝试和努力，这显然不利于多样性与复杂性兼具的跨境网络消费纠纷的处理。[1] 在线解纷机制作为一种地位日显重要的纠纷解决方式，要想获得用户的信赖、维护纠纷当事人的利益，需要有相应的官方法律标准加以规范。

目前全世界范围内已经有许多国家和地区将多元解纷机制中所涉管辖权内容纳入到现行法律规定中，并且制定了一些可供适用的判断标准。在线解纷机制中提供者所具有的非政府性质，表明其存在并没有国家的正式立法来认可，目前仍处于自律的发展状态。在线解纷机制目前虽然在许多国家和地区的默认状态下自由且速度较快地发展，但是在跨境电子商务纠纷产生后，纠纷当事人达成合意选择的在线解纷机制是否在双方所在国家和地区都具有对该案件的管辖权，该种纠纷的类型是否为所在国家或地区的法律规定为强制管辖的范围，都将影响到解纷案件能否正常开展。而关于这些问题目前尚未有国家制定

---

[1] 张楚：《电子商务法初论》，中国政法大学出版社2000年版，第23页。

相关的法律标准。①

最后，选择何种跨境电子商务在线解纷方式亦应当考虑到纠纷解决结果的执行问题。在传统的跨境商事诉讼或者仲裁中，一国法院对另一国法院判决或者裁决的承认和执行往往建立在两国的双方协定或者互惠基础上，没有这个基础则很难完成执行工作。由于电子商务交易过程中弱化了国家和地区的边界，案件的联结点诸如当事人所在地、行为发生地、讼争财产所在地等变得模糊难辨，由此可能会存在管辖权模糊的问题，同一个案件可能存在由多个法院提出管辖权。由此，一国法院作出的判决往往很难在另一国的法院得到承认和执行，原因是存在管辖权的冲突问题。如果申请承认和执行的法院对案件也有管辖权，则原判决法院的管辖权有很大可能被认定为无效。在一国法院接受了外国法院的判决承认和执行申请后，往往会对案件的审理程序、案件实质内容等进行审查，若该法院认为原判法院没有适用正确的准据法，也可能拒绝承认和执行该判决。② 参见前文所述，跨境网络购物纠纷由于其特性使然，很难在法律适用上作出放之四海皆正确的选择，因此最终指向的准据法很可能被另一国的法院所否定。

与传统诉讼境遇相同，在线解纷的执行结果也存在执行难的问题。一般来说，在线仲裁的履行存在两种途径：一是通过强制力保障执行，二是期望当事人自觉履行。③ 根据《纽约公约》，一项仲裁裁决要获得承认和执行，该裁决必须要同时符合一定的条件，即仲裁裁决的作出地必须是申请承认与执行国家之外的一国，裁决必须以书面形式作出并附上当事人的签字，被申请执行人在裁决作出之前应被给予过陈述意见的机会。显而易见的是，跨境电子商务在线解纷的执行结果很难同时满足上述要求：其一，裁决的作出地很难判断。在线解纷机制的执行结果是在一个虚拟的网络空间依靠电子技术做成的，对于结果的作出地点可以认为是电子设备所在地，也可以是网络服务器所在地，

---

① 肖永平、谢新胜：《ODR：解决电子商务争议的新模式》，《中国法学》2003 年第 6 期。
② 范小华：《执行和解协议的效力分析及完善立法建议》，《河北法学》2008 年第 6 期。
③ 范小华：《执行和解协议的效力分析及完善立法建议》，《河北法学》2008 年第 6 期。

还可以是裁判者所在地,这些地点与被执行人所在国有重合的可能。其二,裁决的形式要件难以满足。如果一项跨境电子商务纠纷案件通过在线解纷机制来审理,其作出的结果一定是电子数据的形式。由于当事人所隔甚远,我们很难将裁决以纸质的形式呈现,并让当事人在裁决上签名。

第二节 域外经验:欧盟关于消费者在线解纷机制的立法规制与实践做法

一 欧盟发布的相关文件与法案

欧盟委员会于 1998 年通过了《关于解决消费者争议的法院外机构所应遵循的原则建议》,对成员国国内的各类替代性纠纷解决(Alternative Dispute Resolution,ADR)机制或在线解纷机制提出了最低程序要求,其内容主要涉及在线解纷机制所应遵循的七项基本原则,如独立性原则、透明度原则、对抗性原则、效率原则、合法原则等。此后,欧盟委员会又在 1999 年 4 月正式发表的一份文件中对此七项原则做了进一步的阐释[①](见表 3-1)。

表 3-1 欧盟发布在线争议解决文件一览

颁布时间	文件/法案名称	备注
1998 年	《关于解决消费者争议的法院外机构所应遵循的原则建议》	
2000 年	《关于内部市场中与信息社会服务有关的若干法律问题特别是电子商务问题的指令》	以下简称《电子商务指令》
2013 年	《欧洲议会和欧盟理事会关于消费者争议在线解决并修正第 2006/2004 号(欧共体)条例及第 2009/22 号(欧共体)指令的第 524/2013 号(欧盟)条例》	以下简称《消费者 ODR 条例》

---

① 孙维佳:《论欧盟电子商务消费者权益保护制度》,博士学位论文,中国政法大学,2004 年。

续表

颁布时间	文件/法案名称	备注
2013 年	《欧洲议会和欧盟理事会关于消费者争议替代性解决并修正第 2006/2004 号（欧共体）条例及第 2009/22 号（欧共体）指令的第 2013/11 号（欧盟）指令》	以下简称《消费者 ADR 指令》

2000 年，欧盟在《电子商务指令》第 17 条"庭外争议解决"中规定欧盟成员国的立法不得妨碍消费者通过包括电子方式在内的法院外途径解决纠纷。[1] 这条规定为在线解纷机制的产生和发展扫除了立法层面的障碍。此外，该条还规定成员国要鼓励这些庭外纠纷解决机构在运作时向当事方提供程序保证，特别是在消费者纠纷处理中，可见欧盟在当时已经在尝试引导在线解纷机构注重程序公正。

欧盟议会和欧盟委员会 2013 年 5 月 21 日颁布了《消费者 ADR 指令》（Directive on consumer, ADR）和《消费者 ODR 条例》。其中，《消费者 ADR 指令》在前言部分指出多元解纷机制尚未正式建立，其运行也不尽如人意。这是因为大部分消费者和经营者对多元解纷机制的了解程度偏低。而且，即使可以使用多元解纷程序，其质量水平在成员国中会有很大差异，并且多元解纷机构通常无法有效地处理跨境纠纷。《消费者 ADR 指令》旨在建立独立、公正、透明、有效、快速和公平的替代性纠纷解决程序，实现高度的消费者保护，提升消费者信任程度，进而实现消除欧盟市场内部障碍、提高市场竞争力、促进就业等目的。其适用于欧盟范围内的经营者与消费者之间的销售合同或服务合同纠纷，既包括线上合同纠纷也包括线下纠纷。《消费者 ODR 条例》适用于欧盟范围内经营者与消费者之间因在线商品销售合同和服务合同交易所致争议的法庭外解决，排除经营者与消费者的线下商品销售和服务合同，以及经营者之间的争议解决。

---

[1] Directive 2000/31/EC of the European Parliament and of the Council of 8 June 2000 on certain legal aspects of information society services, in particular electronic commerce, in the Internal Market (Directive on electronic commerce), https：//eur‐lex.europa.eu/legalcontent/EN/TXT/?qid=1596810059479&uri=CELEX：32000L0031, 10‐20‐2023.

二 欧盟有关在线解纷机制的项目

欧盟有关在线解纷机制的项目主要有消费者申诉表、网络贸易商项目（WebTrader）、电子商务消费者纠纷解决项目（Electronic Consumer Dispute Resolution，ECODIR）、欧洲消费者中心网络（the European Consumer Centres Network，ECC-Net）、欧盟在线解纷平台等。

（一）消费者申诉表

消费者申诉表是为帮助消费者向企业申诉而设计的，它允许消费者自由地向相应的中小企业在线提交申诉。值得一提的是，消费者的申诉通过该消费者申诉表能被翻译成11种语言。一旦企业参与到这个项目中，就要受到其行为准则的约束，如有严重的违背，企业将会受到相应的惩罚。①

（二）网络贸易商项目（WebTrader）

网络贸易商项目（WebTrader）是一个两年期项目，始于2000年初，由欧盟委员会参与出资运行。该项目提供在线认证（通过信任标记徽标和行为守则运行）服务，以及在7个欧盟成员国中用于B2C电子商务交易的多元解纷机制中。② 网络贸易商项目由7个成员国各自独立的消费者组织共同管理，分别是荷兰的Consumentenbond③，比利时的Test-Achats④，意大利的Altroconsumo⑤，法国的消费、住房与生活环境保护协会（Consommation Logement et Cadre de Vie）⑥，西班牙的

---

① 郭雪慧：《欧盟视角下的电子商务在线纠纷解决》，《河北经贸大学学报》2013年第6期。
② Electronic commerce: Commission launches "e-confidence" on-line forum to promote alternative dispute resolution, https://ec.europa.eu/commission/presscorner/detail/en/IP_00_312, 10-20-2023.
③ 荷兰消费者组织。参见Consumentenbond官方网站，www.consumentenbond.nl，2023年10月20日。
④ 比利时消费者权益保护协会。参见Test-Achats官方网站，www.test-achats.be，2023年10月20日。
⑤ 意大利消费者权益组织。参见Altroconsumo官方网站，www.altroconsumo.it，2023年10月20日。
⑥ 法国消费、住房与生活环境保护协会。参见Consommation Logement et Cadre de Vie官方网站，www.clcv.org，2023年10月20日。

Compra Maestra[1]，葡萄牙的 Deco/Pro Teste[2] 以及英国的 Which[3]。网络交易商项目的目标是为 7 个成员国的企业提供在线认证和仲裁服务。这一项目的运作方式是服务或产品提供商自愿加入并承诺接受共同的行业自律准则，在此基础上，提供商将获准使用统一信誉标识，即网络交易商标识。当使用网络交易商标识的企业与消费者发生合同纠纷时，企业必须接受行业自律组织的调解或仲裁。该组织的调解或仲裁既适用于同一成员国内的纠纷解决，也适用于跨境纠纷的解决。如一消费者与位于另外 6 个成员国中任一成员国的产品或服务提供商发生纠纷，该提供商所在国的消费者组织将作为消费者的代表方与企业进行纠纷解决。比如荷兰的某消费者向位于比利时的某服务或产品提供商提出投诉，荷兰消费者组织将会通知比利时消费者组织，后者将着手进行调查并同比利时的该提供商进行调解以解决纠纷。如果调解不成，该纠纷就有可能进入仲裁程序。[4]

（三）电子商务消费者纠纷解决项目（ECODIR）

ECODIR 是欧盟的电子消费者纠纷解决项目，源于欧洲委员会支持的大学和爱尔兰企业、爱尔兰贸易和就业部的倡议，该项目解决了众多的消费者网络纠纷。[5] 该平台基于加拿大的网上裁判庭（Cyber tribunal. org）系统[6]，并由都柏林大学参与研发。这项服务对消费者和企业都是免费的。ECODIR 为消费者提供了在线解决投诉的有效手段，从而使消费者受益。[7]

通过提供快速、高效和经济实惠的服务，ECODIR 帮助消费者和

---

[1] 西班牙消费者权益保护组织。参见 Compra Maestra 官方网站，www. ocu. org，2023 年 10 月 20 日。

[2] 葡萄牙消费者权益组织。参见 Deco/Pro Teste 官方网站，www. deco. proteste. pt，2023 年 10 月 20 日。

[3] 英国消费者权益组织。参见 which 官方网站，www. which. co. uk，2023 年 10 月 20 日。

[4] 孙维佳：《论欧盟电子商务消费者权益保护制度》，博士学位论文，中国政法大学，2004 年。

[5] WebTrader 官方网站，http：//www. ecodir. org/contact. htm，2023 年 10 月 20 日。

[6] EU-CANADA SUMMITLisbon, 26 June 2000，https：//ec. europa. eu/commission/press-corner/detail/en/PRES_ 00_ 226，10 – 20 – 2023.

[7] Electronic Consumer Dispute Resolution, https：//www. arbitration – adr. org/resources/？p = serviceproviders&a = show&id = 40，10 – 20 – 2023.

企业实现投诉和纠纷的在线解决或预防。具体而言，ECODIR 通过分级程序设计来解决小额纠纷，包括协商、调解和建议。ECODIR 程序始于谈判，如果双方未能在谈判阶段达成协议，则将进入调解阶段。在调解失败的情况下，调解人将为双方提出一项建议，但除非各方另有说明，否则该建议不具约束力。正如网站本身在主页上所说的那样，"三步走"过程旨在最大限度地提高各方快速达成互利解决方案的概率。在这一项目的调解室中，调解员与当事人进行在线沟通，当事人可以由一位或多位律师协助，也可以向专家咨询。[1]

（四）欧洲消费者中心网络（ECC-Net）

2005 年，欧盟委员会和各国政府联合设立了欧盟消费者中心（European Consumer Centres，ECCs），它主要以网站的形式对外提供服务。该网站的前身是欧盟理事会于 2000 年建立的诉讼外纠纷解决机制网络（Network for the Extra-Judicial Settlement of Consumer Disputes，EEJ-NET）[2]。

欧洲消费者中心网络（ECC-Net）是一个独立办事处的网站，由欧盟委员会和各国政府共同出资支持。它针对跨国购物纠纷，包括网络购物和实体购物纠纷，为消费者提供免费服务。[3] 它的主要功能是通过通知消费者在跨境交易中的权利和救济来提升消费者在欧洲市场的信心。它的作用还体现在给欧盟委员会就消费者纠纷和协调替代性纠纷解决和在线纠纷解决机制的运作提供反馈信息。[4]

欧洲消费者中心网络（ECC-Net）在欧盟各国（包括冰岛、挪威）设有分站。对于发生在欧盟成员国或者冰岛、挪威范围内的跨国交易，消费者可以通过自己所在国的消费者网络中心网站对经营者提起投诉，该网站将告知消费者其享有的各项权利，以帮助消费者解决其与另一

---

[1] Olga Denti & Michela Giordano, Online Dispute Resolution Websites：Bringing Legal Texts Closer to Ordinary Citizens? https：//edipuglia. it/wp - content/uploads/ESP% 202010/Denti - Giordano. pdf, 10 - 20 - 2023.

[2] 郑维炜、高春杰：《"一带一路"跨境电子商务在线争议解决机制研究——以欧盟〈消费者 ODR 条例〉的启示为中心》，《法制与社会发展》2018 年第 4 期。

[3] See The European Consumer Centres Network：The European Consumer Centres Network 10 years serving Europe's consumers Anniversary Report, 2005 - 2015.

[4] 郭雪慧：《欧盟视角下的电子商务在线纠纷解决》，《河北经贸大学学报》2013 年第 6 期。

个欧盟国家（或冰岛或挪威）的卖家之间的纠纷。它还会告诉消费者如果前述信息不足以使其得到救济，消费者应该进一步联系哪些机构。欧盟委员会官网的数据显示，该网站在 2019 年帮助了超过 12 万人次的消费者；在 2020 年，即该网站成立 15 周年之际，它累计帮助了超过 100 万人次的消费者；在 2021 年，该网站帮助了超过 12.6 万人次的消费者；在 2022 年，该网站累计帮助了超过 150 万人次的消费者。[1]

三　欧盟《消费者 ODR 条例》的解读与分析

欧盟《消费者 ODR 条例》由序言和正文两个部分组成。正文分为 3 章：第 1 章 "总则" 主要规定了该条例的目的、适用范围、与欧盟其他法律的关系和定义；第 2 章 "在线解纷平台" 主要涉及在线解纷平台的建立、测试、联络点、纠纷解决、数据保护等方面；第 3 章 "最后条款" 则主要规定了一些程序性事项。

（一）目的与适用范围

《消费者 ODR 条例》在第 1 条强调了其目的是实现高水平的消费者保护，提供一个欧洲在线解纷平台，促进独立、公正、透明的纠纷解决机制，促进欧盟内部市场的正常运行，尤其是其数字层面的正常运行，有效、快速、公正地解决消费者和交易者之间的在线纠纷。简言之，《消费者 ODR 条例》旨在构建一个欧盟层面的解决跨境电子商务纠纷的平台，其核心目的是加强对消费者的保护，其间接目的是促进欧盟内部的跨境电子商务发展。

需要注意的是，《消费者 ODR 条例》仅适用于欧盟境内消费者与经营者之间因线上销售合同或线上服务合同产生的纠纷，不适用于线下的相关纠纷。而且，如果该纠纷由经营者向消费者提出，还需要满足消费者惯常居住的成员国法律允许多元解纷机构去干预和解决纠纷这一条件方可适用该条例。

---

[1] See European Commission Network, https://ec.europa.eu/info/live-work-travel-eu/consumers/resolve-your-consumer-complaint/european-consumer-centres-network-ecc-net_en, 10-20-2023.

（二）在线解纷平台的运行与功能

欧盟在消费者保护领域立法的重点之一，就是建立"一站式"在线解纷平台，以解决电子商务交易过程中引起的争议。《消费者 ODR 条例》对在线解纷平台的设立以及在线解纷机制的运行作出了详细规定，旨在确立一个欧洲范围内的在线解纷平台，用以解决跨境 B2C 电子商务纠纷，消除解决跨境电子商务纠纷的障碍，为电子商务纠纷的解决提供必要技术支持。

在线解纷平台连接欧盟各成员国经营者、消费者和多元解纷机构，其解决跨境电子商务纠纷的模式与"欧盟消费者中心网络"（ECC-NET）为主导的纠纷解决方式有很大差异。[1] 首先，为协助消费者投诉，该平台设立联络点（Contact Points Network），加强各联络点之间的合作，协助各联络点履行职能，便于沟通和交流。其次，该平台要求各成员国应指定一个联络点并将其名称和联系方式传达给欧盟委员会，每个联络点至少设置两名在线解纷顾问。最后，联络点履行协助双方当事人和多元解纷机构沟通、向委员会和成员国提交活动报告等职能，实现联络点与双方当事人以及多元解纷机构直接联系，这在一定程度上简化了经营者和消费者的纠纷解决程序。

（三）纠纷解决的程序

第一，纠纷的提交。纠纷的提交是欧盟跨境电子商务纠纷解决程序中一个独立的阶段，标志着电子商务纠纷解决程序的启动，是电子商务纠纷解决的必经程序。为了向在线解纷平台提交纠纷，申诉方应填写电子纠纷投诉表格，电子纠纷申诉表格应当方便用户，并且可以在在线解纷平台上随意访问。[2] 申诉方所提交的信息应注明有能力处理所涉电子商务纠纷的多元解纷机构，所须提交的信息内容列于《消

---

[1] 2000 年 5 月，欧盟理事会通过了《在欧盟范围内各成员国建立消费者纠纷网络的决议》，建立了诉讼外纠纷解决机制网络（Network for the extra-judicial settlement of consumer disputes, EEJ-NET）。随后，EEJ-NET 变更为欧盟消费者中心网络（European Consumer Centers Network, ECC-NET）。在发生争议时，在线消费者可以直接向其所在国的 ECC-NET 联系，消费者所在国的 ECC 会与消费者所在国的 ECC-NET 沟通，并通过消费者所在国的 ECC-NET 与消费者进行协商解决争议。参见 https://ec.europa.eu/info/live-work-travel-eu/consumers/resolve-your-consumer-complaint/european-consumer-centres-network_en，2023 年 8 月 1 日。

[2] 欧盟《消费者 ODR 条例》第 8 条第 1 段。

费者 ODR 条例》附件中，且申诉方可以附加支持投诉的其他文件。[①]

第二，纠纷的处理和移送。在线解纷平台作为连接纠纷双方当事人和多元解纷机构的平台，其本身并不具有实际解决纠纷的功能，该平台承担信息传递、交换以及通知双方当事人等职能。当完成电子纠纷投诉表格所有必要内容后，电子商务纠纷将提交给多元解纷机构处理；若电子纠纷投诉表格没有完全完成，应通知投诉方补充缺少的信息，否则纠纷无法得到进一步处理。在收到填写完整的电子纠纷投诉表格后，在线解纷平台应当立即以易于理解的方式通过一方当事人选择一种正式语言通知对方当事人。[②] 此外，在线解纷平台还应当提供以下信息：其一，双方当事人须就多元解纷机构与纠纷解决方式达成一致意见。其二，平台可供当事人选择的有能力处理所涉电子商务纠纷的多元解纷机构。

（四）裁决结果的执行

一般而言，消费者得到的纠纷解决结果，若不能得到有效的执行，则不具有任何意义。如上所述，设立在线解纷平台主要的功能是连接经营者、消费者与多元解纷机构，其本身并不是实际解决跨境电子商务纠纷服务的提供者。实际上，解决纠纷主要依托于在线解纷平台中所列各成员国的多元解纷机构，解决纠纷的依据也是多元解纷机构各自的程序规则以及各成员国内部的法律规定。因此，欧盟《消费者 ODR 条例》没有对争议的执行程序作出详细规定，仅对多元解纷机构的纠纷解决作出了形式上的要求，例如完成纠纷解决程序的期限。关于多元解纷机构作出的纠纷解决结果，在效力认定上，欧盟规定依据多元解纷机构各自的程序规则作出的结果不具有约束力，且程序的进行不得限制以诉讼方式解决纠纷的诉讼时效和期限。[③] 但是，如果双方当事人在纠纷解决前即被告知纠纷的解决结果具有约束力且双方明确地接受了该解决方案，则多元解纷机构作出的纠纷解决结果便具有约束力。另外，一旦成员国法律规定多元解纷机构作出的纠纷解决结果具有约束力，则无须双方当事人对纠纷解决结果明确地接受。

---

① 欧盟《消费者 ODR 条例》第 8 条第 2 段。
② ODR 平台是一个互动式的网站，能够用欧盟机构的所有官方语言通过电子方式进入和免费使用。参见欧盟《消费者 ODR 条例》第 9 条。
③ 欧盟《消费者 ADR 指令》第 12 条。

(五) 数据处理和保护

《消费者 ODR 条例》在序言中要求，根据本规则处理信息应当严格遵守欧盟关于个人信息和数据保护的立法，而且通过第 11—14 条对经营者与消费者的信息和数据保护作出了详细规定。为了保障信息的统一处理，防止信息的滥用，《消费者 ODR 条例》第 11 条要求欧盟委员会采取必要措施建立并维持一个电子数据库，用于存储和处理本条例所要求的必要信息。① 第 12—14 条则对个人资料的处理、数据保密和安全以及消费者信息作了详细的规定，要求在线解纷平台在处理个人资料、信息过程中应当符合条例中各条款的规定，在实现数据保密和安全的过程中应当受到欧盟职业保密规则以及有关成员国国内有关保密的法律规定的约束。②

表 3 – 2 　《消费者 ODR 条例》个人数据安全条款整理

条款	标题	概述
第 11 条（Article 11）	数据库（Database）	建立电子数据库来储存相关信息
第 12 条（Article 12）	个人资料处理（Processing of personal data）	个人资料处理：纠纷解决后 6 个月内删除个人资料；委员会及在线解纷机构在个人资料处理中的角色、权责
第 13 条（Article 13）	数据保密与安全（Data confidentiality and security）	联络点应遵守有关成员国立法中规定的专业保密规则或其他等效的保密义务；委员会要根据相关规定采取技术和组织措施来保障信息安全

(六) 评价

1. 欧盟《消费者 ODR 条例》的实施现状

《消费者 ODR 条例》自 2013 年 6 月 18 日颁布以后，于 2016 年 1 月 9 日适用。依据条例建立的欧盟消费者在线解纷平台于 2016 年 2 月 15 日向公众开放。自 2017 年 7 月 1 日起，在线解纷平台也可用于涉及欧洲经济区国家冰岛、列支敦士登和挪威的消费者和贸易商的消费者纠纷。目前平台上已注册了来自所有会员国、列支敦士登和挪威的

---

① 欧盟《消费者 ODR 条例》第 11 条。
② 欧盟《消费者 ODR 条例》第 12 条、13 条、14 条。

460 个多元解纷机构。迄今为止,欧盟委员会分别于 2017 年、2018 年、2019 年、2021 年公布了关于消费者纠纷在线解纷平台运作情况报告。[①]

(1) 投诉数据分布

2017 年的统计报告显示,平台运行第 1 年,约 190 万人访问了该平台。平均每月接收超过 16 万个独立访问者,平均每月提交超过 2000 份投诉,投诉最多的行业是消费服装和鞋类（11.5%）,机票（8.5%）以及信息和通信技术产品（8%）,这些也是欧盟主要的电子商务行业。消费者抱怨的主要原因与商品交付问题（21%）有关,其次是与订单不符合（15%）和次品问题（12%）相关,1/3 的投诉与跨境有关。在欧盟 9 国中,德国和英国的网上购物者比例最高,这两个国家是投诉最多的国家,也是大多数相关贸易商所在的国家。在线解纷平台的覆盖率和接受程度相当可观,这说明消费者和贸易商对在线解纷平台的认知与利用程度有所提高。

2018 年的统计报告显示,总共有 500 万人访问该平台。平均每月有 36 万个独立访问者。在运营的第 2 年,平台投诉总计超过 36000 件,比第一年增加了 50%。引起投诉最多的零售行业是航空公司（13%）,服装和鞋类（11%）和 ICT 产品（8%）。总体而言,消费者抱怨的主要原因与商品交付问题（25%）有关,其次是与订单不符（15%）和次品问题（12%）,约 40% 的投诉与跨境问题有关。

2019 年的统计报告显示,自欧盟 ODR 平台启动以来,该平台已经吸引了 850 万人次的游客访问并处理了 12 万人次的消费者与企业之间的纠纷,国内纠纷约占 56%,跨国纠纷约占 44%。其中,占比最高的为航空业纠纷（13.2%）;其次是服装和鞋类（10.9%）;再者是信息和通信技术（6.8%）。23% 的消费者投诉产品或服务的交付问题,15% 的消费者的投诉内容是产品与订单不符合,12% 的消费者投诉产品有缺陷或造成损坏。在该平台上交易商对消费者发起的投诉,仅占案件总数微不足道的 0.1%。

[①] 截至 2023 年 9 月底,欧盟委员会分别于 2017 年、2018 年、2019 年、2021 年公布了关于消费者纠纷在线解纷平台运作情况报告。2017 年的报告是对平台第一年运行情况的总结,2021 年的报告是迄今最新的报告。具体内容详见欧盟委员会官方网站：https：//ec.europa.eu/consumers/odr/main/? event=main.statistics.show,2023 年 10 月 20 日。

2021年的统计报告显示，2020年该平台有330万独立访客，平均每月27.5万独立访客。这与2019年（每年280万次访问，平均每月20万独立访客）相比有显著增长。平台上50%的纠纷涉及跨境交易。由于受疫情隔离政策的影响，投诉最多的与航空公司有关（可能与航班取消有关），占比为25%。其次，关于车辆备件和配件的争议大幅增加（2019年为2%，2021年为6%）。平台于2019年推出的"自测"功能有助于消费者确定最适合其具体问题的补救解决方案；通过在线解纷平台上发起投诉后，消费者可与商家联系，也可直接与欧洲消费者中心或多元解纷机构联系处理纠纷。全年中，对自测和投诉表格相关页面的访问增加最多。然而，在程序结束时，只有一小部分访问者（17461名）提交了最终投诉，另有30319名访客提交了直接对话的请求，这是2019年年中推出的一个新模块：消费者可以选择在正式提交之前与商家对话以尝试直接解决纠纷。与2019年（8月至12月，因为直接对话是在2019年7月推出的）的数据相比，投诉提交量增加了70%（包括传统投诉和直接对话）。

（2）投诉生命周期（2017—2021年统计报告）

2017年的统计报告显示，85%投诉案件在消费者与贸易商达成多元解纷机构一致的最后期限内自动关闭，有大量的贸易商最终没有遵循使用在线解纷平台。据统计，约40%的消费者没有通过在线解纷平台，而是直接选择与销售者联系解决问题。9%的投诉没有经系统自动关闭，但被贸易商拒绝，其中2/3贸易商选择或计划与消费者直接联系解决问题。4%的投诉案件，争议双方在合意选择特定多元解纷机构之前退出在线解纷平台。最终只有2%的投诉被提交给特定的多元解纷机构，然而其中约一半的案件被多元解纷机构以程序事由拒绝处理。[1]

2018年的统计报告显示，平台运营第2年的投诉生命周期结果与第1年非常相似。在消费者和交易商达成协议后，有2%的案件交由多元解纷机构处理，81%的投诉在30天法定期限后自动结案。欧盟委员会对案件自动结案的消费者进行了一项新的调查，调查显示，37%

---

[1] 1st Report on the functioning of the online dispute resolution platform. https://ec.europa.eu/consumers/odr/main/? event = main.statistics.show, 10-20-2023.

的消费者成功地与交易商直接联系，试图迅速解决纠纷。在大多数情况下，交易商明确表示他们更愿意与消费者进行双边协商（约占提交投诉总数的9%）。此外，13%的投诉没有被系统自动关闭，但交易商主动表示他们不想参与平台上的流程。最后，在大约4%的案件中，当事人退出了该程序，这也表明他们可能已经达成了解决方案。①

2019年的统计报告显示，提交给在线解纷平台的案件中，约80%的案件在30天后自动结案，因为交易商没有在平台上对纠纷通知和消费者提议选择多元解纷机构的邀请做出反应。仅在大约2%的案件中各方就多元解纷机构的选择达成协议，在此基础上，平台才能够将纠纷传递给多元解纷机构。但是，在提交给平台的纠纷中，多达42%的案件由双方通过协商的方式解决了纠纷。②

2021年的统计报告显示，在交易商最终同意进行多元解纷程序的30天法定期限后，平台上正式发起的89%的投诉自动结案，6%被贸易商拒绝，4%被消费者撤回。因此，只有1%的投诉到达多元解纷机构。然而，在一项针对发起投诉（或直接对话）的所有消费者的调查中，20%的受访者表示，他们的纠纷已经在平台上或平台外得到解决，还有19%的受访者表示，他们正在继续与交易商讨论。③

上述统计报告显示，多年访问数据的稳步增长以及投诉数量的增加，表明消费者对于在线解纷平台在解决消费者纠纷方面的信心和期待。目前，该平台已经达到相当高的覆盖率和使用率，引起了欧盟消费者和企业对该平台的关注和兴趣。平台下大量的和解表明，该平台在促进双边协商解决方案方面具有附加价值，尤其是在跨境纠纷解决中，该平台的多种语言和翻译功能使双方可以进行沟通。

2. 欧盟《消费者ODR条例》之评价

欧盟《消费者ODR条例》的颁布和实施充分地考虑了跨境电子商务的特点和现实状况，不仅完善了欧盟消费者纠纷解决机制，为消

---

① 2nd Report on the functioning of the online dispute resolution platform. https：//ec. europa. eu/consumers/odr/main/? event = main. statistics. show，10 – 20 – 2023.

② 3rd Report on the functioning of the online dispute resolution platform. https：//ec. europa. eu/consumers/odr/main/? event = main. statistics. show，10 – 20 – 2023.

③ 4th Report on the Functioning of the Online Dispute Resolution platform. https：//ec. europa. eu/consumers/odr/main/? event = main. statistics. show，10 – 20 – 2023.

费者提供了高质量的法院外纠纷解决方式，还从各方面为消费者权益保护提供了巨大的便利，这将极大地促进电子商务的发展，进而带动欧洲经济的增长。经过七年多的实践检验，欧盟《消费者 ODR 条例》作为消费者在线解纷立法的典范，在显示出其制度的优越性的同时，也暴露出了制度本身存在的问题。

（1）完善了欧盟消费者纠纷解决机制

为了维护消费者的权利，欧盟制定了一套全面的消费者权利保护的实体法。但是，由于电子商务纠纷所独有的纠纷标的额小、数量多以及跨区域性的特点，这些实体法对电子商务消费者权益的保护显得有些力不从心。欧盟《消费 ODR 条例》完善了欧盟消费者保护相关法律体系，为欧盟消费者在线解纷平台的运行提供了法律支撑，又保留了多元解纷机构各自程序规则的独立性。这在丰富和发展了欧盟消费者纠纷解决机制的同时，也并未剥夺消费者或经营者选择其他救济手段如仲裁、诉讼等解决纠纷的机会，① 为普遍缺乏统一的欧盟法律政策适用规则的困局带来前所未有的突破。

（2）提高了消费者的便利性

历数欧盟这些与在线解纷机制相关的文件、项目和法案，我们可以发现，有一个词贯穿了欧盟在线解纷机制发展历程，这个词就是"消费者（consumer）"。以上介绍的项目和文件几乎都涉及了消费者这一特殊主体，这体现了欧盟对于弱者保护的重视、对消费者特别保护理念的一以贯之。作为一个用户友好型平台，为了使消费者能够容易地访问平台网站链接，《消费者 ODR 条例》要求在欧盟境内从事在线销售合同或在线服务合同业务的商家在其网站上显示商家的邮箱，并提供一个通向在线解纷平台的链接。即使通过在线平台达成交易，这类在线平台也同样负有义务为在线解纷平台提供电子链接。

此外，欧盟委员会还与国家主管部门合作，以提高贸易商遵守其网站链接到在线解纷平台这一义务的自觉性，鼓励贸易商在平台上开展更多的合作。在在线解纷平台运营的第 2 年，欧盟委员会实施了全面的分析和技术行动计划以提高平台的性能，对该平台的界面和消息

---

① 《消费者 ODR 条例》在序言第 26 段中明确指出："ODR 并不是而且也不能被指定用以取代司法程序，也不应剥夺消费者或商家在法院寻求司法救济的权利"。

传递进行了全面的改进,使其更加人性化,便于用户理解和操作。欧盟为方便消费者所作出的种种改进,不仅给消费者和商家带来了便利,而且对于推广在线解纷机制的适用和推动在线解纷平台的完善也有很大的作用。

(3) 提供多语言服务

随着消费者在电子商务中的参与度不断提高,具有不同文化和语言背景的当事人发生交易纠纷的概率大大增加。欧盟《消费者ODR条例》实施之前,大多数的在线解纷平台仅使用英语或其所在国的语言。语言不通带来的沟通障碍成为影响跨境电子商务纠纷解决的另一个困难。[①]《消费者ODR条例》的制定考虑到了欧盟境内语言差异的问题,规定跨境电子商务消费者和经营者可以选取所有的欧盟官方语言提交电子申诉材料。这在很大程度上提高了欧盟在线解纷平台在解决跨境电子商务纠纷中的灵活性和可操作性,顺应了消费者和商家对纠纷解决语言障碍最急迫的需求,有利于跨境电子商务消费者在纠纷解决过程中以更便捷的方式和更低的成本"接近正义"。

第三节 "一带一路"跨境电子商务在线解纷机制的发展路径

随着跨境电子商务交易日益增多,与之相关的纠纷也逐渐增加。"一带一路"下各沿线国境内电子商务纠纷所涉及的法律规范存在差异,电子商务又因其具有跨地域性、虚拟性、自治性等特点而尤为复杂。此外,电子商务交易还缺乏与之相配套的简易、高效、低成本的解纷机制,容易产生不容忽视的商业风险和法律风险。在此背景下,为促进"一带一路"倡议经贸合作,活跃沿线国家电子商务市场,必须建立与之相匹配的有效解纷机制。在线解纷机制就适应了这种需要,可以满足简易、高效、低成本解决电子商务纠纷的需求。正如联合国《电子商务与发展报告》所指出的,在线解纷机制是一种有助于建立

---

① Pablo Cortés, *Online Dispute Resolution for Consumers in the European Union*, London: Routledge and the Taylor & Francis Group, 2010, p. 58.

消费者信心的程序,是消费者在评估进入网络世界的新市场或新环境所要考虑的因素之一。①

"一带一路"在线解纷机制的构建面临着多元文化和多元法律体系的挑战,这与欧盟的相关制度建设比较类似,因此我们应当借鉴欧盟《消费者ODR条例》的具体内容,以中国为主导,建构统一的跨境电子商务在线解纷机制。在论证结构上,下面将依次讨论在线解纷机制的必要性、可行性、欧盟《消费者ODR条例》对我们的启示,最后给出中国主导的在线解纷机制的具体建构方案。

一 在线解纷机制:"一带一路"跨境电子商务的必然需求

"一带一路"倡议的提出,为跨境电子商务的发展提供了巨大的空间和机遇,在给沿线国家消费者带来多样化的商品、服务选择空间的同时,也促进了沿线国家经营者开拓国际市场,扩展海外营销渠道。阿里研究院发布的《建设21世纪数字丝绸之路——阿里巴巴经济体的实践》显示,阿里跨境电商全球速卖通平台已覆盖"一带一路"沿线全部国家,2018年"一带一路"沿线国家买家数占比达56%,沿线国家消费者创造了57%的订单量和49%的交易额。② 京东数据研究院发布《2019"一带一路"跨境电商消费报告》显示,"中国制造"已经通过跨境电子商务平台销往俄罗斯、以色列、埃及、韩国、越南等100多个签署了共建"一带一路"合作文件的国家和地区,线上商贸范围从欧亚拓展到欧洲、亚洲、非洲多国。同时,也有超过50个"一带一路"沿线国家的商品通过跨境电子商务平台进入中国市场。③ 2016年,中国与"一带一路"国家智利首签电子商务领域合作的谅解备忘录,揭开"丝路电商"合作帷幕。截至2023年,与中国建立丝路电商合作的国家已达29个,合作伙伴遍及五大洲。2013年首提

---

① 联合国贸易和发展会议:《电子商务与发展报告》(UNCTAD/SDTE/ECB/2003/1),http://unctad.org/en/docs/sdteecb20031overview_en.pdf,2023年8月4日。

② 《建设21世纪数字丝绸之路——阿里巴巴经济体的实践》,2019年4月23日,https://www.toutiao.com/article/6682989513830040077/?wid=1691817842411,2023年8月9日。

③ 《2019"一带一路"跨境电商消费报告》,2019年4月22日,https://baijiahao.baidu.com/s?id=1631506218024802703&wfr=spider&for=pc,2023年5月24日。

"一带一路"倡议,到2022年,我国与"一带一路"沿线国家货物贸易额翻了一番,从1.04万亿美元扩大到2.07万亿美元,年均增长8%。2022年,我国与"一带一路"沿线国家货物贸易额达13.8万亿元,增长19.4%。"一带一路"促进丝路电商和跨境电商发展,通过打造国际贸易合作平台促进贸易畅通。[①] 数字丝绸之路建设,将不断促进区域市场开放力度,优化区域产业布局,让中国与"一带一路"沿线各国形成"利益共同体",进而形成"命运共同体",共同建设"一带一路"电子商务大市场。

截至2023年,阿里巴巴的全球交易服务网络,为全球超过200个国家和地区的4000万海外商家提供了数字化贸易服务,而在阿里巴巴国际站全球采购商中,有55%来自"一带一路"沿线国家。毋庸置疑,"一带一路"倡议下跨境电子商务将成为沿线国家经贸合作迅速发展的市场领域之一。

但是,市场主导下的跨境电子商务,并不必然符合公平、效率和秩序的理念。如果不建立相应的制度进行规制,则有可能带来更大的混乱和低效。电子商务作为一种特别的交易方式,在很大程度上是"失范"的,而这里的"范"正是国家或国家间制定的相关程序法和实体法。加之电子商务又是"一带一路"倡议经贸合作的重要内容,如何提供简易、高效、低成本的解纷途径是法学研究的重要任务。因此我们需要建构一个富有公平和效率的纠纷解决平台,完善相关的解纷机制,有针对性地解决纠纷,以保证电子商务交易在良好的法治环境中进行。因此,在线解纷机制不仅是必要的,而且其相关制度设计也得是可行的。

(一) 构建"一带一路"跨境电子商务的法治环境

构建"一带一路"跨境电子商务解纷机制需要解决两大难题:一是"一带一路"具有跨地域、跨法系和跨民族宗教文化的特征,建立一个统一的解纷机制难度很大;二是跨境电子商务本身对传统的国际商事纠纷的可诉性及可执行性带来了很大的挑战。因此基于必须要解决的这两大难题,我们亟须构建"一带一路"跨境电子商务的法治环境。

[①] 刘英、陆洋:《政策沟通保障"一带一路"行稳致远》,《中国外汇》2023年第10期。

1. 跨境电子商务解纷机制需要解决的两大难题

首先,"一带一路"涉及沿线多个国家,各沿线国不仅经济发展程度不同,社会组织形态、政治运行状态、宗教文化和民族特征也存在较大差异。这些差异也体现在法律方面,从法律体系及法律发展状况来看,沿线国家中不仅有大陆法系国家,还有伊斯兰法系国家、英美法系国家,即使是同一法系各国家之间也存在着差异性。相应地,"一带一路"跨境电子商务在线解纷机制的构建首先应当正视"一带一路"下各沿线国家法律体系和法律发展上的差异性,并为这种差异性提供制度上的针对性保障。[1]

其次,"一带一路"跨境电子商务具有跨地域性、虚拟性、自治性等特点,这对传统国际商事纠纷的解决方式带来了挑战。在解决传统国际商事争议的管辖权问题时,主要依据属地原则,这是因为属地原则具有确定性和唯一性特点。但是,在网络环境中,国界不再具有实质意义,电子商务纠纷常常成为"无国界"争议。人们无法在网络空间找到行为地或者物之所在地,也难以确定受理纠纷的法域。实践中,交易金额较大的跨境电子商务纠纷可以通过解决国际商事纠纷的方式解决。例如,国际商事仲裁适用于大额的跨境纠纷,基本上只有可以负担得起传统纠纷解决方式的大型经济实体从中受益。但就大量存在的、单笔交易额较小的跨境电子商务纠纷而言,仲裁费用过高,时间过长。一项调查显示,对低于 50 万美元的纠纷,近 3/4 的受访者支持在仲裁规则内适用简易程序解决。[2]

2. 解决困难的出路在于完善跨境电子商务的法治环境

为应对跨境电子商务解纷机制面临的上述两大难题,"一带一路"跨境电子商务在线解纷机制的构建必须进行制度创新,其根本出路在于建立并完善相关的法治环境。法治是人类选择的一个普遍性价值,只有法治才能寻求到不同国家之间更多的价值共识。[3] 价值共识是各

---

[1] 初北平:《"一带一路"多元争端解决中心构建的当下与未来》,《中国法学》2017年第6期。

[2] 江和平:《亚太经合组织在线跨境商务纠纷的合作框架》,《人民法院报》2017年5月12日第8版。

[3] 中国学者倾向于把秩序、自由、民主、公平、人权、效率、和谐、文明等作为现代法治的基本价值。张文显:《习近平法治思想研究(中)——习近平法治思想的一般理论》,《法制与社会发展》2016年第3期。

种价值观和价值标准的最大公约数,是不同价值观冲突中趋同的部分。"一带一路"倡议下发展跨境电子商务需要良好的法治环境,通过法治在促进其发展的同时有效推动解纷机制的构建就是价值共识的标志。比如,新加坡、俄罗斯都有自己的具体体制和做法,中国也有自身的具体体制和做法,但实践的差异并不必然妨碍法治领域的价值共识。因此,实现法治是发展跨境电子商务中不可或缺的组成部分。[1]

对于任何一个社会和国家而言,法治的首要任务是构建法律秩序和社会秩序。正如亨廷顿所言:"人类可以无自由而有秩序,但不能无秩序而有自由。必须先有权威,然后才能对它加以限制。"[2] 秩序的建立和维护离不开法律规则。同样,法治本质上也是规则之治,规则之治才是法治的治理方式。美国法哲学家朗·富勒指出:"法律是使人类行为服从于规则之治的事业。"[3] 没有预设明确、稳定的规则,人们对自己的行为后果就没有预期性,从而导致无序。[4] 从这些论述来看,法律作为一套规范体系,其最重要的功能是能为人们的行动提供稳定的预期,因为法律规则是事先宣布的、稳定的、确定的并带有强制效力的,能够为人们规划自己的事务提供预期和保障。关于法治之法的这个最重要的功能,哈耶克做出过精辟的论述:"正是由于立法者并不知道其制定的规则将适用于什么特定的案件,也正是由于适用这些规则的法官除了根据现行规则与受理案件的特定事实作出其判决以外,别无其他选择,所以我们可以说,这是法治而非人治(Laws and not men rule)。"[5] 所以,正是在这个意义上,哈耶克对法治之理想做出了一个清晰的阐述:"抛开所有技术性因素,法治意指政府在其

---

[1] 张文显:《推进全球治理变革,构建世界新秩序——习近平治国理政的全球思维》,《环球法律评论》2017年第4期。

[2] [美]塞缪尔·P.亨廷顿:《变化社会中的政治秩序》,王冠华等译,上海人民出版社2008年版,第72页。

[3] [美]富勒:《法律的道德性》,郑戈译,商务印书馆2005年版,第124页。富勒在这本书中一再表达这个观点,比如他指出:"法律制度的目的是一种很有分寸的、理智的目的,即使人类行为服从于一般性规则的指导和控制……将这种目的赋予给法律似乎是一种无害的自明之理。"[美]富勒:《法律的道德性》,郑戈译,商务印书馆2005年版,第170—171页。

[4] 胡建淼:《法治是规则之治》,《法制日报》2016年6月15日第7版。

[5] [英]弗里德利希·冯·哈耶克:《自由秩序原理》,邓正来译,生活·读书·新知三联书店1997年版,第190—191页。

所有行动中都受事前确定并宣布的规则的约束——这些规则使得人们有可能十分确定地预见到当局在特定情况中将会怎样行使其强制权力并根据对此的了解计划自己的个人事务。"① 这就是法治、规则与人之行动的一般关系,我们对建构在线解纷机制之必要性的理解也要放在这一认识模式下进行。

3. 规则之治与建构在线解纷机制的必要性

当前解决涉及"一带一路"跨境电子商务纠纷仍然依靠沿线国家各自的司法制度,当然有时也会依托现有成熟的国际商事纠纷解决方式。这种做法有效地利用了沿线国司法资源,但因缺乏完整统一的平台和共同接受的解纷机制,从而引发解纷标准不统一、司法制度相冲突、权利保护不均衡等问题。如果说促进经贸合作,活跃电子商务市场是推进"一带一路"倡议的重要内容,那么建立与之相伴随的法律保障体系,尤其是建立一个以公平、效率为价值取向的解纷机制,就不仅是"一带一路"跨境电子商务发展的需要,也是拓宽消费者"接近正义"(Access to Justice)② 的创新渠道。基于这一客观需求,在线解纷机制介入跨境电子商务市场具有现实意义,能为沿线国家经济发展提供完善的法律保障体系,依法保护当事人、平等保护市场主体的合法权益。随着"一带一路"倡议的推进实施,这样的需求必然会与日俱增,成为"一带一路"经贸合作中不可或缺的必要组成部分。

总结来看,既有解决国际商事纠纷的方式难以满足简易、高效和低成本解决纠纷的需求,缺乏公正有效的在线解纷机制是阻碍"一带一路"沿线国家跨境电子商务发展的一个重要因素。在线解纷机制具有三大优点,通过构建在线解纷平台,能够提高纠纷解决的效率,这也是"一带一路"跨境电子商务发展的内在需求。首先,在线解纷机制能够制定纠纷解决的基本规则,构建主体平等参与的中立性平台。当事人向在线解纷平台提交争议,平台本身并不参与电子商务交易活动,可以保证纠纷解决过程中的公正和中立。平台可以全面掌握当事人的用户信息和交易信息,从开始交易到最终纠纷化解都与当事人保

---

① F. A. Hayek, *The Road to Serfdom*, London: Routledge, 1944, p. 54.

② Eva Storskrubb, "Alternative Dispute Resolution in the EU: Regulatory Challenges", *European Review of Private Law*, Vol. 24, No. 1, 2016, p. 7.

持良好的沟通。其次，建立统一的解纷机制，有利于克服"一带一路"沿线国家多元政治、宗教和文化的差异。最后，有利于克服不同法体系的区隔。这就需要建立一个全新的、统一的平台，集中解决纠纷，管辖标准统一，提高审结效率。因此，建立多平台的方案是不可取的，因为如果各平台都可以受理纠纷，则建立多个平台必要性不强，而且建立多个平台彼此之间还需要相互协调，从而增加了监督管理的难度。

（二）"一带一路"跨境电子商务发展中在线解纷机制构建的可行性

在线解纷机制是通过利用网络信息技术解决纠纷的一种机制，其适用于因买卖和服务合同引起的跨境电子商务纠纷，当事人仅需要同意在在线解纷平台的帮助下解决纠纷即可。具体来讲包括：第一，在线解纷机制规定所有程序均借助互联网在线平台完成，双方当事人通过邮件、视频、程序软件处理纠纷，无须亲自参加纠纷的审理、听讯，这为"一带一路"跨境电子商务交易中当事人寻求简易的在线解纷方式提供了有效的法律服务。第二，以电子商务 B2C 模式为例，在线解纷机制在解决因 B2C 低价值商品交易所产生的审限时间长、诉讼成本高等问题发挥重要作用，由此对于"一带一路"跨境电子商务 B2C 小额纠纷，在线解纷机制不仅是一个最佳选择，在大多数情况下，它可能是唯一的救济途径。[①] 第三，通常在"一带一路"沿线国国内诉讼中，当事人的经济状况、政治背景、宗教信仰以及其他因素可能会影响到法院的判决。在线解纷机制中调解员、仲裁员和双方当事人都通过在线解纷平台建立联系，自然不会违反"正当程序"，至少可以认为，调解员、仲裁员受到上述因素的影响不大，这在一定程度上满足了当事人通过在线解纷平台实现公平地解决"一带一路"跨境电子商务纠纷之意愿。

二 构建跨境电子商务在线解纷机制：欧盟《消费者 ODR 条例》的启示

正如联合国贸易法委员会（UNCITRAL）2016 年《关于网上争议

---

① 邹国勇、李俊夫：《欧盟消费者在线争议解决机制的新发展——2013 年〈欧盟消费者在线争议解决条例〉述评》，《国际法研究》2015 年第 3 期。

解决的技术指引》明确规定的，对网上争议解决系统必须采取公正、独立、高效、有效、正当程序、公平、问责和透明等原则。① 如果缺乏公正有效的在线解纷机制，"一带一路"沿线国家跨境电子商务纠纷则无法得到简易、高效、低成本的解决，这在很大程度上影响了经营者和消费者进行跨境电子商务交易的信心。以制定规则的方式构建跨境电子商务在线解纷机制是"一带一路"倡议法治化的必然要求，参鉴欧盟《消费者 ODR 条例》，我们应坚持消费者特别保护原则、搭建多语种在线解纷平台、借助沿线国多元解纷机构解决纠纷并注重消费者个人信息和数据保护。

（一）坚持消费者特别保护原则

在国际民商事交往中由于自然或社会原因而导致利益保护困难，因而存在众多需要法律给予特别保护的当事人。许多国家不仅在自己的实体法中，而且也从国际视角开始关注对特定身份者——弱者的保护。在一般私法中，实行法律面前人人平等的无身份区别保护，此为一般原则；弱者身份的提出，是这种一般原则的例外。② 这种例外要求在法律规范中得以体现，它强调应当依据"人"所处的具体的社会关系来界定强弱，进而由法律予以特殊或倾斜性的保护。③ 这种法律规范人性化的反映在一定程度上受到了柯里"政府利益分析说"④ 和凯弗斯"优先选择原则说"⑤ 的影响。究其原因，一方面，"特别保护原则"是一个扶弱抑强的利益平衡原则，实际上借用了柯里的利益分析方法。另一方面，"特别保护原则"符合凯弗斯的优先选择方法中

---

① 联合国国际贸易法委员会：《跨境电子商务交易网上争议解决关于网上争议解决的技术指引》（A/CN.9/888），http://www.uncitral.org/pdf/chinese/texts/odr/17-00381_C_ebook_Technical_Notes_on_ODR.pdf，2023 年 8 月 4 日。

② 徐冬根：《人文关怀与国际私法中弱者利益保护》，《当代法学》2004 年第 5 期。

③ 徐冬根：《人文关怀与国际私法中弱者利益保护》，《当代法学》2004 年第 5 期。

④ 1963 年柯里在其发表的《冲突法论文选集》（Selected Essays on the Conflict of Laws）中倡导"政府利益分析说"，他指出政府利益分析说的适用，是政策问题、利益问题以及判断何者利益应该让位的方法、步骤。邓正来：《美国现代国际私法流派》，中国政法大学出版社 2006 年版，第 7 页。

⑤ 1965 年凯弗斯在其出版的《法律选择程序》（The Choice of Law Process）一书中，创立了法律选择过程中的"优先选择原则说"，他指出优先选择原则的适用，应该建立在对有关法律的分析基础之上，它应给审理案件的任何法院以充足的独立审判空间。邓正来：《美国现代国际私法流派》，中国政法大学出版社 2006 年版，第 8 页。

提出的在所有案件中应该确认一个优先结果的主张，即弱者利益为优先结果。

坦言之，对消费者的保护也是保护弱者这一范畴中的一项重要内容。在知识、技术和信息等方面的不对等而产生的强弱之分中，经营者和消费者之间就会产生这样的关系。这是由消费者的特殊地位决定的。在这一关系中，双方当事人的法律地位是平等的。但是，由于消费者以他人生产的消费品满足自己的需求，而消费品的信息存在于经营者一方，这使得消费者在了解商品、选择商品、正确判断商品价值等方面依赖于经营者。消费者的知情权、公平交易权等权利难以得到切实保护，因此消费者在整个交易过程中处于弱者地位。"特别保护原则"是以经营者和消费者之间的地位不对等性、信息不对称为基础的一项原则性设计，其目的在于对消费者弱者地位予以补救，从而达成新的平衡关系，维护消费者的正当权益。

需要特别关注的是，在跨境电子商务市场中，消费者是电子商务市场发展的核心因素和参与者，但由于互联网存在高度开放性、突破时空限制等特殊性，保护消费者合法权利比较困难。欧盟条例在一定程度上增强了消费者对欧盟范围内电子商务市场的信心并保证消费者能够从中获益。因此，公平有效地解决纠纷，构建"一带一路"跨境电子商务在线解纷机制更应侧重保护消费者权利，这样才能体现法律公平正义的价值取向，使跨境电子商务在线解纷机制体现出高度的权利色彩和文明特性。将"消费者特别保护"作为一项基本原则，指导跨境电子商务交易，规范电子商务市场，这就要求我们应当在立法中充分认识到消费者的弱者地位，并在此基础上，从消费者的角度考量，对经营者的活动进行一定的限制和约束，为消费者的权利实现提供完善的保障机制。

（二）兼顾多语种在线解纷平台和沿线国多元解纷机构

"一带一路"跨境电子商务在线解纷机制应包括一个统一的连接沿线国家经营者、消费者和多元解纷机构的多语种在线解纷平台。欧盟条例要求在线解纷平台以互联网的形式连接经营者、消费者和多元解纷机构，能够使各方当事人及多元解纷机构完整、及时地反馈信息并作出回应。参照欧盟的做法，通过在线解纷平台并利用网络远程的技术条件，可以实现全天候不间断地将消费者或经营者提交的争议及诉求移送于某一沿线国家国内的多元解纷机构,再由具体的多元解纷机构解决特定的纠纷。其运行相较于传统诉讼、仲裁等方式在时间灵活性、审结高效性等方面具有优势,这在一定程度上简化了区域内跨境电子商务纠纷解决程序。

需要指出的是,在克服语言障碍方面,欧盟条例消除了经营者、消费者与多元解纷机构之间信息沟通问题。欧盟在线解纷平台提供了其境内 24 种官方语言的免费使用服务。以欧盟的语言框架作参考,配合信息通信技术(Information Communications Technology,ICT),消费者和经营者可以选取欧盟所有的官方语言提交电子申诉材料,[①] 从而提供境内任何居民随时随地的申诉服务。"一带一路"沿线国家,相比较于欧盟,具有更复杂的文化、语言背景,尤其应强调建立多语种 ODR 平台。多语言服务将提高在线解纷机制在解决跨境电子商务纠纷中的灵活性和可操作性。

难以想象,以制定规则的方式构建跨境电子商务在线解纷机制,从信息的入口输入相关的事实就必然能够经过自身的运行从出口给出一个结论和结果,这显然是过于简单的思考。规则的运行是复杂的,其内部包括很多方面:第一,从当事人的角度,规则要公平并易于为人所了解。通过在线解纷平台选择采用任一方式解决纠纷,都需要当事人作出是否接受并认可程序规则的决定。只有这样才能确保为"一带一路"沿线国家的当事人提供相同的正当程序,正当程序的设计和运作,使得当事人选择在线解纷机制解决纠纷有法可依并产生对规则的依赖和信任。第二,在产生纠纷时便于当事人自主选择具体的纠纷解决方式以及"一带一路"沿线国家多元解纷机构。当然,如果当事人不能就选择的纠纷解决方式和沿线国家多元解纷机构达成一致,在不违反当事人意思自治原则的情形下,规则可以为当事人指定具体的纠纷解决方式以及沿线国家多元解纷机构。第三,从多元解纷机构的角度,适用规则有利于"一带一路"沿线国家多元解纷机构之间公平竞争,协调合作。解决纠纷借助于在线解纷平台中所列沿线国家多元解纷机构,解决纠纷的依据也是沿线国家多元解纷机构各自的程序规则和沿线国内部的法律规定。第四,从在线解纷机制运行中的四种可

[①] 参见欧盟《消费者 ODR 条例》序言第 18 段。

行方式来看，制定规则明确指出，在线解纷机制包括在线和解、调解、仲裁或诉讼四个阶段。在大多数情况下，纠纷可以通过和解或调解方式解决，但对于部分无法解决的纠纷，仍然有必要采用具有约束力的仲裁或诉讼方式。第五，构建跨境电子商务在线解纷机制通常以制定规则的形式，这与"一带一路"沿线国家发展的诸多因素具有复杂的联系。一个沿线国家对构建在线解纷机制的态度，往往决定了这个国家给其他沿线国家留下的印象，进而决定了其他国家能否认同这一国家、是否尊重这一国家。如果答案是肯定的，其他国家就会乐意与这一国家共同制定规则；反之，如果答案是否定的，其他国家与这一国家共同制定规则的机会就会降低，这一国家的跨境电子商务市场发展就会受到影响。

（三）注重消费者个人信息和数据保护

在线解纷机制属于借助互联网解决经营者与消费者的一种纠纷解决机制，在解决纠纷的过程中必然产生个人信息和数据的保护问题。消费者信息和数据的保护是互联网和电子商务发展中的重要内容，这不仅是法律追求公平正义价值的重要体现，也是保持消费者对在线解纷服务的信心和参与度、推动电子商务发展的必然要求。[1] 一直以来，欧盟重视网络环境下对消费者信息和数据的保护，并且采取全面的消费者数据保护立法，值得借鉴。例如，《消费者 ODR 条例》在序言中要求根据本规则处理信息应当严格保密并遵守欧盟关于个人信息和数据保护的立法，而且通过第 11—14 条对经营者与消费者的信息和数据保护作出了详细规定。早在 1995 年欧盟就颁布了《关于保护个人数据和此类数据的自由流动的指令，95/46/EC》，其中就规定了目的性限制原则（第 6 条）和删除权（第 12 条 b）[2]；尤其值得关注的是，欧洲议会 2016 年 4 月 12 日通过了《一般数据保护条例》（General Data Protection Regulation，GDPR）[3]，该条例要求加强个人信息和数据的保

---

[1] 吴双：《浅析网络交易中消费者隐私权的保护》，《经济与法》2013 年第 6 期。

[2] 满洪杰：《被遗忘权的解析与构建：作为网络时代信息价值纠偏机制的研究》，《法制与社会发展》2018 年第 2 期。

[3] REGULATION (EU) 2016 / 679 OF THE EUROPEAN PARLIAMENT AND OF THE COUNCIL of 27 April 2016 on the protection of natural persons with regard to the processing of personal data and on the free movement of such data, and repealing Directive 95 / 46 / EC (General Data Protection Regulation).

护。根据相关研究,《一般数据保护条例》在"删除权"("被遗忘权")的名义下隐含了两种截然不同的权利:一是作为个人信息自主权权能的"删除权",二是超越个人信息自主权范畴的"被遗忘权"。《一般数据保护条例》把被遗忘权视为删除权的一部分,完成了对"被遗忘"的权利化。①

消费者作为"数据主体",如果享有信息和数据的"删除""可携带"等权利,这将会提高消费者对电子商务市场的信任度和参与度。因此构建"一带一路"跨境电子商务在线解纷机制应当重视消费者信息和数据保护,创设信息和数据保护领域的新型权利。以规定"被遗忘权"为例,消费者作为"数据主体"享有一些权利,可以要求作为"数据控制者"的经营者(包括在线解纷平台、多元解纷机构)删除不恰当的、过时的、会导致"数据主体"社会评价降低的消费者信息和数据,并允许消费者可以获取本人数据以及在适当情况下隐瞒、删除本人数据。以规定"可携带权"为例,赋予消费者以电子形式获得本人结构化数据的权利,有利于在强化个人数据保护的基础上,提高个人数据资产在大数据经济中的活跃度。同时,从经营者服务的公平性、减少服务歧视角度观之,"可携带权"赋予消费者基于"履行合同需要"而转移数据的权利,有利于化解消费者在纠纷解决过程中受经营者数据垄断之困。

三 以中国为主导构建跨境电子商务在线解纷机制

"一带一路"在线解纷机制就是一套始终在发展、完善并实际运作的程序。在这一程序面前,国家具有很强的主导权。作为"一带一路"倡议的提出者,中国需要积极推进去建构一个统一的在线解纷机制,建立以中国为主导的跨境电子商务在线解纷机制。就国家层面而言,最能发挥主体作用的就是制定出具体的"良法"。但要实现"良法",同样要具备一定的条件,这就是对"良法"的内涵在国家层面

---

① 满洪杰:《被遗忘权的解析与构建:作为网络时代信息价值纠偏机制的研究》,《法制与社会发展》2018年第2期。

要有共识。① 尽管"一带一路"沿线国家之间在利益、价值等方面是多元的，但仍然需要有最低限度的共识，这是制定规则的基础。解纷机制的构建，必须由"一带一路"沿线国家以主体的身份来参与，确保未来产生的解纷机制之规则是"良法"。当然，以良法促进沿线国发展、保障善治，对组织协调能力以及所主导的立法质量也提出了更高的要求。

在构建中国方案、形成中国体系或者建议的时候，必须妥善处理和汲取域外法的成功经验，同时也要考虑我国为构建机制所起到的作用。所以，我们有必要认真研讨中国在这一领域能够贡献的思想、机制、制度和具体规则。"一带一路"倡议的推进和实施是中国彰显法治意愿的良好契机。具体来说，要考虑由中国主导设立在线解纷中心，并吸收"一带一路"沿线国家多元解纷机构来解决经营者和消费者之间因跨境在线商品销售合同和在线服务合同引发的争议。② 同单一争议解决方式相比，由中心搭建一个统一的连接沿线国家经营者、消费者和多元解纷机构的多语种在线解纷平台，构建主体平等、有序参与的在线解纷机制更具有现实意义。这是我国与"一带一路"沿线多数国家的共同利益诉求，也是中国主导设立"一带一路"纠纷解决中心的可行性理由之一。

（一）人民法院以及电商企业争议在线化解平台的推广与发展

从 2005 年《人民法院第二个五年改革纲要》首次提出建立多元解纷机制以来，该项改革经历十多年的发展，从理念更新到组织健全，从机制建设到制度完善，从制定政策到推动立法，均取得了显著成效。2015 年 7 月最高人民法院发布《关于人民法院为"一带一路"建设提

---

① 党的十八大以来，我们党提出"法律是治国之重器，良法是善治之前提"，党的十九大报告进一步提出"以良法促进发展、保障善治"。所谓"良法"，就是反映人民意志、尊重保障人权、维护公平正义、促进和谐稳定、保障改革发展、引领社会风尚的法律，就是体现民意民智、符合客观规律、便于遵守和执行的法律。张文显：《新时代全面依法治国的思想、方略和实践》，《中国法学》2017 年第 6 期。

② 事实上，任何一个规则、任何一个机制都需要一个磨合的过程，在没有经历任何磨合的时候就试图建立起一个统一规则或机制，是不切实际的。在这种情况下，就要求有一个国家、一个机构进行渐进性的发展，不在一项方案开始之前就对其进行全面的设计，而是随着方案的推进逐渐设计下一步的方案。何志鹏：《国际法治的中国方案——"一带一路"的全球治理视角》，《太平洋学报》2017 年第 5 期。

供司法服务和保障的若干意见》①，提出要探索司法支持贸易、投资等国际争端解决机制充分发挥作用的方法与途径，这是中国司法主动与国际争端解决机制相衔接、充分保障中外当事人合法权益的重要举措。2016年6月，最高人民法院发布《关于人民法院进一步深化多元化纠纷解决机制改革的意见》②，明确规定推动商事调解，联合有关部门出台多个具体规定，保障"一带一路"建设，为商事调解的健康发展提供司法保障。

中国各地法院广泛建立在线调解平台，空中调解室、电子法院、电子商务法庭等通过在线解纷平台处理纠纷案件，同样可以适用于"一带一路"在线解纷机制的构建。2017年8月，世界首家互联网法院在杭州挂牌成立。杭州作为"电子商务之都"，所涉及案件纠纷类型集中于网络购物、服务合同，网上立案率高达96%，已关联当事人案件实现100%在线审理。③ 2018年1月，深圳前海法院"一带一路"国际商事诉调对接中心④成立，这是一个充分运用信息化手段、互联网平台解决商事纠纷的范例。2021年12月，北京国际商事法庭在北京市第四中级人民法院揭牌成立，集中管辖全市第一审涉外、涉港澳台地区商事案件、仲裁司法审查案件及司法协助类案件。该法庭推出了全国首家地方性国际商事法庭中英双语网站，并充分运用互联网信息技术手段便利跨境诉讼当事人，不断提升诉讼服务的效率。依托北京法院电子诉讼平台、"云"法庭，该法庭实现跨境线上庭前会议、线上开庭，以"点对点"立案指引和"面对面"视频连线，避免中外当事人全球往返跑。这些在线纠纷多元化解平台的运行可以成为跨境电子商务在线解纷的重要途径，能为跨境电子商务的发展提供专业的

---

① 最高人民法院法发［2015］9号。
② 最高人民法院法发［2016］14号。
③ 陈琨：《互联网法院不只是网上案件网上审？看这三个维度！》，《人民法院报》2018年5月22日评论版。
④ 前海"一带一路"国际商事诉调对接中心是前海法院与深圳国际仲裁院、深圳市律师协会、中国国际贸易促进委员会深圳委员会、前海"一带一路"法律服务联合会、粤港澳大湾区企业家联盟、深圳市蓝海现代法律服务发展中心、内地—香港联合调解中心、粤港澳商事调解联盟等十家机构合作建设的。闻长智：《"一带一路"背景下商事调解的发展路径》，2018年1月11日，http://mp.weixin.qq.com/s/pt2SDz6MewA5SDaGbjTtKg，2023年8月11日。

法律服务。

除法院之外，为了在鼓励跨境电子商务交易的同时保护消费者合法权益，国内电商企业也在积极探索符合自身特点的纠纷化解平台。以阿里为例，阿里全球速卖通制定了《阿里速卖通纠纷裁决指引》，[①]对跨境电子商务纠纷的类型和纠纷处理程序进行了详细阐释。《阿里速卖通纠纷裁决指引》将电子商务纠纷分为消费者未收到商品而产生的纠纷和消费者收到商品但与约定不符而产生的纠纷两大类。该指引对每种纠纷中买卖双方的责任以及应提交的证明材料做了明确划分和要求，在此基础上鼓励买卖双方协商解决纠纷。若买卖双方无法沟通协商，买家可以向平台提出申诉，争议进入平台介入和处理的阶段。[②]此外，阿里还针对跨境电子商务纠纷专门设立了一系列赔偿基金，对于非因消费者自身行为导致的损害赔偿实行预先赔付制度。此过程只需要经过专业的鉴定人员、法律人员对侵权事实进行认定的前置程序便会及时将赔偿基金发放给消费者，其后再由平台与入驻商家进行协商。[③]

（二）主动参与商事纠纷解决的国际合作

中国主动搭建商事调解组织与"一带一路"沿线国家合作的法律服务平台，加快推进便捷、高效、共享共赢的商事调解机制。中国国际经济贸易促进委员会为实施"一带一路"倡议提出了一系列保障措施，包括制定《参与"一带一路"建设工作方案》，搭建贸易投资平台，促进中国与沿线国家经贸往来和产业合作等，充分体现出中国国际经济贸易促进委员会在服务"一带一路"方面所做的贡献及优势。[④]此外，中国在"一带一路"高峰论坛、中国—东盟大法官论坛、中国互联网大会、国际调解研讨会以及在线解纷机制国际会议等各种场合

[①]《全球速卖通纠纷裁决指引》，http：//seller.aliexpress.com/education/rule/integrity/dispute_introduction.html，2023年6月8日。

[②]《全球速卖通纠纷提交及协商流程》，http：//seller.aliexpress.com/education/rule/dispute/submit.html，2023年6月8日。

[③]冯雨：《B2C模式下的自贸区跨境电子商务法律问题研究——以"跨境通"平台为切入点》，《上海商学院学报》2015年第5期。

[④]《中国国际经济贸易促进委员会参与"一带一路"建设贸易投资促进工作方案》，2016年3月17日，http：//www.ccpit.org/Contents/Channel_3429/2016/0317/596617/content_596617.htm，2023年6月25日。

广泛宣传和推广争议解决机制改革经验。

此外，中国还积极实行法院与商事调解组织对接机制。例如，"一带一路"国际商事调解中心与北京市第四中级人民法院对接；上海经贸商事调解中心与上海市第一、第二、第三中级人民法院、浦东新区人民法院自贸区人民法庭对接。中国各地商事调解中心探索在线调解平台建设，将调解规则导引、纠纷案例学习、调解资源整合、远程调解、诉调对接等多项在线争议解决功能融为一体，形成独特的纵向贯通、横向集成、共享共用的在线解纷模式。① 在"一带一路"跨境电子商务在线解纷机制构建中，中国法院、仲裁机构以及调解组织都已具备各自的优势与条件，各部门的共同推动与合作使得在线解纷中心的设立成为可能。

同时，"一带一路"在线解纷中心的设立在当下并不追求沿线国家间法律规制及其适用的统一。缘由在于，跨境电子商务市场需要以在线解纷机制为重心，整合协商、调解、仲裁等纠纷解决方式为当事人提供公正高效的纠纷解决途径，进而提高司法公信力。由中国主导设立在线解纷中心，并鼓励沿线国家共同参与该领域的原则、规则制定，以便在线解纷机制更好地服务于中国与沿线国家跨境电子商务的发展，是"一带一路"沿线国家的共同愿望。

四 结语

跨境电子商务充分利用网络信息技术，可以为"一带一路"沿线国家经营者和消费者提供全方位、多层次、多角度的互动式商贸服务。这突破传统贸易活动中的时间、空间以及标的对交易各方的限制，以低成本、最高效的渠道，促进"一带一路"沿线国家经贸合作，实现互联互通。"一带一路"沿线跨境电子商务在线解纷机制应当借鉴欧盟条例的成熟规定，因为该条例在解决区域性电子商务纠纷方面发挥了实质性作用，是区域性电子商务在线解纷机制的典型。跨境电子商务在线解纷机制的建构要贯彻保护消费者原则、兼顾多语种在线解纷

---

① 龙飞：《中国商事调解的五大发展趋势》，2018 年 1 月 9 日，http：//mp.weixin.qq.com/s/hQCtXEy8y - QbWymP8qGrBg，2023 年 7 月 23 日。

平台和沿线国多元解纷机构并对在线解纷平台所处理的个人资料和信息严格保密。在线解纷机制的建构过程中，尤其要加强个人信息和数据保护的立法，通过具体条款对经营者及消费者的信息、数据保护做出详细规定，这将提高经营者及消费者对电子商务市场的信任度和参与度。以中国为主导构建跨境电子商务在线解纷机制，需要搭建一个多元的法律服务平台。这既能方便各国当事人选择最适合自己利益追求的纠纷解决机制，为"一带一路"建设提供完善的法律服务保障体系，又能依法保护各国当事人，平等保护各类市场主体的合法权益。

第四章 网络侵权的纠纷解决与预防

第一节 网络侵权纠纷的起源与类型

一 网络侵权纠纷的起源

（一）互联网时代网络侵权纠纷的产生

1. 技术原因

网络侵权是指对网络空间中发生的一切侵害他人合法权益的侵权行为的总称。在民法领域，网络侵权是指网络上发生的侵害他人民事权益的侵权行为总称，[①] 也是人类社会步入到互联网时代才出现的侵权行为。从20世纪60年代互联网诞生开始，人们的生活与互联网的联系变得愈发紧密。20世纪90年代之后，随着操作更加便捷的网页浏览器的出现，互联网运营商提供更丰富的互联网访问服务，大规模的用户涌入到互联网当中。进入到21世纪，互联网技术从网络服务提供者单方面为网络用户提供信息，发展到用户可以参与到互联网内容的创造中来。网络用户不仅仅是信息的阅读者，更是信息的创造者，网络用户之间的交互行为也不断增多。

如果说在互联网发展初期，个体是否愿意接触互联网尚且可以进行自主选择，那么21世纪以来，公众若想要保持与互联网世界的距离变得几乎不再可能。只要人们需要进行在线观看电影、与他人进行社交，都不可避免地与互联网产生密切联系，这使得线上世界与线下世界的边界日益模糊。任何行为特征在互联网时代和数字时代都可能演

[①] 屈茂辉、凌立志：《网络侵权行为法》，湖南大学出版社2002年版，第5页。

进出新的形态，具备新的特征。侵权行为也不例外。在互联网时代来临之前，侵权行为只发生在现实空间。然而，在互联网时代，侵权行为发生的场域辐射到了虚拟世界之中。互联网技术的产生对信息传播产生巨大影响，其不仅增强了信息传播能力，还拓展了信息传播的空间，网络空间从而成为人们新的活动领域。传统的侵权行为便借助互联网技术的发展，演变出了网络侵权这种新形态。

2. 非技术性原因

技术一向都是处于中立的立场，不能把网络侵权纠纷的产生全部归结于技术本身。网络侵权纠纷的产生以及纠纷数量的增多自有其更深层次的社会、文化、经济以及网络空间自身特征等诸多原因。其一，市场经济的不断发展使得公众的趋利性不断提高。较为典型的例子是肖像权侵权纠纷。肖像权原本是纯粹的人格权，但是随着经济社会的发展，再加上网络技术使得信息传递更为便捷，一些公众人物的肖像逐渐也具备商业上的利用价值。因此，实践中出现大量公众人物的肖像在网络空间被不法利用的情形，从而导致肖像权纠纷的数量上升。其二，我国遵循"以经济为中心"发展模式，在发展过程中出现了许多发展不均衡的现象。这导致不同群体间差距，包括地域差距、行业差距以及城乡差距被不断拉大，使得部分网民群体的心理失衡。在这种情况下，社会成员之间的矛盾和冲突显著增多，且矛盾的情绪会通过互联网空间得以宣泄，最终导致侮辱、诽谤他人行为的产生。其三，网络空间的碎化彰显用户之间的观念、利益的巨大冲突与割裂。当代中国处于社会转型期，各种思潮各种多元信息的涌入导致公民有不同的观念、不同的兴趣、不同的价值观。这种巨大的差异容易产生冲突，而互联网就是冲突发生的集中地。基于这些偏好性，伴随着网络用户容易集结的特征，更加大了这种冲突性与对立性。"在这些集结场域，要么是相互撕裂和论战，要么是相互强化和印证，从而促发一定的群体极化现象。"[1] 其四，网络空间的匿名化加剧了网络侵权纠纷的产生。在网络空间中每个人都卸掉了物理空间中的身份和角色，以符号化的角色表达自我，不受拘束地实施自我行为。[2] 这削弱了公众在网

---

[1] 马长山：《迈向数字社会的法律》，法律出版社2021年版，第248页。
[2] 马长山：《迈向数字社会的法律》，法律出版社2021年版，第247页。

络空间中的自我约束意愿，在传统的熟人社会，由于人们之间彼此相对熟悉，因此个人的社会行为更容易受到他人无形中的约束以及自身道德的自律约束。但是网络空间的虚拟性和匿名性使得网络用户自律和他律约束的压力大大减少。①

（二）数字时代网络侵权纠纷的显著特征

进入到 21 世纪，随着大数据、人工智能、云计算等技术的发展，人类社会步入到数字时代。相较于互联网时代，数字时代中数据与算法成为重要的生产要素，并形成了以信息为资源，以网络为基础平台的全新数字经济形态②。数字技术也改变了人与人之间，人们与外界相连的方式与程度。③ 伴随着人类社会进入到数字时代，网络侵权纠纷相较于早期互联网时代的侵权纠纷而言，呈现出以下显著特征。

第一，网络侵权纠纷的数量呈现指数级增加的态势，纠纷数量爆炸式增长。随着人类社会步入到数字时代，网络空间中的用户数量不断增多，几乎所有公民的生活都离不开网络。根据中国互联网络信息中心发布的第 52 次《中国互联网络发展状况统计报告》显示，截至 2023 年 6 月，我国网民规模达 10.79 亿人，较 2022 年 12 月增长 1109 万人，互联网普及率达 76.4%。④ 而网络用户之间本身又存在着利益多元化、价值多元化的特征，这大大增加了侵权行为发生的可能性。根据广州互联网法院每年度统计的各种类型案件收结统计表中的数据显示，2020 年 1—12 月受理的网络侵权纠纷案件为 345 件⑤，2021 年 1—12 月受理的网络侵权纠纷案件为 701 件⑥，2022 年 1—12 月受理的

---

① 陈昶屹：《网络人格权侵权责任研究》，北京大学出版社 2014 年版，第 64 页。
② 马长山：《迈向数字社会的法律》，法律出版社 2021 年版，第 7 页。
③ 王天夫：《数字时代的社会变迁与社会研究》，《中国社会科学》2021 年第 12 期。
④ 李政葳：《第 52 次〈中国互联网络发展状况统计报告〉发布我国互联网普及率达 76.4%》，2023 年 8 月 29 日，https：//baijiahao. baidu. com/s? id = 1775508269175031560&wfr = spider&for = pc，2023 年 9 月 19 日。
⑤ 广州市互联网法院：《2020 年 1—12 月各类型案件收结统计表》，2021 年 1 月 1 日，https：//www. gzinternetcourt. gov. cn/#/articleDetail? apiType = convincing&titleType = judicialData &id = fda0d7a933c04275822347e3bb3aa87b，2023 年 9 月 19 日。
⑥ 广州市互联网法院：《2021 年 1—12 月各类型案件收结统计表》，2022 年 1 月 5 日，https：//www. gzinternetcourt. gov. cn/#/articleDetail? apiType = convincing&titleType = judicialData &id = uzpj9c02270cgxkhh1pbb3a4f32gugk4，2023 年 9 月 19 日。

网络侵权纠纷案件为1271件①。短短三年内，仅广州互联网法院接受的网络侵权案件数量就由300多件上升至1000多件。

第二，网络侵权纠纷更强调网络服务提供者的责任承担。数字时代网络服务提供者在网络空间中发挥着非常重要的作用。在数字时代中，"平台是一种生成、提取、记录与分析无限增长的数据的基础设施，能够连接参与市场的多个群体的运营机制"②。网络用户之间的交互行为以及网络侵权纠纷大部分都发生在网络服务提供者所搭建的互联网平台中。网络侵权纠纷发生在网络空间中，若网络服务提供者不能尽到合理的注意义务或者安全保障义务，也需要承担相应的责任。

第三，网络侵权纠纷的后果更为严重，维权更加困难。数字技术的发展拓宽了社会连接的边界，提升了社会连接的时效。③ 技术的更新使得网络空间愈发呈现出一种非地域性特征，网络用户发布的信息能够瞬时传递到全国甚至全世界。此外，网络空间的任何用户都可能成为信息的传递者。正是由于侵权信息在互联网空间中传播范围更广，传播速度更快，传播的主体更多，这就导致侵权行为难以被及时拦截，损害的后果也更加严重，权利人维权成本更加高昂。此外，由于侵权信息传播的广泛性，权利人在侵权信息的取证方面也存在着较大的困难。这些都是早期网络侵权纠纷所不具备的挑战，需要我们不断更新技术手段，完善相关立法来加以应对。

数字时代发生的深刻而又重大的社会变革，对社会产生了深远的影响。数字时代下的网络侵权纠纷相较于互联网时代初步发展起来的网络侵权纠纷而言数量增多，带来的损害扩大，同时更强调网络服务提供者责任的承担。这对网络侵权纠纷的解决和预防提出了新要求，也给法律制度和司法体系带来极大的冲击和"破窗效应性"挑战④。就法律制度而言，既有的法律规范不能涵盖和调整新的法益⑤，需要立法者不断追踪技术的发展、变革以及实践中产生的新问题，制定相

---

① 广州市互联网法院：《2022年1—10月各类型案件收结统计表》，2022年11月3日，https：//www.gzinternetcourt.gov.cn/#/articleDetail? apiType = convincing&titleType = judicialData&id =1r9obi31000co2hpvw50jmsbd0zivovx，2023年9月19日。
② 王天夫：《数字时代的社会变迁与社会研究》，《中国社会科学》2021年第12期。
③ 王天夫：《数字时代的社会变迁与社会研究》，《中国社会科学》2021年第12期。
④ 马长山：《迈向数字社会的法律》，法律出版社2021年版，第44页。
⑤ 马长山：《迈向数字社会的法律》，法律出版社2021年版，第44页。

应的法律加以应对。就司法体系而言，传统的解纷机制遭遇明显的障碍，传统解纷机制尤其是诉讼模式耗时长，程序复杂，已经不能完全适应目前的司法实践。因此需要我们从法律、司法多个层面来进行有针对性的处理。

在立法层面，我国《民法典》明确规定了网络服务提供者的责任，针对网络用户的侵权行为，网络服务提供者在接到权利人的通知之后应当采取必要措施阻止损害的发生和扩大。[1] 在网络侵权纠纷中，网络服务提供者所承担的为网络用户行为负责的责任，可归属于第三者责任和不作为侵权责任。这是网络侵权纠纷中的典型特征。[2] 当然，网络服务提供者也可能会成为网络侵权的直接侵权方。根据《民法典》第一千一百九十四条，网络服务提供者利用网络侵犯他人民事权益，也需要承担侵权责任。[3] 除《民法典》外，近些年又出现了一些新的法律文件，以应对数字时代的发生的诸多变化与挑战。例如最高人民法院发布的《最高人民法院关于加强区块链司法应用的意见》，为各级人民法院在司法实践中运用区块链技术提供指引；最高人民法院出台的三大在线规则，分别是《人民法院在线诉讼规则》《人民法院在线调解规则》《人民法院在线运行规则》。这三个规则搭建了我国互联网司法的规则体系。

在实践层面，法院应大力发展在线解纷机制。传统解纷模式尤其是诉讼模式，程序复杂，耗时较长，效率低下。这不仅增加法院负担，也加大了当事人的维权成本，并且使得纠纷难以快速高效解决，使侵权行为带来的损害不能及时地得以控制。在这种情形下，需要一种新的解纷机制促进网络人格权纠纷案件更加高效便捷地处理，这种机制就是在线解纷机制。此外，网络服务提供者需要不断完善其技术，在事前加强对用户发布信息的监管，在接收到用户的举报之后，对侵权信息采取必要的处理措施遏制侵权信息的扩散。与此同时，网络服务

---

[1] 《民法典》一千一百九十五条第二款，网络服务提供者接到通知后，应当及时将该通知转送相关网络用户，并根据构成侵权的初步证据和服务类型采取必要措施；未及时采取必要措施的，对损害的扩大部分与该网络用户承担连带责任。

[2] 陈昶屹：《网络人格权侵权责任研究》，北京大学出版社2014年版，第13页。

[3] 《民法典》一千一百九十四条，网络用户、网络服务提供者利用网络侵害他人民事权益的，应当承担侵权责任。法律另有规定的，依照其规定。

提供者也需要不断建立与完善平台内部的解纷规则，争取将矛盾在诉诸司法程序之前就得以化解。

在技术层面，应发展和优化大数据、人工智能、区块链等技术在解纷过程中的应用。人类之所以步入数字时代就是源于上述技术的研发与应用，网络侵权出现的新问题也与数字时代密不可分，但是我们应当将这些技术运用到网络侵权解纷实践上来，充分发挥技术在社会治理中的正向作用。区块链技术在司法实践中的使用，可以增强权利人取证的能力，同时降低当事人诉讼成本以及提高法官对电子证据的信任度；运用区块链智能合约技术促进执行的一键达成，能够提高解纷的效率和实效性；利用新一代移动通信技术5G促进远程在线解纷，可以促进纠纷解决的立体可视，使地理阻隔的障碍不复存在；充分发挥人工智能在辅助司法人员办案的作用，充分发挥技术理性，可减少司法的任意性和法官的主观局限性，以确保实现"同案同判"的效果。

二 网络侵权纠纷的主要类型

在数量不断增加的网络侵权纠纷中，人格权侵权又是其中较为典型的案件类型，而在人格权侵权中，肖像权和名誉权侵权案件占据较大的比例。2018—2022年，在全国各级人民法院审结的网络侵权责任纠纷案件（6589件）中，涉及肖像权侵权的案件占比最高，比例高达30.55%；其他依次为名誉权（13.67%）、商誉侵权（3.66%）、虚拟财产（0.36%）、商标权（0.33%）、企业名称权（0.20%）、企业或个人征信（0.12%）、信息权益（0.02%）。从各类侵权客体的年均增长率来看，肖像权（90.40%）、名誉权（15.26%）年均增长率为正。[1] 由此可见，在网络人格权侵权纠纷中，肖像权和名誉权侵权纠纷占有绝对比例。此外，近年来网络暴力等人格权侵权行为也愈发多见。网络暴力不仅仅侵害肖像权和名誉权，更可能会侵犯到隐私权或

---

[1] 中国司法大数据研究院课题组、浙江省台州市中级人民法院课题组：《数字时代网络侵权责任纠纷实证研究——基于6589份裁判文书的司法数据分析与反思建议》，《数字法治》2023年第1期。

者个人信息等权益。下文主要对名誉权纠纷、肖像权纠纷以及网络暴力案件进行概括性介绍。

(一) 名誉权纠纷

名誉是对民事主体的品德、声望、才能、信用等的社会评价。名誉作为一种社会评价，因主体性质的不同而有所区别。就自然人来说，名誉是指社会对某自然人的品行、思想、道德、生活、作用等方面的社会评价；就法人而言，作为组织体其名誉主要是在经济活动、生产经营成果方面的社会评价，是社会对法人的信用、生产经营能力、生产水平、资产状况等因素的综合评价。需要着重说明的是，一般认为名誉与社会评价紧密相关，至于主观名誉（名誉感）并不纳入名誉的范围从而受到保护。判断社会评价不应掺杂主观想法，否则很难对名誉的侵犯进行客观判断。因此，民法典也采纳了主流意见，明确规定名誉是针对民事主体品德声望等的社会评价，而自然人的名誉感属于主观感受，不纳入名誉权保护范围。[1] 名誉权则是民事主体享有、支配、利用、维护自己名誉，以及防止其名誉受到侵害的权利。具体来说包括名誉享有权、名誉保有权以及名誉维护权等权能。[2] 我国《民法典》第一千零二十四条规定，民事主体享有名誉权。任何组织或者个人不得以侮辱、诽谤等方式侵害他人的名誉权。与姓名权、肖像权等具有积极使用功能的标表性人格权相比，名誉权是一种精神性人格权，仅具有消极防御功能。因此，民法典并没有正面解释名誉权的定义，而是从消极防御功能的角度规定了名誉权的主要内容。[3]

名誉权侵权行为主要包括行为人实施侮辱和诽谤行为或者其他行为。侮辱是指"故意以暴力或者其他方式贬低他人人格，毁损他人名誉的行为"；诽谤是指"因过错捏造或散布某些虚假的事实，损害他人名誉的行为"。[4] 根据《民法典》第一千一百六十五条的规定，构成名誉权侵权需要满足以下四个要件：行为人实施侵害行为，行为人存

---

[1] 石宏：《〈民法典〉视角下的名誉权保护制度》，《上海政法学院学报（法治论丛）》2021年第1期。

[2] 王利明：《人格权法》，中国人民大学出版社2022年版，第321—322页。

[3] 石宏：《〈民法典〉视角下的名誉权保护制度》，《上海政法学院学报（法治论丛）》2021年第1期。

[4] 王利明：《人格权法》，中国人民大学出版社2022年版，第329、331页。

在过错,产生损害结果,行为与结果之间具备因果关系。① 另外,判断是否构成名誉权侵权行为还得注意:该行为必须指向特定的对象,必须造成特定对象名誉的毁损,并且该行为需要为第三人所知悉,也就是该行为产生了一定的社会影响,导致权利人的社会评价有所降低。

网络空间中名誉权侵权行为一般表现为网络用户在社交媒体平台(例如微信朋友圈、微博、博客、论坛)中散布不实谣言以诋毁、攻击他人,导致被侵害方社会评价受到恶劣的影响。是否构成网络名誉权侵权案件,也需要根据传统名誉权侵权行为的构成要件来加以判断。例如,最高人民法院在2020年发布的指导案例第143号就是公民侵犯自然人及法人名誉权的典型案件。在该案中,被告故意在双方共同居住小区的物业微信群中散布消息对两原告进行造谣、诽谤和诬陷,称原告二黄晓兰有精神分裂,污蔑原告一兰世达公司的仪器不正规、讹诈客户,造成原告的名誉权遭到严重损害,这显然符合名誉权侵权行为的构成要件。此外,通过该案法院也认定了不特定关系人组成的微信群具有公共空间属性,如果公民在此类微信群中发布侮辱、诽谤、污蔑或者贬损他人的名誉,也将构成名誉权侵权。②

(二) 肖像权纠纷

根据《民法典》第一千零一十八条第二款,肖像是通过影像、雕塑、绘画等方式在一定载体上所反映的特定自然人可以被识别的外部形象。③ 关于肖像的核心内涵,传统学理认为应当将肖像限于个人的面部特征,但是《民法典》放弃了"以面部为中心"的理论,而是将"可识别性"作为判断肖像的核心要素。例如乔丹的上篮动作,杨丽萍的舞姿等,这些都具备可识别性,应当受到保护。④ 2020年,葛优与江苏有线网络发展有限责任公司阜宁分公司肖像权纠纷一案中,涉嫌侵权的文章中配有葛优在《我爱我家》中的剧照,以及根据葛优在

---

① 《民法典》一千一百六十五条,行为人因过错侵害他人民事权益造成损害的,应当承担侵权责任。依照法律规定推定行为人有过错,其不能证明自己没有过错的,应当承担侵权责任。

② 北京兰世达光电科技有限公司、黄晓兰诉赵敏名誉权纠纷案,最高人民法院(2020)京03民终725号民事判决书。

③ 《民法典》一千零一十八条第二款,肖像是通过影像、雕塑、绘画等方式在一定载体上所反映的特定自然人可以被识别的外部形象。

④ 王利明:《人格权法》,中国人民大学出版社2022年版,第277—279页。

该剧中的剧照制作的表情包。在该案中，法院认为："肖像权的载体包括人物画像、生活照、剧照等。剧照涉及影视作品中表演者扮演的剧中人物，当一般社会公众将表演形象与表演者本人真实的相貌特征联系在一起时，表演形象亦为肖像的一部分。"该案最终同样判决涉案公司侵犯了葛优的肖像权。该案中法院明确指出：剧照、表情包、合成照片、角色形象等属于个人肖像的范围。① 我国《民法典》第一千零一十八条规定，自然人享有肖像权，有权依法制作、使用、公开或者许可他人使用自己的肖像。肖像权的权能具体包括肖像制作权、肖像使用权、肖像公开权、肖像许可使用权、禁止侵害权等。② 是一种标表性的权利，直接体现肖像权人的特征；同时肖像权还是具有商业利用价值的排他性权利，具备着一定的财产属性，但是这种财产属性不影响肖像权仍属于人格权的本质特征。

根据《民法典》第一千零一十九条的规定，除法律另有规定，未经肖像权人同意，制作、公开肖像权人的肖像，未经肖像权人同意肖像作品权利人以发表复制发行等方式使用或公开肖像权人的肖像，都构成肖像权的侵权行为。相较于之前的立法，《民法典》废除了侵害肖像权必须以营利为目的的构成要件。因为实践中很多侵犯他人肖像权的行为并非是为了牟利，而是纯粹出于贬损、丑化他人的目的。

肖像权的侵权行为主要包括组织或个人以丑化、污损，或者利用信息技术手段伪造等方式侵害他人的肖像权，或者不经肖像权人同意，制作、使用、公开肖像权人的肖像。网络空间中的肖像权侵权行为亦是如此，只不过侵权速度更快，规模更大，侵害后果也更为严重。实务中较为典型的肖像权侵权行为，也即侵权方在未经授权的情况下，以牟利为目的擅自使用某明星或艺人的照片。在肖像权案例中，84%的肖像侵权行为通过文章配图的形式出现在微信公众号的文章中；约98.7%的肖像权利人来源于演艺领域，绝大多数维权主体具有一定的社会知名度，不具有社会知名度的普通权利人仅占0.4%。③

---

① 葛优与江苏有线网络发展有限责任公司阜宁分公司肖像权纠纷案，北京互联网法院（2022）京0491民初28533号民事判决书。

② 王利明：《人格权法》，中国人民大学出版社2022年版，第277—279页。

③ 中美法律评论：《微信公众号平台以明星为主的肖像权侵权实务研究》，2021年10月4日，https：//mp.weixin.qq.com/s/_g4IPibw3yS5VgV5i-JTeg，2023年9月19日。

(三) 网络暴力

网络暴力行为是指众多互联网用户在网络上对他人进行语言攻击，通过发布侮辱性、诽谤性的言论造成被侵权人名誉权、隐私权等人格权利受损。随着我国互联网的普及，网民规模不断扩大，网络暴力行为也层出不穷。根据北京互联网法院统计的数据，自2018年9月北京互联网法院建院以来至2023年6月，以自然人为原告、以判决形式审结的网络暴力案件共465件。因此，为加强网络空间人格权益保护，营造风清气正的网络生态，治理网络暴力现象实乃当务之急。[1]

网络暴力行为具备以下特征：其一，网络暴力手段更新较快。随着技术的快速发展与革新应用，新型网络暴力手段更新较快、层出不穷。网络暴力行为逐渐衍生出了人肉搜索、合成虚假照片、制作表情包、传播"AI换脸"视频等侵权形式。北京互联网法院在审理中发现，侵权人通过"抽奖转发""0.01元链接挂人"等新侵权手段，使侵权信息迅速广泛传播以至于扩大侵权范围。其二，侵权行为较难控制，损害结果较为严重。网络信息的传播具备瞬时性和非地域性，因此依托于互联网技术，网络暴力语言传播速度快，传播范围广泛，造成的损害将会迅速扩大。另外，发布网络暴力语言的网络用户并非个体，通常是成千上万的人在虚拟世界毫无约束地针对他人发表侮辱性、诽谤性的言论或者转发相关言论，这也使得侵权行为难以控制。除了侵权行为难以控制之外，网络暴力行为相较于只侵犯名誉权或肖像权的案件来说后果也更为严重。其三，网络侵权主体较为特殊。自媒体、营销号、网络大V发布的信息极易导致网络暴力。北京互联网法院发现，部分网络自媒体、营销号、网络大V故意制造猎奇信息或者炒作热点事件以煽动网民情绪，以达到引发众多跟帖评论最终吸引流量和关注度的目的，从而产生网暴。某知名娱乐博主张某为吸引关注，通过其微博账号搬运、转载一篇关于王某学术造假、个人感情生活等内容的文章，当日即引发6372次转载、2.2万余条评论以及近66万次点赞，引发网络高度关注与讨论。这就是一起非常典型的网络暴力侵权

---

[1] 北京互联网法院：《近五年审结网络暴力案件465件，新型网络暴力手段层出不穷》，2023年8月3日，https://mp.weixin.qq.com/s/eqVFj_KyeGpd7epUkVGCLg，2023年9月15日。

行为。①

未成年人是实施网络暴力行为的特殊群体，也是网络暴力的受害者。根据北京互联网法院于 2023 年 6 月 7 日发布的《北京互联网法院未成年人网络司法保护白皮书》提供的数据可以看到，在 2022 年 6 月至 2023 年 5 月短短一年的时间内，北京互联网法院共受理 143 件涉及未成年人的纠纷，其中网络侵权责任纠纷共有 38 件，占所有案件比例的 26.6%。其中涉及人格权侵权的案件共计 28 件，主要是名誉权侵权、肖像权侵权以及隐私权侵权案件。相较于去年而言，人格权侵权案件增加了 10 件，同比增长 111%。② 未成年人属于判断力欠缺、法律意识较为淡薄的群体，加之未成年人易受到网络不良内容以及"饭圈文化"的影响，很容易发表侵权性质的言论，给被侵权者带来严重的损害。在一些涉及社会热点的网暴案件中，部分未成年人就参与到网暴活动中，甚至呈现出组织化参与网暴的新特征。这些案件有的是由线下的校园矛盾转化为网络上的语言暴力，有的是本身就在网络上引发的矛盾。

"饭圈文化"是导致未成年人卷入网络暴力案件中的重要因素。根据北京互联网法院于 2019 年 12 月 19 日发布的《"粉丝文化"与未成年人网络言论失范行为问题研究报告》可知，多数网络暴力中的侵权者会使用"饭圈"网络用语，这对侵权行为的认定有一定影响。"粉丝文化"下未成年人网络言论侵权行为中，除少数案件中直接使用一般理解下的谩骂侮辱词汇，大部分使用"饭圈黑话"。"饭圈黑话"指的是明星"黑称"、侮辱性语言的谐音、形容娱乐圈炒作的特定词汇等。"饭圈黑话"是否能够被认定为侮辱性的言语？北京互联网法院认为，"饭圈黑话"虽然不是大多数社会公众熟知的，在社会大众的理解中不特定，但在粉丝群体中指向清晰。只要侮辱性的称呼能够形成与特定明星的对应关系，即可视为对该明星的侮辱，构成侵权。此外，在部分案件的审理中，北京互联网法院认定，在侮辱性绰

---

① 北京互联网法院：《近五年审结网络暴力案件 465 件，新型网络暴力手段层出不穷》，2023 年 8 月 3 日，https://mp.weixin.qq.com/s/eqVFj_KyeGpd7epUkVGCLg，2023 年 10 月 10 日。

② 北京互联网法院：《北京互联网法院未成年人网络司法保护白皮书》，2023 年 7 月 7 日，https://www.bjinternetcourt.gov.cn/cac/zw/1686118948908.html，2023 年 9 月 19 日。

号包含对明星的侮辱时，辱骂明星的粉丝群体构成对该明星名誉权的损害。①

第二节 网络侵权纠纷在线解决的必要性

一 传统侵权纠纷解决方式的局限性

传统的侵权纠纷解决方式主要是线下诉讼、仲裁、调解和和解等方式。传统的侵权纠纷解决模式在互联网尚未普及时发挥着重要的作用，但是在互联网快速发展、人格权侵权案件爆炸的当下，其无法充分发挥定纷止争作用。

其一，程序繁琐，耗时较长。这种局限性在诉讼程序中体现的更为突出。这使得传统纠纷解决模式无法承载网络人格权侵权案件的爆炸式增长。案件量的增多本就使得法院负担大幅度加重，而程序的繁琐与时间的耗费更使纠纷无法得到快速解决。与此同时，由于程序繁琐，诉讼进度推进缓慢，侵权行为带来的损害会不断扩大，当事人的权益也得不到及时的救济，这无疑会削减当事人对传统诉讼纠纷解决模式的信任度。在网络侵权案件中，尤其是名誉权和肖像权的侵权案件中，传统侵权纠纷解决方式的这一弊端更使得纠纷难以得到充分高效的解决。借助于网络空间，侵权信息能够快速传播开来。而传统侵权纠纷解决方式程序繁琐，耗时漫长，这往往导致在程序进行的过程中侵权信息已经遍布互联网。相较而言，在线解纷机制程序简单且灵活，例如在在线调解网络侵权纠纷的过程中，纠纷主体申报的信息能够被快速收集、归类和分析，再由相应纠纷解决平台选派合适的调解员进行及时调解，并在网上公布处置结果，真正实现矛盾纠纷及时申报、及时化解、及时结案，是纠纷主体最快捷、省时、有效的解纷方式。

---

① 北京互联网法院：《"粉丝文化"与未成年人网络言论失范行为问题研究报告》，2019 年 12 月 19 日，https://www.bjinternetcourt.gov.cn/cac/zw/1567483035819.html，2023 年 9 月 19 日。

其二，当事人维权成本较高。这种成本既包括由于程序繁琐耗费的时间成本，也包括参加诉讼的交通费用以及诉讼过程中耗费的法律服务费用等所带来的经济成本。高额的成本也使得被侵权方望而却步，不愿诉诸法律程序来保护自己的合法权益。再加上诉讼标的价值本来就有可能较低，这种巨大的差距使得当事人不愿意选择成本高昂的诉讼模式。例如，名誉权侵权中，可能涉案言论仅仅是侵权方在微博上发布的短短几十个字，但是为这几十字而进行诉讼，可能诉讼费就已经远超诉讼标的本身的价值。① 在网络人格权侵权纠纷多发、维权难度大且回报低的背景下，如继续秉持传统侵权纠纷解决途径，当事人权衡利弊后会倾向于选择放弃维护自己的人格权益。而在线纠纷机制下所花费的时间和经济成本较低，因此，在民事诉讼中经常发生的、希望通过诉讼费等投入在经济上的诉讼成本拖垮对方当事人的目的就很难在该机制下得逞。② 并且，在在线解纷机制之下，纠纷解决投入的成本和诉讼标的本身的价值差距会大大缩小，当事人更愿意去诉诸在线解纷机制来促进纠纷的解决。

二　数字时代技术支持的可行性

正是由于传统纠纷解决方式在效率、成本等诸多方面存在着天然的局限性，因此需要一种新的解纷机制来促进网络人格权纠纷案件更加高效便捷地处理，这种机制就是在线解纷机制。在网络侵权案件中，在线纠纷解决机制则主要体现为两大方面：一种是互联网服务平台提供的在线解纷方式；另一种是法院系统内部利用互联网信息和通信等新技术进行的在线解纷方式。在人格权侵权的语境下，前者一般是利用微博、微信、知乎、豆瓣等社交平台对网络平台参与者之间的网络侵权纠纷进行处理，而后者则是法院系统内部的在线纠纷解决模式在网络侵权领域的具体应用。

相较于传统在线解纷机制，除了具备效率高、成本低等优势之外，

---

① 翟凯：《触摸互联网+ADR的线上正义——微博侵权纠纷的ODR在线救济机制探析》，《新闻法制研究》2016年第1期。
② 郑世保：《在线解纷机制（ODR）研究》，法律出版社2012年版，第162页。

在线解纷机制还具备数字时代技术的充分支持。例如远程技术能够突破地理限制，使纠纷的解决更加高效便捷；区块链技术可以实现电子证据的高效验证；人工智能可以辅助司法人员办案，使司法人员从简单案件中抽身出来，更加节约司法资源。

（一）远程技术突破地理限制促进纠纷解决的立体可视

新一代移动通信技术 5G 正在高速发展，其高速率特性可以推动大数据、人工智能与远程通信的融合，有助于支撑在线纠纷解决的程序运行，是重要的移动通信手段。即时通信技术的发展丰富了在线纠纷解决机制中当事人的对话机制，实时的视频交流互动有利于促进当事人双方的沟通协商，也有助于裁判者对双方主张的判断。网络空间的特性之一就是实际的地理区隔被弱化，而这种特征也为基于网络空间而产生的网络侵权纠纷所有。

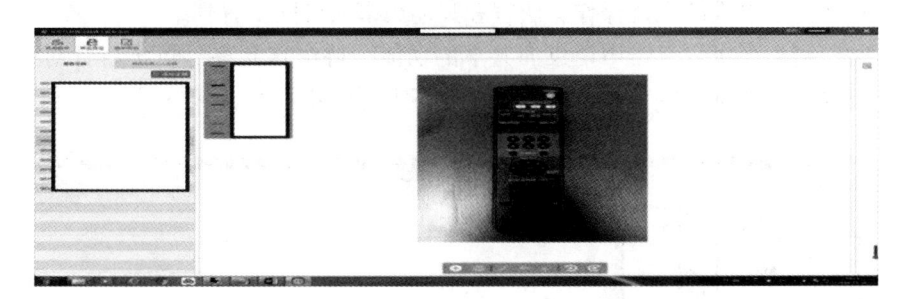

图 4-1　北京互联网法院网上庭审系统当事人 PC 端操作流程之一

对于企业自身的解纷平台而言，平台自身提供的在线纠纷解决方式能够让当事人免于舟车劳顿。网络空间的虚拟性与网络侵权行为紧密相连，这种虚拟性使地理区隔在网络侵权纠纷在线解决方式中的重要性明显降低。而在互联网法院以及其他法院所发展的在线解纷平台上，地理限制也在一定程度上被突破，当事人可以足不出户在线参与诉讼或者调解并获得司法确认。在已经公开的互联网法院判决中，我们可以看到大量的案件当事人都处在不同的地理区域，而在线诉讼这一方式则大大节省了各方当事人的时间成本和经济成本。各地开发的小程序和软件系统能够使当事人足不出户便能参与审判流程的全过程，例如"微诉讼""E 法庭""律师通""执检小智"以及正在全国推广的"移动微法院"等，这使得司法运行更加规范透明。① 远程技术使得诉讼过程摆脱物理空间的阻隔，实现了纠纷解决的立体可视，极大促进了数字正义的实现。

以北京互联网法院网上庭审系统为例②，根据北京互联网法院提供的《北京互联网法院网上庭审系统当事人 PC 端指导手册》中的内容③，当事人进入到北京互联网法院官网的电子诉讼平台。登录之后，下载 Windows 版客户端软件，安装完毕后登录该软件。当事人经过庭前检测之后可以入会，入会后，系统自动展示法庭纪律。当事人阅读后手动关闭法庭纪律页面。当事人可以根据自己的地位选择原告、被告及第三人页签并上传证据材料，上传后法官、其他当事人可实时看到。当事人针对某张证据有疑问时，可点击"申请批注"按钮向法官发起批注申请。法官同意当事人的批注申请后，当事人可以开始进行批注。当事人的批注操作，法官和其他当事人可同步看到。

当事人可以点击申请桌面共享的功能，待法官允许后可进行针对自身桌面的画面共享，法官和其他当事人可同步看到。

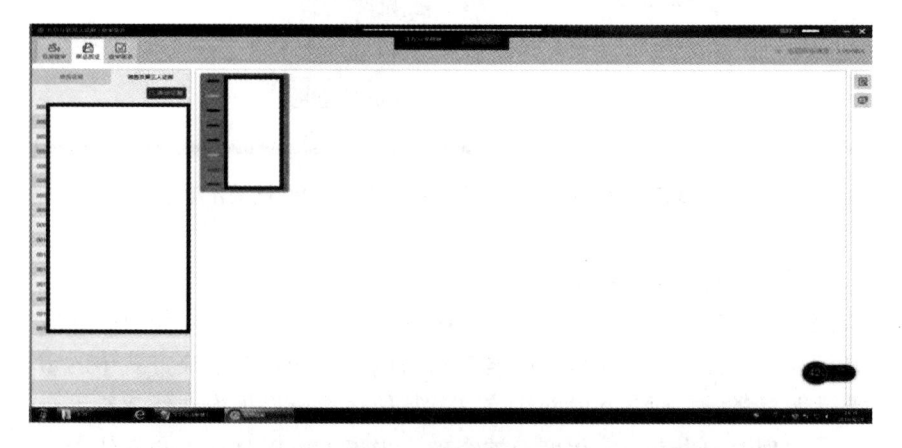

图 4-2　北京互联网法院网上庭审系统当事人 PC 端操作流程之二

---

① 马长山：《司法人工智能的重塑效应及其限度》，《法学研究》2020 年第 4 期。
② 当事人进入北京互联网法院的庭审系统有三种方式，分别是通过 PC 端口进入，通过下载网上庭审客户端 app 进入，通过微信小程序进入。碍于篇幅的原因，本处主要介绍当事人通过 PC 端口进入北京互联网法院网上庭审系统的具体流程。
③ 北京互联网法院：《北京互联网法院庭审系统 PC 端指导手册》，2021 年 11 月 18 日，https：//www.bjinternetcourt.gov.cn/cac/zw/1637201715624.html，2023 年 10 月 4 日。

"庭审笔录"页面展示当庭的笔录。法官发起签名后，法官和当事人分别扫描自己的二维码进行签字。签名将显示在笔录的下方，并按照签名顺序从上向下依次展示。

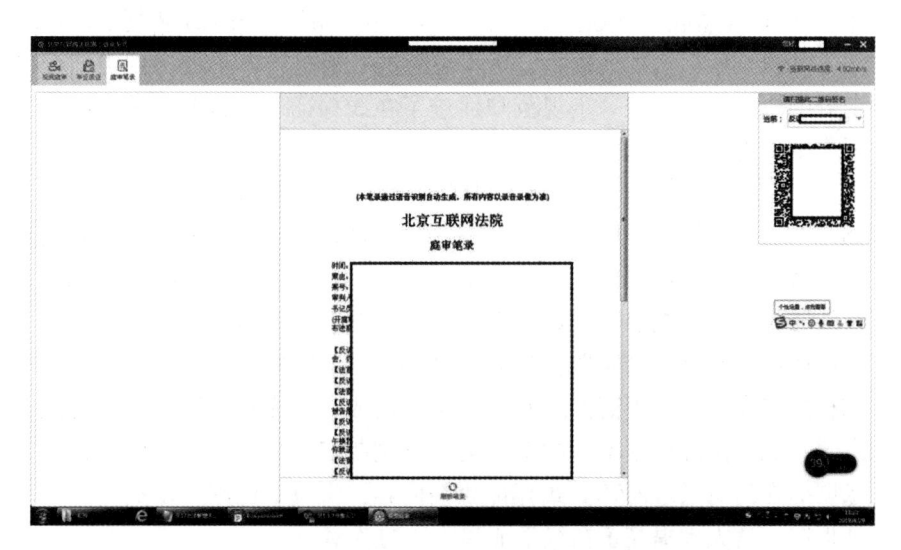

图4-3　北京互联网法院网上庭审系统当事人 PC 端操作流程之三

（二）区块链技术实现证据的验证与执行的便捷实现

在线纠纷中，涉网案件的证据一般存在于互联网平台，普通当事人难以举证；当事人在线上取证时需要委托公证处等专业机构进行，这极大增加了诉讼成本；在线证据的取证固证，需要专业的技术手段。部分法官缺乏相应领域知识，难以判断证据的有效性，增加质证难度。这导致在线解纷机制证据的提交往往面临着取证难、举证成本高、证据采信度不高的问题。而区块链技术因其具备证据上链后不可篡改的优点，被司法机关加以采用。通过技术手段实现类似公证处的权威见证，进一步规范和促进了在线存证平台行业发展，降低了当事人诉讼成本，也提高了法官对电子证据的信任度。[1]

---

[1]　广州互联网法院：《"网通法链"护航数字经济高质量发展》，2022年10月26日，https：//mp. weixin. qq. com/s? _ _ biz = MzI1OTQ2NzI4MA = = &mid = 2247589442&idx = 1&sn = 1307cd88bfd733a00e2762036b808823&chksm = ea7baf3ddd0c262bdb4ad282c050c142d21e063ad459dbb60b1e56c025a6063537d0c575c571&scene = 27，2023年10月11日。

以广州互联网法院构建的"网通法链"智慧信用生态系统为例，可以获悉，广州互联网法院在全国首试 5G 在线庭审，引入生物识别和防盗拍水印技术，率先探索区块链技术在司法领域的运用，于 2019 年 3 月 30 日建成"网通法链"智慧信用生态系统。该系统依托区块链多方共识技术，实现证据上链后不可篡改，通过技术手段实现类似公证处的权威见证，进一步规范和促进了在线存证平台行业发展，降低了当事人诉讼成本。

《人民法院在线诉讼规则》中对于区块链证据的效力认定有所限制，"人民法院可以认定该电子数据上链后未经篡改"，但是并非直接认定区块链存储数据的完整性与真实性。[1] 广州互联网法院也认识到区块链技术虽然能够实现证据上链后不可篡改，但是，无法保证证据上链前证据本身的真实性、合法性和关联性，对单个证据的是否采信，归根结底还是决定于证据之间是否可以构成一个完整的证据链。为此广州互联网法院根据不同的案件类型分别制定了相应的证据规则，要求明确在何时通过何种方式存证哪些内容，将单个证据串联成完整的证据链，这大大提高了在线举证和质证的效率。[2]

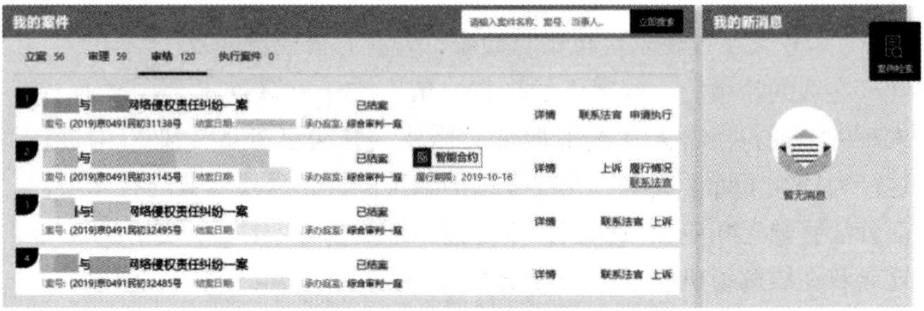

图 4-4　区块链智能合约技术下的"一键立案"流程之一

---

[1] 国瀚文:《区块链第三方存证平台的司法应对》,《人民法院报》2022 年 9 月 16 日, https://www.chinacourt.org/article/detail/2022/09/id/6914986.shtml, 2023 年 10 月 4 日。

[2] 广州互联网法院:《"网通法链"护航数字经济高质量发展》, 2022 年 10 月 26 日, https://mp.weixin.qq.com/s?__biz=MzI1OTQ2NzI4MA==&mid=2247589442&idx=1&sn=1307cd88bfd733a00e2762036b808823&chksm=ea7baf3ddd0c262bdb4ad282c050c142d21e063ad459dbb60b1e56c025a6063507d0c575c571&scene=27, 2023 年 10 月 12 日。

图 4-5　区块链智能合约技术下的"一键立案"流程之二

图 4-6　区块链智能合约技术下的"一键立案"流程之三

区块链智能合约技术不同于区块链技术，前者提供底层基础设施，包括数据存储、共识机制和安全性，而区块链智能合约则是在区块链上运行的代码，用于定义和执行特定的业务逻辑，可以实现各种应用场景下的自动化操作。它们相互依赖并共同构成了区块链技术的核心组成部分。在司法层面，区块链智能合约技术能够促进执行的"一键立案"。如果被告在履行期内未履行赔偿义务，法院将通过区块链智能合约技术实行自动执行。2019 年 10 月，在北京互联网法院审理的一起网络侵权纠纷案件中，法院首次通过采用区块链智能合约技术来实现执行的快速立案。在该案中，原被告双方经法院调解达成调解协议。法院告知如被告在履行期内未履行义务，将通过区块链智能合约技术实行自动执行。调解书生效后，该案的当事人端、法官端均出现"智能合约"字样以区别于普通案件。相较于传统执行复杂的立案步骤，将区块链智能合约技术应用到案件中，当事人只需要点击"未履行完毕"按钮，即可跳过后续复杂的程序流程直接完成执行立案，信息将通过区块链智能合约技术自动抓取。①

2022年9月，北京版权保护中心与北京互联网法院共同搭建的"版权链—天平链行政司法协同治理平台"2.0版本在中国国际服务贸易交易会正式亮相。该治理平台为版权领域行政司法协同治理机制，能够促进版权纠纷的快速解决。② 其内容主要包括以下三个方面：（1）双标统一。是指统一版权链与天平链在确权、授权、维权等环节存证的标准，提高电子证据认证的效率。（2）双链协同。是指北京版权保护中心的"版权链"接入北京互联网法院"天平链"中，使得著作权登记信息与司法审判数据之间的壁垒被打通，版权登记信息真正实现了实时交互以及高效调取。（3）双驱促市。在版权链与天平链的双重作用下，版权市场的标准逐渐统一，"盗版—打击—对抗"的恶性循环终将被打破。版权市场将更加开放、公正。该"版权链—天平链行政司法协同治理平台"实现了司法标准前置、数据的跨链验证与获取、国家级行业协会数据上链等机制与技术应用的融合，真正达到了确权强化、举证简化、维权优化、认证易化的效果，能够实质性地促进版权市场的高效与高质量发展。③

（三）人工智能辅助司法人员办案，节约司法资源

人工智能是以大数据技术为前提，依据运算能力和深度学习模式来实现对大数据信息的优化和升级，根据大数据为人类所要解决的问题提供智能的路径选择。④ 虽然司法实践中有明确可供依据的规则、一致的司法程序以及既有的审判思路，但面对日常生活中纷繁复杂的大量案件，这些规则、程序、思路难以复制或者直接套用，需要充分利用法官的自由裁量权。虽然自由裁量权能够使司法判决充分考虑到

---

① 最高人民法院：《全国首例！北京互联网法院采用区块链智能合约技术实现执行"一键立案"》，2019年10月28日，https://www.court.gov.cn/zixun-xiangqing-194591.html，2023年8月19日。

② 朱阁、任惠颖、曹益：《北京互联网法院版权链—天平链协同治理平台2.0版本亮相服贸会》，2022年9月2日，https://bjgy.bjcourt.gov.cn/article/detail/2022/09/id/6897838.shtml，2023年9月25日。

③ 北京互联网法院：《来服贸会打卡！北京互联网法院版权链—天平链协同治理平台2.0版本亮相啦》，2022年9月2日，https://mp.weixin.qq.com/s/vZ0armZ8r69yq7S2VQFmGg，2023年9月25日。

④ 潘庸鲁：《人工智能介入司法领域路径分析》，《东方法学》2018年第3期。

道德、公众价值观等因素，但是却无法克服法官固有的局限性，极易受到法官个人价值观、自身经历、实践经验的影响，具有较强的主观性。人工智能技术将司法规则转换成能够自动运行的程序代码，这些智能程序没有情感，能够排除法官判断的主观局限性，减少司法的任意性，确保"同案同判"的效果。[1]

人工智能在司法中的应用体现在以下几个场景中。首先，在诉讼服务中可以充分应用人工智能技术。诉讼服务中心有很多工作程序化程度较高，可以运用人工智能资讯系统来进行简单案件的立案审查、风险咨询等诉前服务。在诉讼过程中，也可以运用人工智能系统来完成诉讼文书收取、扫描和传送等基础工作。[2] 其次，人工智能技术能够在审判辅助工作中发挥其作用。人工智能技术可以为审判人员快速定位到与案件相关的法律法规、司法解释以及指导性案例，并且能够对以上内容进行标记，为相似案件提供裁判标准；[3] 人工智能技术还可以提供相关知识供法官参考，这些知识来源于现有学术著作、期刊论文，能够为法官提供充分且专业的理论知识支持；[4] 此外，在庭审录音录像文字化和数据化，法律文书的辅助生成方面，人工智能也能发挥重要作用。

第三节 我国网络侵权的纠纷解决与预防

一 立法现状与评述

（一）我国有关网络侵权纠纷的立法及评述

1. 我国有关网络侵权纠纷的立法

对于网络侵权责任纠纷，我国一般依据《民法典》第一千一百九

---

[1] 马长山：《司法人工智能的重塑效应及其限度》，《法学研究》2020年第4期。

[2] 李鑫：《人工智能在法院工作中应用的路径与前景》，《经济与社会发展》2018年第4期。

[3] 李鑫：《人工智能在法院工作中应用的路径与前景》，《经济与社会发展》2018年第4期。

[4] 李鑫：《人工智能在法院工作中应用的路径与前景》，《经济与社会发展》2018年第4期。

十四条至第一千一百九十七条来进行处理。在网络侵权责任中,网络服务提供者处于最核心的地位,这四个条文主要也是围绕网络服务提供者责任承担而展开。相较于原《侵权责任法》第三十六条规定的网络侵权责任,《民法典》通过第一千一百九十四条至第一千一百九十七条这四个条文,在避风港规则下增加了反通知权,完善了网络侵权责任的规则体系。① 其中,第一千一百九十四条是网络侵权责任的一般规则,规定了网络用户、网络服务提供者利用网络侵害他人民事权益的,应当承担侵权责任。② 网络侵权行为的实施主体既有可能是网络用户,也有可能为网络服务提供者。尽管有时网络服务提供者并没有实施直接侵权的行为,但若网络用户在网络服务提供者管理的网络空间实施了侵权行为,在符合特定构成要件且不具备免责事由的情况下,网络服务提供者也需要对网络用户的侵权行为承担责任。③

在网络侵权责任法律规范中,网络服务提供者处于核心的地位。在网络服务提供者究竟享有何种权利以及应当负有何种义务的问题中,避风港规则是判断网络服务提供者责任承担的重要原则。《民法典》第一千一百九十五条和《民法典》第一千一百九十六条是网络侵权纠纷避风港规则的核心条文,分别为避风港规则下的"通知—取下"规则和反通知规则。本处内容主要对《民法典》第一千一百九十五条和第一千一百九十六条所规定的避风港规则进行具体的介绍。

(1)《民法典》第一千一百九十五条:"通知与取下"规则

第一款主要规定了权利人的通知权。《民法典》第一千一百九十五条第一款规定:"网络用户利用网络服务实施侵权行为的,权利人有权通知网络服务提供者采取删除、屏蔽、断开链接等必要措施。通知应当包括构成侵权的初步证据及权利人的真实身份信息。"该款主要涉及两部分核心内容:网络侵权纠纷中权利人的通知权以及权利人通知的具体内容。需要加以说明的是:首先,相较于原《侵权责任

---

① 杨立新:《网络服务提供者在网络侵权避风港规则中的地位和义务》,《福建师范大学学报》2020年第5期。
② 《民法典》第一千一百九十四条,网络用户、网络服务提供者利用网络侵害他人民事权益的,应当承担侵权责任。法律另有规定的,依照其规定。
③ 张新宝:《中国〈民法典〉释评:侵权责任编》,中国人民大学出版社2020年版,第109页。

法》，《民法典》将"被侵权人"改为权利人，原因在于权利人在通知网络服务提供者采取必要措施时，仅仅只提供构成侵权的初步证据，并不能确定其权利一定受到侵犯。因此"权利人"的表述相较于"被侵权人"而言更为妥当。其次，权利人通知的内容需要包含构成侵权的初步证据及权利人的真实身份信息。根据《最高人民法院关于审理利用信息网络侵害人身权益民事纠纷案件适用法律若干问题的规定》第五条的内容，被侵权人向网络服务提供者发出的通知包含下列内容的，人民法院应当认定有效：第一，通知人的姓名（名称）和联系方式；第二，要求采取必要措施的网络地址或者足以准确定位侵权内容的相关信息；第三，通知人要求删除相关信息的理由。被侵权人发送的信息如果不能满足以上条件，网络服务提供者可以不承担责任。"通知与取下"制度的核心在于通知，网络服务提供者有义务为权利人维权提供顺畅的维权机制，权利人也应积极配合。在数字化时代，网络信息浩如烟海，只有权利人准确通知才能使网络服务提供者准确定位进而采取必要措施。[1]

第二款规定了网络服务提供者的义务与责任。《民法典》第一千一百九十五条第二款规定："网络服务提供者接到通知后，应当及时将该通知转送相关网络用户，并根据构成侵权的初步证据和服务类型采取必要措施；未及时采取必要措施的，对损害的扩大部分与该网络用户承担连带责任。"该款主要规定了网络服务提供者接到权利人通知后应当承担的义务以及未履行义务时所应承担的责任。网络服务提供者接到权利人通知后应当承担的义务包括将权利人的通知及时转送的义务以及采取必要的措施的义务。首先，网络服务提供者应当履行"转通知"义务。相较于原《侵权责任法》，转通知的义务是《民法典》的新增内容。增加规定网络服务提供者的通知转送义务，能够使被采取措施的用户知晓自己表达权利被剥夺和限制的原因，并及时采取措施来维护自己的合法权益。要求权利人采取措施只是权利人的一面之词，上传信息的网络用户也应当有权利知晓并提出申辩。其次，网络服务提供者应当根据权利人提交的初步证据和服务类型采取必要

---

[1] 黄薇主编：《中华人民共和国〈民法典〉释义（下）》，法律出版社2020年版，第2314页。

的措施。提供的网络服务类型不同，网络服务提供者所应采取的必要措施也应当有所区分，因此民法典并没有采取"一刀切"的方式，而是根据具体的证据和服务类型来进行判断。① 在网络服务提供者履行完转通知以及及时采取必要措施的义务之后，就相当于进入了"避风港"，受到"避风港"的保护，无须承担侵权责任；但是如果网络服务提供者并未进行转通知并且采取必要措施，那么便无法享受"避风港"的保护，应当与实施侵权行为的网络用户一并就损害的扩大部分承担连带责任。

需要强调的是，对于"通知与取下"制度是否可以适用于所有的网络侵权纠纷，尤其是人格权侵权纠纷中，学界持有不同的观点。有的学者认为，通知规则应当主要适用于知识产权网络侵权的纠纷中，若将此规则上升为网络侵权纠纷的普遍规则，尤其是将之适用到人格权网络侵权纠纷中，可能会赋予被侵权人过大的通知权利，进而影响到言论自由的实现，同时还妨碍正常的网络监督。② 有的学者认为，通知规则非常重要，应当适用于所有的网络侵权纠纷中，当然也包括人格权侵权纠纷。原因在于，相对于权利人来说，网络服务提供者具备充分的技术手段和信息能力来预防和制止侵权行为的发生。如果不采取通知规则，权利人只能向法院寻求救济，而法院对于权利的救济一般都是采取事后的方式，无法快速预防和制止侵权行为，最终会导致损害的发生以及扩大。③ 本书支持第二种观点，应当将通知规则也适用于人格权侵权纠纷中。一方面是出于对权利人与发布言论的网络用户两方主体权利的保护。将"通知与取下"制度运用到人格权侵权纠纷中，不仅可以使网络服务提供者能够运用技术手段来预防和制止侵权行为发生进而保护权利人，同时也给予被指控的网络用户以相应的辩护权利，能够提交自己不存在侵权行为的声明与初步证据来否认权利人的指控。另一方面在于，虽然言论自由非常重要，但是任何权利都有其行使的界限。如果言论自由的行使会侵犯到他人的权利，此

---

① 黄薇主编：《中华人民共和国〈民法典〉释义（下）》，法律出版社 2020 年版，第 2315 页。
② 崔国斌：《网路服务上共同侵权制度之重塑》，《法学研究》2013 年第 4 期。
③ 程啸：《论我国〈民法典〉网络侵权责任中的通知规则》，《武汉大学学报》2020 年第 6 期。

时就需要相应的规则对言论自由的界限加以约束，而非对言论自由进行盲目保护。

(2)《民法典》第一千一百九十六条：网络用户的反通知规则

第一千一百九十六条是《民法典》新增的条文。《民法典》第一千一百九十六条规定："网络用户接到转送的通知后，可以向网络服务提供者提交不存在侵权行为的声明。声明应当包括不存在侵权行为的初步证据及网络用户的真实身份信息。网络服务提供者接到声明后，应当将该声明转送发出通知的权利人，并告知其可以向有关部门投诉或者向人民法院提起诉讼。网络服务提供者在转送声明到达权利人后的合理期限内，未收到权利人已经投诉或者提起诉讼通知的，应当及时终止所采取的措施。"该条款主要规定了网络用户的反通知权，明确了反通知权的具体行使规则，同时也规定了网络服务提供者应承担的义务。

第一款规定网络用户的"反通知"权利和程序。原《侵权责任法》第三十六条第二款的避风港规则仅仅包括权利人的通知权，并未规定发布信息网络一方网络用户的反通知权，这对于双方当事人权利的保护来说是显然不公平的。[①] 民法典新增加的网络用户"反通知权"恰好能够平衡权利人和网络用户之间的利益。另外，网络用户提交的声明中也应当包括不存在侵权行为的初步证据以及其真实的身份信息。

第二款规定网络服务提供者的义务。首先是网络服务提供者的转送义务和告知义务。在接到网络用户的声明之后，网络服务提供者应当将该声明转送至权利人，而无须居于居中裁判者的位置，对侵权通知和不侵权声明进行审查和判断。[②] 同时网络服务提供者需要履行告知义务，让权利人知道应及时进行投诉或提起诉讼。其次是及时终止其先前采取措施的义务。如果权利人在合理期限内没有投诉或起诉，表明权利人默认反通知，网络服务提供者应当及时终止之前采取的措施，恢复之前采取措施进行处理的相关信息。这样做是为了敦促权利人尽快行使权利，同时也尽量减少因错误通知给网络用户带来不必要

[①] 杨立新：《民法典侵权责任编草案规定的网络侵权责任规则检视》，《法学论坛》2019年第3期。

[②] 程啸：《论我国〈民法典〉网络侵权责任中的通知规则》，《武汉大学学报》2020年第6期。

的负担。①

此外，该款中"合理期限"究竟为多久？"合理期限"首次出现在"民法典（草案）征求意见稿中"，而在此之前草案中使用的都是"15日"的表述。另外与《民法典》网络侵权规则相互参照的《电子商务法》中也将合理期限界定为15日。因此，基本上可以将合理期限认定为15日。但问题在于，人身权益是否也适用15日的合理期限？有学者认为，一般来说，人身权益纠纷的合理期限应当更长些。理由在于，人身权益的权利人相对于其他纠纷中的权利人而言更多为自然人，而自然人在进行投诉或起诉时可能会花费更多的时间。②

总的来说，通知与反通知程序只是为了能够迅速应对纠纷采取的一种暂时的救济性手段，网络服务提供者并非司法机关，不能根据相关法律法规进行终局性的判断。即便权利人在合理期限内没有投诉或起诉，权利人仍然具备相应的实体权利，能够在合理期限届满之后向有关部门投诉或向法院起诉。③

2. 评述

《民法典》第一千一百九十五条"通知与取下"规则适用于解决各类网络平台服务提供者对平台中存在的侵权行为责任承担的情形，且在这方面具备很好的示范作用。当今社交媒体如此发达，信息传递的范围之广和速度之快都空前绝后，一旦在网络上出现侵犯他人名誉权等人格权的信息，应当充分赋予权利人及时救济的机会。如果只依靠传统的司法程序，则会使损害后果蔓延，无法充分救济被侵权人的权利。如果发布信息的网络用户认为其并不存在侵犯他人人格权的行为，那么可以援引《民法典》第一千一百九十六条的反通知规则，要求网络服务提供者终止已经采取的必要措施，发出通知的人也需要承担相应的责任。法律是平衡利益保护的途径，避风港规则下的"通知与取下"规则以及"反通知"规则能够兼顾权利人以及发布信息的网络用户的权利保护，较好地平衡各主体之间的利益，除此迄今没有更

---

① 黄薇主编：《中华人民共和国〈民法典〉释义（下）》，法律出版社2020年版，第2319页。

② 徐伟：《〈民法典〉中网络侵权制度的新发展》，《法治研究》2020年第4期。

③ 黄薇主编：《中华人民共和国〈民法典〉释义（下）》，法律出版社2020年版，第2319页。

好的解决方案。①

但是，我国避风港规则仍然存在一些问题。首先，避风港规则面临着适用困境。例如"及时采取必要措施"中的"及时"如何加以判断？《民法典》第一千一百九十五条，第一千一百九十六条等条文中并没有加以明确，《最高人民法院关于审理利用信息网络侵害人身权益民事纠纷案件适用法律若干问题的规定》第六条规定"认定网络服务提供者采取的删除、屏蔽、断开链接等必要措施是否及时，应当根据网络服务的性质、有效通知的形式和准确程度，网络信息侵害权益的类型和程度等因素综合判断"。虽然这一条中涉及了网络服务提供者采取措施是否及时的判断，但是仍然不具备确定性。这种立法上的不明朗无法为法官的司法实践提供明确的指引，一方面容易导致司法的混乱，出现同案不同判的结果；另一方面也给网络服务提供者提供了可乘之机。② 其次，避风港规则也只是为了能够应对纠纷采取的一种事后的救济性手段，在被侵权时，当事人维权只能逐项通知网络服务提供者或逐项起诉。在数字时代，侵权信息通过复制粘贴或网络转载，同一侵权信息可能有多个发布者，此种由被侵权当事人进行侵权内容通知或起诉的维权方式增加了当事人的纠纷解决成本，而且当事人实际上难以穷尽所有侵权信息。在网络服务由算法决定的情况下，用户接收到的信息内容很大程度局限于算法根据用户兴趣、个性特征与行为数据定制的内容。在算法型平台上，关于侵权内容的扩散路径，被侵权当事人无从得知，侵权内容的传播和扩散是隐秘的，当事人难以发现所有侵权信息。③

（二）网络服务提供者自身的解纷规则及评述

1. 网络服务提供者的解纷规则

在纠纷数量剧增的当下，网络服务提供者自主构建的解纷机制非常必要。网络技术的运用极大拓展了公众表达个人言论意志并进行交

---

① 黄薇主编：《中华人民共和国〈民法典〉释义（下）》，法律出版社2020年版，第2313页。

② 刘晋名、艾围利：《"避风港规则"的法律适用及消解路径》，《南京社会科学》2020年第8期。

③ 李洋：《算法时代的网络侵权救济规则：反思与重构——以"通知+取下"规则的类型化为中心》，《南京社会科学》2020年第2期。

互交流的公共空间，并且网络社交媒体就是承载公共讨论与交流的平台，例如微博、微信、知乎、豆瓣、小红书、抖音等应用软件或者网页受到了网络用户的极大欢迎。然而，只要有人存在的空间就会有源源不断的利益纠纷，即使是网络空间也是如此。更何况，借助于数字技术的发展与信息传播速度的提升，纠纷的数量在不断增加，影响程度也不断加深。

在这样的背景之下，根据《民法典》等规则寻求传统司法诉讼模式保护渐渐变得越来越困难，维权成本极高的同时，维权效率也不尽如人意。因此，网络平台自主开发的在线纠纷解决机制就能够很好地解决这一问题，这种方式能够以更低的成本促进纠纷的高效解决；与此同时，社交媒体平台具备的专业性和技术性也使得其具备作为纠纷解决第三方的资格。社交媒体平台作为一种社会力量参与到网络侵权纠纷的解决，能够为多元化纠纷解决机制注入鲜活而有力的力量，互联网企业解决在某些领域的纠纷数量甚至可以超过同类型下法院解决的纠纷数量①。一来是由于互联网企业具备专业性和强技术性的特征，另一方面则在于平台作为利益相关的主体，纠纷的解决能够为平台带来更大的利益反馈，这就有利于激发平台解决纠纷的动力。② 以新浪微博为例，微博是我国规模最大、参与用户最多、牵扯利益较为复杂、影响最为广泛的公共社交媒体。因此，微博也是网络侵权纠纷的集中地，也是纠纷解决的重要场所。任何纠纷的解决都离不开详细科学、具备实际操作性的规则，微博上发生的网络侵权纠纷也不例外。因此微博社区有关网络侵权的相关规则便发挥着指导侵权纠纷解决、营造良好互联网社区风气的重要作用。

微博社区规则主要有以下几个：社区的根本规则《微博社区公约》《微博投诉操作细则》《人身权益投诉流程处理公示》《微博社区委员会制度》等。下文分别对这些规则涉及人格权侵权的部分进行

---

① 周翔：《描述与解释：淘宝纠纷解决机制——ODR 的中国经验观察》，《上海交通大学学报》2021 年第 4 期。

② 淘宝的纠纷解决机制就很好体现了这一特征，平台作为纠纷解决者并不是中立的第三方主体，平台与卖家利益仅仅相关，纠纷的解决更关系到淘宝平台的发展，利益驱使淘宝平台及时促进纠纷的解决。周翔：《描述与解释：淘宝纠纷解决机制——ODR 的中国经验观察》，《上海交通大学学报》2021 年第 4 期。

介绍。

(1)《微博社区公约》中有关人格权侵权纠纷的规则

《微博社会公约》共分为八章,分别规定了总则、用户权责、社区管理方式、未成年人保护、时政及社会信息服务管理规则、违法信息管理规则、商业行为规制、维权投诉渠道、不实信息和微博辟谣平台、内容安全和秩序和附则的相关内容。这些内容中有较多规则涉及到人格权侵权纠纷,例如社区管理方式一章中,第十二条规定了微博根据已有法律法规或主管部门的管理规则来落实平台责任。在微博平台中,因侵犯他人姓名权、名称权、名誉权、荣誉权、肖像权、隐私权等人身权益引起的纠纷,微博会根据《民法典》《最高人民法院关于审理利用信息网络侵害人身权益民事纠纷案件适用法律若干问题的规定》等相关法律和司法解释进行处理。第十五条明确了微博用户的线上投诉功能以及微博可以采取的内容处理和账号处理等措施;例如未成年人保护一章中,第十八条规定了微博禁止用户发布或者转发影响、危害、诱导未成年人身心健康的内容,其中第(五)部分内容为兜底条款,自然包括侵犯未成年人名誉权、肖像权、姓名权等人格权的内容。在时政及社会信息服务管理规则一章中,第二十七条明确微博用户不得发布"歪曲、丑化、亵渎、否定英雄烈士事迹和精神,以侮辱、诽谤或者其他方式侵害英雄烈士的姓名、肖像、名誉、荣誉。"再比如,违法信息管理规则一章中,第三十三条规定用户不得发布违法信息,其中"含有扰乱公共秩序,妨害公共安全,侵犯人身权利、财产权利,妨害社会管理内容的信息"就属于违法信息。

(2)网络人格权侵权纠纷的投诉程序:线上投诉和人身权益投诉

新浪微博的在线纠纷解决机制主要采取用户投诉,微博平台受理并作出判断和处理的方式。根据《微博投诉操作细则》和《人身权益投诉流程处理公示》两个规则,对于网络人格权的侵权行为主要采取两种用户投诉方式。第一种是《微博投诉操作细则》第五章第十三条规定的线上投诉,另一种则是《微博投诉操作细则》第六章第十七条规定的人身权益投诉。①

---

① 微博:《微博投诉操作细则》,微博社区管理中心官方网站,https://service.account.weibo.com/roles/xize,2023年8月10日。

①首先是线上投诉。线上投诉一般受理部分事实简单清楚的投诉，而且严格限制追诉期，只有自违规发生的 3 个月内才对用户的投诉进行处置，未在追诉期的内容需走人身权益投诉的渠道。对于侵犯个人权益的行为，微博采取的处置方式为："处置侵犯个人权益的微博、评论或账号信息，扣除相应信用积分，对情节恶劣、后果严重或以侵犯个人权益为目的存在的账号予以禁言、中止广告共享收益直至限制访问"①。

②其次是人身权益投诉。人身权益投诉专门针对涉及姓名权、名誉权、荣誉权、肖像权、隐私权等人身权益的纠纷。人身权益投诉受理的投诉纠纷主要是以下几类：第一是未能通过线上投诉流程来进行处理的；第二是对线上投诉流程处理结果不满意的；第三是未进行线上投诉，而直接通过权益投诉流程进行投诉的。其具体流程如下：站方收到投诉人的投诉材料，核实投诉人身份以及投诉内容之后，将直接处理侵权内容，并将处理结果通过站内私信方式告知投诉人。如果纠纷为复杂疑难案件，则需要移送司法行政机关来作出处理，微博不予处置。如果经站方判断的确构成侵权，微博将会对侵权方进行处置，具体处置措施包括：处理、屏蔽涉嫌侵权的微博、评论或账号信息；若情节恶劣或造成严重后果的还可对侵权用户采取禁言措施。如果被处理的用户认为处置有误，可以提交不侵权的反声明，微博将该声明转通知给投诉人并告知投诉人可向有关主管部门重新投诉或者向人民法院起诉，站方在收到生效判决后将配合予以执行。②

2. 网络服务提供者的解纷规则评述

虽然网络服务提供者的解纷规则能够起到指导网络平台解决纠纷的实践，给网络用户以心理预期并且对潜在的侵权者起到一定的震慑作用，但是，我国网络服务提供者提供的解纷规则本身以及对于规则的执行仍然存在一些问题。

(1) 纠纷解决方式较为单一，并且缺乏针对纠纷处理结果的复议

---

① 微博：《微博投诉操作细则》，微博社区管理中心官方网站，https：//service. account. weibo. com/roles/xize，2023 年 8 月 10 日。

② 微博：《微博投诉操作细则》，微博社区管理中心官方网站，https：//service. account. weibo. com/roles/xize，2023 年 8 月 10 日。

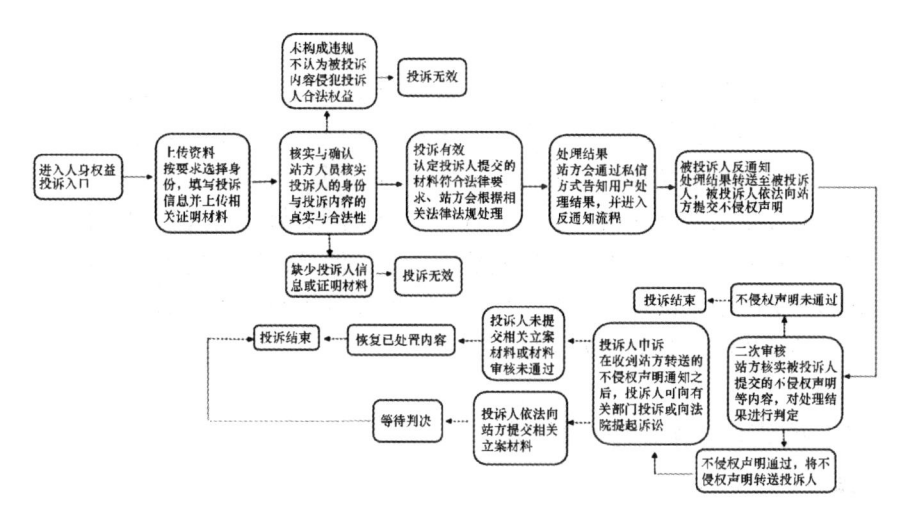

图 4-7 微博人身权益投诉流程

机制。网络服务提供者通常采取"投诉—处理—结束"的流程来解决争议，但是这种单一的救济方式无法满足权利人多元的权利需求。缺乏复议机制的救济模式，其纠纷解决效果一般。

（2）解纷规则存在着对侵权信息的传播不能加以即时控制的缺陷。各个互联网平台无法在当事人发现涉嫌侵权信息的同时遏制信息的传播，且通过网络服务提供者履行信息处理责任往往需要数个工作日，而在这段时间内侵权信息已经被广泛快速地传播开来。

（3）规则之间重复之处较多，体系性不够强，不利于用户的查找与理解。以微博为例，首先，针对违法信息、不良信息以及不实信息的相关内容，公约以及投诉操作细则里都进行了重复说明。例如在《微博社区公约》的第六章规定了违法信息管理规则，其中涉及违法信息的种类以及微博对违法信息采取的措施。而在《微博投诉操作细则》中第三章同样规定了违法信息的类型以及微博针对违法信息采取的措施。其次，在《微博投诉操作细则》的第十七条规定了人身权益投诉渠道的内容，而这部分完全可以整合在《人身权益投诉流程处理公示》进行详述，不必重复介绍。

（4）个案投诉的流程和结果公布的内容较为简略，没有详细说明审理纠纷的具体时间以及处理结果判定的理由；微博管理社区中心的工作月报、案例库以及曝光区等专栏的更新不及时，这些问题都需要加以解决。

（5）网络服务提供者作出的裁决效力缺乏强制执行力。最根本的原因在于网络服务提供者的性质为企业，而作为市场中的私主体，其作出的裁决并不具有公法上的普遍效力与强制执行力。此外，侵权者是否配合裁决结果的执行也影响着裁决的实际效果，在人格权侵权案件中权利人经常会提出道歉、赔偿等请求，但是，这些请求能否得到满足也受制于侵权人的个人意愿。如果侵权方拒绝配合，那么网络服务提供者作出的裁决便欠缺强制执行力。

二 网络侵权纠纷的解纷实践

（一）侵犯名誉权的案件

名誉权侵权纠纷适用过错责任的归责原则，其构成要件为四个，分别是被告实施了违法行为，具备主观过错，造成了损害结果，违法行为和损害结果之间存在因果关系。在这四个构成要件内部还有需要细节需要厘清，本处内容结合法院司法实践进行梳理和说明。

1. "被告言论真实性"举证责任的承担主体

《民法典》第一千零二十四条规定："任何组织或者个人不得以侮辱、诽谤等方式侵害他人的名誉权。"因此，名誉权侵权纠纷中最典型的违法行为是侮辱和诽谤。在举证责任的分配上，前者较为简单，遵循"谁主张，谁举证"的举证原则，但是，在诽谤行为的举证上较为复杂。诽谤行为是指对事实的捏造或歪曲，在"被告言论真实性"这一点上应该由哪一方承担举证责任，司法实践并不统一。

在最高人民法院发布的指导案例第143号案件，北京兰世达公司、黄某某诉赵某名誉权纠纷中，[①] 被告在与原被告共同居住的两个业主微信群中发布有关兰世达公司"美容师不正规""讹诈客户""破仪器""技术和产品都不灵"等贬损性言辞，但是却没有提供相应证据证明这些言论的真实性，并且法院认为，即使被告所言为真，被告也应该诉诸合法渠道来解决问题。在该案中，法院认为，被告言论是否与事实不符的举证责任应当由被告来承担。

---

① 北京第一中级人民法院（2018）京03民终725号民事判决书。

在广州互联网法院发布 8 起互联网内容平台典型案例之一陈某等与某家政服务公司侵犯名誉权纠纷案中，原告为某月子中心，被告为在该月子中心消费的消费者。被告通过大众点评发布"和护士近距离直接接触，我小孩存在被感染病毒高危风险"的言论，而原告认为该评论为诽谤。原告提供了被告月子中心服务人员不规范佩戴口罩护理婴儿的证据，法院认为，客观上不能排除陈某之子患支气管肺炎与服务人员不规范服务行为之间的因果关系。但是，原告并不能证明上述言论与事实不符，因此法院认定该言论不属于诽谤。在该案中，法院又认定被告言论真实性的举证责任应该归属于原告。并且在此案中，法院强调了商家（原告）应当对消费者（被告）的对其服务的批评性的言论负有一定的容忍义务。

2. 宣扬他人隐私的行为是否侵犯名誉权

《民法典》第一千零二十四条中采用的是"侮辱、诽谤等方式"的表述，因此名誉权侵权行为应当不仅只包括侮辱和诽谤，那么在实践中多发的侵犯他人隐私权的行为是否构成名誉权侵权？最高人民法院《关于审理名誉权案件若干问题的解答》第七条中虽然规定"擅自公布他人的隐私材料或者以书面、口头形式宣扬他人隐私"属于侵犯名誉权的行为，但是该规定已经失效。

法院在司法实践中，一般也不会将宣扬他人隐私的行为划入到名誉权侵权的范围中。在宋某与李某名誉权纠纷案中[1]，上海第一中级人民法院认为被告将原告的性隐私公开宣扬是侵犯原告的隐私权，即使对原告造成影响并且造成原告社会评价降低的后果，但是因为该行为不属于侮辱或诽谤行为，所以不构成名誉权侵权。

3. "受害人社会评价降低"的判断标准

判断是否构成名誉权侵权行为还得注意该行为必须造成特定对象名誉的毁损导致权利人的社会评价有所降低。而受害人社会评价是否降低，法院一般是根据侵权人的违法行为是否被第三人所知悉来加以判断。

在厦门某商贸发展有限公司与某发动机（上海）有限公司名誉权

---

[1] 上海第一中级人民法院（2020）沪 01 民终 13749 号民事判决书。

侵权纠纷案中①，原告认为被告向原告原经销网络成员发送《联络函》告知解除原告的经销权以及被告产期散布原告在信誉及履约能力等方面存在的问题这两个行为侵害了本公司的名誉权。在判断原告公司的名誉是否受到损害时，最高法认为："如能够证明存在侵害法人商业信誉和商品声誉的行为，并且该侵权行为为第三人所知悉，就可以推定法人名誉权受损害的事实客观存在，此时侵权人如主张法人名誉权损害事实不存在的，应承担相应的举证责任。"而在本案中，原告并不能证明其社会评价降低，即使原告原经销网络成员未选择与其合作，也不能证明原告社会评价受到贬损。商业合作需要考虑许多因素，未选择与原告进行合作与原告社会评价降低之间不存在必然的因果关系。因此在此案中，法院就明确依据侵权行为是否为第三人所知悉来判断受害人社会评价的降低。

4. 行为人是否尽到合理义务的判断标准

要构成名誉权侵权，需要被告基于过错原因而实施侵权行为。过错包括故意和过失。在判断行为人是否存在过失时，需要考察行为人是否尽到合理的义务。这一般需要结合多重因素进行综合判断，例如行为人的职业、社会常识等。

在指导案例第 99 号，洪某某与葛某某名誉权纠纷案中②，原告在《炎黄春秋》发表的《"狼牙山五壮士"的细节分析》一文通过引用不同来源、内容与时期的资料质疑"狼牙山五壮士"事迹中的诸多细节。在判断被告发表该文章是否存在过错时，一审法院认为："对行为人主观过错的认定往往依据通常人的认知并辅之以社会常识、行为人的职业或专业及控制危险的成本等客观因素加以判断。"原告发表涉案文章时正担任炎黄春秋杂志社的执行主编，具有一定研究能力，能够认识到文章会对"狼牙山五壮士"的近亲属造成精神伤害，同时也因为"狼牙山五壮士"的精神价值已经内化为民族精神，因此被告也应认识到自己损害了社会公共利益。在该案中法院就是根据行为人的职业来判断是否尽到合理义务，进而判断行为人是否存在过错。

---

① 厦门豪嘉利商贸发展有限公司与洋马发动机（上海）有限公司名誉权侵权纠纷上诉案，最高人民法院（2017）最高法民终 362 号民事判决书。

② 葛长生诉洪振快名誉权、荣誉权纠纷案，北京市第二中级人民法院（2016）京 02 民终 6272 号民事判决书。

(二）侵犯肖像权的案件

1. 肖像的可识别性问题

《民法典》第一千零一十八条规定，自然人享有肖像权，有权依法制作、使用、公开或者许可他人使用自己的肖像。肖像是通过影像、雕塑、绘画等方式在一定载体上所反映的特定自然人可以被识别的外部形象。根据该条，《民法典》对肖像进行了明确的界定：首先，肖像是通过艺术方式呈现，例如影像、雕塑、绘画等方式；其次，肖像必须在一定载体上呈现，不能是虚构的；最后，要求肖像具有可识别性。关于肖像的核心内涵，传统学理认为应当将肖像限于个人的面部特征，但是，《民法典》放弃了"以面部为中心"的理论，而是将"可识别性"作为判断肖像的核心要素，这扩大了肖像权的保护范围。[1] 肖像的可识别性是指通过肖像能够具体识别到某一个具体的人，而在实践中法院往往依据社会一般人的识别标准。也即如果社会一般人能够通过涉案肖像辨认出某个个体，那么该肖像便具备可识别性。

以杨某与成都某网络科技有限公司网络侵权责任纠纷案[2]为例，原告杨某为著名演员，其在电影《鬼吹灯之寻龙诀》中饰演某角色，被告成都某科技公司系游戏"聊斋之阴阳瞳"的开发者，该游戏为涉案同题材游戏。原告认为该网络科技有限公司宣传推广游戏产品时未经许可擅自使用自己的肖像，利用名人效应吸引用户关注，进而达到获取更多商业利益的目的，该行为构成肖像权侵权。北京互联网法院认为，民法典中"肖像"概念的关键在于自然人的"外部形象"具有"可识别性"。第一，"肖像"的保护范围非常广阔，只要具有可识别性，自然人的任何身体部位都属于外部形象。第二，在形式上，肖像通过一定载体反映自然人外部形象，载体不仅仅限于图片、照片或绘画等。第三，需要判断呈现出的自然人外部形象应当具备较为清晰的指向和可识别性，在判断可识别性时，可以根据"一般人的认识标准"来判断。在本案中，法院认为电影的角色剧照可以作为肖像的载体，该剧照保留的原告的面部肖像，公众通过该剧照形象能够与原告

---

[1] 王利明：《人格权法》，中国人民大学出版社2022年版，第277—279页。
[2] 杨颖诉成都易游时空网络科技有限公司网络侵权责任纠纷案，北京互联网法院（2021）京0491民初20770号民事判决书。

本人建立对应关系，因此原告可以基于电影剧照来主张肖像权。又经过对比，涉嫌侵权的图片与剧照形象在脸型、妆容、眼睛等多方面高度相似，在头饰、服装样式上面显著雷同，再加上电影与游戏上线的时间，法院综合判定涉嫌侵权图片足以使大众据"一般人的认识标准"来认定游戏使用的肖像与原告肖像具有统一性。第四，被告未经原告同意，擅自在游戏的某些界面和场合使用能够识别原告肖像的图片，利用原告的知名度来吸引用户最终实现营利的目的，被告的行为侵犯了原告的肖像权。数字经济下技术的快速发展，也带动了肖像形式的不断更新，对肖像权的保护范围也应当随之扩大，这样才能充分保障肖像权人的利益。

2. "以营利为目的"不是肖像权侵权的构成要件

根据《民法通则》第一百条规定，未经本人同意，以营利为目的使用他人肖像的行为构成侵权，而《民法典》则废除了侵害肖像权必须以营利为目的的构成要件。将"以营利为目的"作为肖像权侵权的构成要件有诸多不妥：其一，肖像权本质上仍然是一项人格权，虽然随着经济社会的发展，肖像权具备了一些财产属性，但是这不影响肖像权主要体现人格利益和人格尊严的本质特征。[①] 其二，现实当中有很多侵权行为并非出于营利目的，而纯粹是出于贬损、丑化他人的目的。如果将"以营利为目的"作为肖像权侵权的构成要件，将难以制止实践中以非营利目的的其他非法使用肖像的行为。

在陈树（化名）与意灵公司（化名）肖像权纠纷一案中[②]，原告为被告公司销售经理，在原告任职期间被告在微信中发布的多篇公司宣传文章里配图里可见原告的全身照、侧脸照等。2019年12月，原告离职要求被告删除微信公众号中带有其肖像的图片，但是被告却没有按照约定删除这些照片。原告认为被告侵犯其肖像权。被告答辩称，公司使用原告肖像仅仅是为了宣传公司文化，传播信息以及资料记录，而并非是出于营利目的，因此被告不构成对原告肖像权的侵犯。广州互联网法院认为，《民法典》删除了侵害自然人肖像权"以营利为目

[①] 王利明：《人格权法》，中国人民大学出版社2022年版，第303—304页。
[②] 广州市中级人民法院：《前公司官微用我照片，是否侵犯肖像权》，2021年6月21日，https://mp.weixin.qq.com/s/1LDD9hoBwR8H4HipmrRLgw，2023年7月15日。

的"的构成要件,彰显了肖像权作为人的基本权利属性,亦有利于加强对肖像权的保护。只要是未经肖像权人同意而制作、使用、公开他人肖像权的行为,均属于侵权行为。因此,被告的行为构成肖像权侵权。

3. 肖像权的合理使用

《民法典》第一千零一十九条规定,未经肖像权人同意,不得制作、使用、公开肖像权人的肖像,但是法律另有规定的除外。"法律另有规定的除外"是指《民法典》第一千零二十条规定的肖像权合理使用条款。主要包括四种情况:第一,为个人学习、艺术欣赏、课堂教学或者科学研究,在必要的范围内使用肖像权人已经公开的肖像;第二,为实施新闻报道,不可避免地制作、使用、公开肖像权人的肖像;第三,为依法履行职责,国家机关在必要范围内制作、使用、公开肖像权人的肖像;第四,为展示特定公共环境,不可避免地制作、使用、公开肖像权人的肖像。因此,在符合法律规定的情况下,行为人使用他人的肖像不构成肖像权侵权。《民法典》设置合理使用制度,主要是出于平衡个人私益与社会公益的目的。从某种意义上讲,合理使用制度其实是对肖像权的一种限制,是出于保护其他价值和利益而对权利进行的一种限制。[①] 以合理使用的第二种情况为例,实践中有很多自媒体依据这一条来进行抗辩,认为其出于公共利益而进行报道,应构成著作权的合理使用。随着互联网时代的深入发展,实施新闻报道的主体也越发多元化。除传统媒介外,新型媒介例如自媒体就是当代信息传播的主力。那么自媒体出于所谓的"公共利益"而利用他们肖像进行传播的,是否构成肖像权的合理使用呢?

在江某某与北京某文化艺术有限公司网络侵权责任纠纷一案中[②],原告是知名演员,被告经营微信公众号"我在那片云下等你"。2019年10月25日,"我在那片云下等你"微信公众号发布标题为《江一燕"翻车"事件:大师在默默耕耘,小丑在殿堂狂欢》的文章,使用了14幅原告肖像照片。原告认为被告的行为侵犯了自己的肖像权,被

[①] 王利明:《人格权法》,中国人民大学出版社2022年版,第307页。
[②] 北京互联网法院(2022)京0491民初3988号民事判决书。

告辩称"原告作为公众人物,负有一定的容忍义务,肖像照片是作为新闻报道的一部分,涉案行为不构成侵权。"北京互联网法院最终审理认为,被告并非是具有新闻报道资质的主体,其发布的涉案文章也并非新闻报道,所以不属于为实施新闻报道而不可避免使用他人已公开肖像的合理使用行为。因此被告的行为构成肖像权侵权。

在侵犯肖像权的纠纷中,以上典型案例所聚焦的问题是肖像的可识别性,具体到肖像权的保护范围,"以营利为目的"不构成肖像权侵权的构成要件凸显重视保护人格利益的本质,肖像权的合理使用目的较好地协调了肖像权主体与公共利益之间的关系。

(三)网络暴力案件

随着网络的不断发达以及网络空间的日益膨胀,除了单纯侵犯他人名誉权和肖像权的案件外,更多涌现的是侵犯他人多项人格权的纠纷。在这些纠纷中,有一类属于网络暴力案件,并且这种案件不断增多。据北京互联网法院统计的数据,自2018年9月至2023年6月,法院审结的网络暴力案件共计465件。2023年8月3日上午,北京互联网法院召开新闻通报会,通报了涉网络暴力案件审理情况并发布了8起典型案例,本书挑选其中最具典型性的案例进行具体介绍。

1. 施某诉胡某某网络侵权责任纠纷

(1)案情介绍

原告施某为二次元圈内知名人士,被告胡某某与原告在现实生活中没有交集。出于嫉妒心理,被告通过社交媒体发布原告施某出售低俗色情物品的言论,并包含大量粗鄙低俗言论,使得公众对原告产生了错误认识,降低了原告的社会评价。被告称其发布的网络言论均来自其他网友,不构成侵权。

(2)争议焦点及裁判思路

本案争议焦点主要是被告的行为是否对原告构成侵权。法院经审理认为:

民法典规定名誉是对民事主体的品德、声望、才能、信用等的社会评价,任何人不得以侮辱、诽谤等方式损害他人名誉,侵害他人名誉权。在本案中,被告以贬损原告名誉为目的,通过社交媒体公开发表针对原告的侮辱性的言论,致使原告社会评价显著降低。被告虽主张其发表的涉案言论部分均来自其他网络用户,但其在转发他人言论时，负有对于他人所发内容是否真实的合理核实义务。被告在无明确事实依据、对他人提供的内容未尽到合理核实义务的情况下，在网上公开发表不当言论，会被大众理解为原告存在与不良嗜好相关的行为，对原告的名誉造成损害，侵害了原告的名誉权。

(3) 总结

该案是较为典型的公众人物遭到网络暴力的案件。本案中，侵权人未经核实，就搬运了其他用户的言论并加以"解读"，仅凭被侵权人出售的二手物品信息就断定原告从事低俗的网络行为，导致很多网友信以为真，使得被侵权人遭受长达数年的网络暴力。北京互联网法院提示，网络用户在发现自己遭遇网络暴力时，应当第一时间采取对侵权言论进行截图、录屏、公证等证据保全措施，必要时采用区块链技术等对电子证据进行存证。同时受害人也可以向网络平台提供初步侵权证据并要求该平台立即采取删除、屏蔽、断开链接等必要措施。必要时，可采取向相关部门投诉、提起诉讼的措施，及时制止网络暴力等违法行为。

2. 王某诉张某网络侵权责任纠纷

(1) 案情介绍

原告王某系公众人物，被告张某通过其微博账号转载一篇关于原告学术造假、个人感情生活等内容的文章，当日即引发了6372次转载、2.2万余条评论以及近66万次点赞。涉案话题登上当日微博热搜榜，引发网络高度关注与讨论。原告认为，被告未经任何核实发布虚假不实信息系造谣、抹黑行为，造成原告社会评价的降低，侵犯了原告的名誉权，请求法院判令被告公开赔礼道歉并支付精神损害抚慰金。被告的新浪微博账号共有近486万名关注粉丝，微博认证为"微博2020十大影响力娱乐大V""知名娱乐博主"。

(2) 争议焦点及裁判思路

本案争议焦点主要也是被告的行为是否对原告构成侵权。法院经审理认为：本案中，原告作为公众人物，在接受社会舆论监督和满足社会公众知情权方面负有容忍义务。但涉案微博内容的真实性缺乏客观依据，超出合理舆论监督范围。被告以扩散和传播相关内容，引导话题走向、吸引流量为目的，通过"微博大V"账号发布文章，同时利用加带微博讨论话题的方式进一步传播、扩散言论，却未对文章中带有贬损、诽谤的内容尽到合理核实义务，存在主观过错。涉案微博在短时间内引发网络高度关注，受众人数多、影响范围广，足以导致原告的个人声誉及社会评价降低，致使原告名誉权受损。被告的涉案行为，不是普通网络用户的非营利性转发行为，而应当被认定为利用网络关注度及影响力传播虚假信息，引流吸引粉丝、意图牟利的恶意营销行为，构成对原告名誉权的侵害，应当承担相应侵权责任。

（3）总结

网络大 V 不仅仅是网络暴力的受害者，也可能是网络暴力的罪魁祸首。言论自由固然重要，但是言论的表达和评价需要基于客观事实，不能突破法律规定和公序良俗的底线。"网络大 V"的言论传播速度快、社会影响大，因此，"网络大 V"相较于普通民众应该承担更高的注意义务。同时，公民在享有言论自由、进行舆论监督的同时，应当注意发言的边界，恪守法律底线。

三　域外网络平台在线解纷的经验与策略选择

（一）Twitter 在线表格以及网站规则

1. Twitter 在线表格和"可信赖举报者"

Twitter 在初期通过制作在线表格，为用户举报平台上的网络暴力行为和网络骚扰行为提供了场所。在线表格增强了网民举报网络暴力和骚扰行为的能力。虽然在线表格对于保障用户人格权具有一定的积极意义，但是仍有用户认为 Twitter 对这些举报的处理不够得当，例如有些关于死亡威胁和强奸威胁的举报经常被驳回。为了更有效地处理这个问题，Twitter 采取了新的举措，它授予一些主体成为"可信赖的举报者"，这些人能够以他人名义来举报平台上可能侵犯到他人人格权的信息。这一举措确实在一定程度上推进了问题的解决。[①]

2. Twitter 网站规则及执行

①Twitter 网站规则

Twitter 官网上的"规则和政策"一栏，对 Twitter 的一般规则进行

[①] ［美］伊森·凯什、［以色列］奥娜·拉比诺维奇·艾妮：《数字正义：当纠纷解决遇见互联网科技》，赵蕾等译，法律出版社 2019 年版，第 174—176 页。

了介绍。规则的目的是促进公众对话与保证信息的安全性、真实性与维护隐私等多元价值的平衡。这些规则涵盖了许多人格权的保护的领域，例如 Twitter 禁止用户传播有关虐待、骚扰、基于民族、种族、性别、残疾等因素的煽动信息，禁止用户未经他人的授权和许可，发布或透露他人的私人信息，禁止"冒充个人、团体或组织来误导、混淆或欺骗他人"。[1]

②Twitter 网站规则的执行

针对以上言论或行为，Twitter 制定了一套执行制度，规定了违反这些规则的潜在后果并且指出了对处理意见不服的上诉流程。

第一，在采取执行措施之前，需要用户或者受用户授权的主体提交一份报告。[2] 用户一旦发现有侵权行为，可以向 Twitter 提交报告。Twitter 针对推文和账号的报告设置了不同的流程。Twitter 不断更新在线报告的机制，2021 年通过"症状优先"的方法，简化了报告的流程，极大地减轻了用户报告的负担。[3] 在报告的过程中，Twitter 不会询问侵权类型抑或是侵权方违反了哪项规则，因为这对用户来说可能较难分辨。Twitter 会先询问"症状"，也即询问在报告人身上发生了什么事情，这对用户来说较为容易。因此"症状优先"的方法极大降低了报告的难度，激发了用户报告的动力。对于 Twitter 来说，它们收集的用户体验方面的信息越丰富，Twitter 最后作出的处理也更加的准确和公平。

第二，在收到用户报告之后，决定是否采取执法行动之前，Twitter 在做出对推文或账号进行处理之前，会综合考虑诸多因素。以违规程度为例，如果行为是"令人震惊的"，例如发布暴力威胁、未经同意的亲密媒体或对儿童进行性剥削的内容，那么发布这些内容的账号会被立即永久暂停，而其他违规行为可能仅仅是被采取删除推文或暂

---

[1] See Twitter, "The Twitter Rules", https：//help.twitter.com/en/rules-and-policies/twitter-rules, 10-20-2023.

[2] See Twitter, "Report Abusive Behavior", https：//help.twitter.com/en/safety-and-security/report-abusive-behavior, 10-20-2023.

[3] See Twitter, "Twitters New Reporting Process Centers on a Human-first Design", https：//blog.twitter.com/common-thread/en/topics/stories/2021/twitters-new-reporting-process-centers-on-a-human-first-design, 10-20-2023.

时限制用户发布新推文的措施。① 这体现了 Twitter 在做出执行决定的时候会注重衡量网络环境安全性以及言论自由两种价值之间的平衡。

第三，采取执法行动。Twitter 的执法行动主要分为以下几个方面：② （1）对推文的执行。在推文层面采取行动的几种方式包括：标记可能包含争议或误导性信息的推文；限制推文可见性；要求违规者删除推文（Twitter 会向违规者发送电子邮件通知，告知违规推文以及违反的政策；如果违规者认为该处理有误，可以提出上诉）；在等待违规者删除推文前向公众隐藏违规推文。（2）对直接消息的执行。在用户进行私人对话时，当一方参与者举报对方时，Twitter 将会阻止违规者向举报者发送消息，对话也将从举报者的收件箱中删除。（3）对账户的强制执行：如果 Twitter 确定某用户以特别恶劣的方式违反了推特规则，或者在收到通知之后仍多次违反这些规则，Twitter 会在账户层面采取行动，例如说将账户置于只读模式，限制发文、转发或点赞的能力或者将账户永久暂停。

3. 规则评析

（1）综合考虑多个因素，协调用户权益保护与网站服务的关系

Twitter 在做出对推文或账号进行处理之前综合考虑诸多因素，例如用户是否有违反 Twitter 政策的历史。这表明 Twitter 注重衡量网络环境安全性，进而保护用户权益以及保障言论自由两种价值之间的平衡。

（2）注重问题解决的及时性和便捷性

易贝提供的诽谤性申诉言论的申诉程序中，允许用户在平台做出判断之前就将相关评论设为非公开；Twitter 会在被侵权用户等待违规者删除推文前向公众隐藏违规推文。这些举措可以及时遏制涉嫌侵权言论的传播。Twitter 在 2021 年推出的"症状优先"的方法，简化了报告的流程，极大地减轻了用户报告的负担，方便用户维护自己的网络空间权益。

（3）为用户提供上诉和救济的途径

Twitter 接到报告后，会向违规者发送电子邮件通知，告知违规推

---

① See Twitter, "Enforcement Philosophy", https：//help.twitter.com/en/rules – and – policies/enforcement – philosophy，10 – 20 – 2023。

② See Twitter, "Enforcement Options", https：//help.twitter.com/en/rules – and – policies/enforcement – options，10 – 20 – 2023。

文以及违反的政策，如果违规者认为该处理有误，可以提出上诉。这种措施赋予了用户救济自己权利的途径，也体现了 Twitter 做决策时的审慎态度。Twitter 为用户提供上诉和救济途径的做法值得我们加以借鉴，这体现了 Twitter 不是一味盲目保护一方权利，对于被指控侵权的网络用户，Twitter 提供上诉和救济途径有利于兼顾纠纷双方利益。

（二）易贝的诽谤申诉规则

1. 易贝的诽谤申诉规则

美国的易贝作为电子商务网站，大多数纠纷涉及交易，其在线解纷机制平台也主要是针对小额赔偿纠纷，但在电子商务行为中有一种纠纷类型与网络侵权有关，即普通商品打分及评价。易贝的交易反馈机制要求买卖双方留下有关该交易的反馈，这是一种评论与评分机制。易贝社区的成员会根据其他成员留下的评论与评分来建立反馈配置文件或声誉。反馈配置文件最重要的部分是反馈分数，该分数将显示于用户名旁边。一般而言，积极评价加一分，中立评价不加分，负面评价减一分。反馈评论将成为卖家记录中的永久组成部分，这种交易后的评论机制建立了易贝社区中的成员信誉机制，最终会影响用户的购买选择。而易贝社区在某些情况下可以删除反馈。[1] 反馈制度针对卖方的信用评价系统，通过会员之间相互评价，买方可以审查卖方的交易活动的各个方面。这种审查与反馈会呈现在网页上，有利于建立在线市场信任、避免争端。

但对制度的滥用，即评论的不当可能会产生侵权纠纷。[2] 反馈机制包括评级与评论，而评论部分可能涉及诽谤评论的指控，这一部分纠纷与网络侵权纠纷有关。对于卖家认为具有诽谤性的反馈，易贝提供了诽谤申诉机制，该机制为诽谤纠纷的解决提供了具体程序，程序包括三个步骤：第一，卖家检查内容是否确实具有诽谤性；第二，将反馈设为不公开；第三，要求易贝干预。

首先，平台会提示卖家何为具有诽谤性的内容，该网站显示，诽谤指的是针对某人（而不是某话题）荣誉、诚实和正直声誉的贬低，

---

[1] See eBay, "How Feedback works", http：//www.ebay.ie/pages/help/feedback/howit-works.html, 10 - 20 - 2023.

[2] See Emily B Laidlaw, "Re-imaging Resolution of Online Defamation Dispute", *Osgoode Hall Law Jonrnal*, Vol. 56, No. 1, 2018, pp. 82 - 112.

以及对个人在贸易、商业领域声誉的贬低。与此同时，并非所有降低声誉的言论都具有诽谤性，真实的言论并不构成诽谤。平台建议卖家在提出索赔时仔细评估或咨询律师，因为虚假索赔可能要承担赔偿责任。

其次，如果涉嫌诽谤的内容出现在卖家的反馈评论中，则卖家可以将反馈设置为不公开，该评论部分不会公开显示。通过设置不公开，可以最大限度减少卖家认为的诽谤性材料可能对其造成的损害。

最后，卖家可以要求易贝进行干预，平台在此提供了具体的流程。卖家必须向平台提交一份详细列明其认为具有诽谤性材料的表格，将虚假和诽谤内容记录在表格中并提交给平台。平台接收到卖家的申诉表格后，将通知卖家平台已采取的措施，相关评论可能被删除，但反馈的评级部分不会因此被删除。关于平台的干预，易贝在用户协议中还规定了免责声明，若无有效方法以收集和评估所有相关事实且出于必须保护所有成员利益的目的，易贝即使会对此类诽谤性言论申诉进行合理的处理，也不承担正确识别所有诽谤案件的责任。①

因此，如果卖方被侵权，可以在"评价反馈论坛"页面的"feedback tools"模块中根据相关索引检举买家的不当评论。对于被指控是诽谤言论的评论，易贝采用"网络中立"规则。"独立反馈审查"是由受过训练的、中立的第三方领导，他们审查卖家提交的信息，然后根据一组标准决定相关评论是否应该被删除。含有种族歧视的信用评价会被移除，含有可辨识会员身份资料的评价也会被移除。

2. 规则评析

第一，要注意保障处理诽谤性纠纷的即时性与灵活性。对于大多数网络诽谤案件而言，赔偿与提供恢复名誉的公共声明并不足以满足原告的诉求，当事人往往需要的是更快地遏制侵权言论的传播。相关言论的处理速度越快，当事人受到的损害越小。在易贝提供的诽谤性言论申诉程序中的第二步中，用户可以将相关评论设为非公开，这种非公开的处理方式一方面能够及时遏制涉嫌侵权的言论的传播，另一方面处理方式为非公开化有利于保障言论自由，而不是盲目给予用户

---

① See eBay, "defamation claims", https：//www.ebay.ie/pages/help/policies/defam.html, 10-20-2023, .

删除他人言论的权利。

第二，强调虚假申诉的责任。在申诉程序最开始，平台对诽谤性评论的法律标准与虚假申诉的后果进行了必要的说明，一定程度上可以减少一些不具有诽谤性评论的申诉，这对于以言论发表为主要内容的社交平台有很大借鉴意义。

第三，维持平台免责与用户诉求的平衡。易贝的诽谤申诉规则是由发现侵权的当事人向网络服务提供者平台发起通知，而后网络服务提供者对相关内容进行审核与处理。在此过程中，规则趋向于保护被侵权一方当事人。易贝在此基础上，将根据被删除言论的用户的需求，向其提供申诉者的申诉通知表格，向其披露对其言论的申诉原因及相关证据。网络服务提供者成为中间人，保障被删除言论用户的知情权。在平衡用户诉求的同时，减少平台对用户纠纷的过多判断与处理，避免平台为其识别与处理行为承担责任。

第四，区分评级与内容的处理。易贝对申诉的处理不涉及用户反馈机制的评级部分，只就评论内容进行删除处理。在处理侵权信息的同时，减少对用户反馈的限制，并且不造成对交易平台的评价与信誉系统的损坏。评级与评论不仅存在于电子商务平台，也存在于诸多社交平台，影响某类产品或用户的信誉，因此这种区分有较大的启示意义。总之，易贝关于反馈机制的诽谤申诉模式是解决数量较多而数额较小的网络侵权纠纷的潜在模型，对解决纠纷有一定参考价值。

但是，易贝的纠纷解决机制不能代替传统的法律救济。因为易贝通常会从已完成的交易中收取一定比例的收入，其核心目的是促进网站的营利，因此易贝对于纠纷的解决可能更倾向于通过规则来促进交易的完成，而非出于公正解决纠纷的目的而取消交易。因此易贝的积分机制虽然发挥重要作用，但是用户纠纷如果不能通过易贝得到解决，还是需要诉诸传统的法律救济模式。①

（三）脸书的消息模板与监督委员会

脸书是 2004 年于美国创立的一个社交网络服务网站②，对网络侵

---

① See Bogenschneider, Bret N., Mironko, Arkadiusz and eBay Frauds, "Specific Illustrations and Analysis", *Loyola Consumer Law Review*, Vol. 34, No. 1, 2022, pp. 5-6.

② Facebook 已经于 2021 年 10 月 28 日更名为"元宇宙"（Meta）。为行文及读者认知方便，以下仍称"脸书"。

权纠纷的解决也进行了从投诉处理到用户连接等多种尝试。在投诉处理程序中，脸书把言论分为安全类、骚扰类、准入类与网络暴力内容类四种类型。用户举报后，可以在脸书提供的页面上跟进处理进程，并从脸书不断收到对被举报内容的处理及理由的反馈。[①]但脸书同样面临被举报内容处理后，被举报内容的用户复议问题。虽然脸书为账户被禁用的用户提供了上诉流程，用户可在收到账户被禁用的通知后，转到常见问题解答页面并找到其中的申诉链接，提供登录电子邮件地址或电话号码、全名等相关信息，提交后由脸书进行核查，但脸书对此类上诉依赖于其常见问题与自动响应机器人，用户难以确认上诉的处理结果及其耗时。可能是出于成本考虑，脸书在与用户对话、解决问题方面介入较少。[②] 与平台处理相比，脸书似乎更希望由用户自行解决问题。脸书一直与社会科学家合作以更好地了解用户之间的冲突，包括欺凌和反社会行为。长期以来，脸书一直为用户提供举报违反其服务条款内容的渠道，如色情、威胁和暴力。但是涉及侮辱性或令人尴尬的照片，网站的管理员不会介入。[③]

不可否认的是，平台减少干预不会有助于网络侵权纠纷的解决。社交平台在网络言论规制方面扮演重要角色。法庭和平台都必须适应脸书等公司帮助创建的新的言论生态系统，即在有关有害言论的纠纷中，哪一方在法律或内容适度方面应受到更严厉的规则。脸书等平台在平台内部言论规制中充当立法、行政、司法和新闻机构的角色。无论平台是否愿意，平台规则对网络言论及言论生态系统都产生了重要影响。[④]

[①] See Katsh Ethan and Rabinovich-Einy, Orna, *Digital Justice: Technology and the Internet of Disputes*, Oxford: Oxford University Press, 2017, pp. 109-130.

[②] See David Angel, "When Facebook Disables Your Account, What Are Your Options? Appeal, Litigation, and Going Public", (Sept. 21, 2016), https://www.linkedin.com/pulse/when-facebook-disables-your-account-what-options-appeal-david-angel, 10-20-2023.

[③] See James O'Toole, "Facebook's Other User Experiment: Conflict Resolution", CNN Money, (Jul. 1, 2014), https://money.cnn.com/2014/07/01/technology/social/facebook-compassion-research/index.html, 10-20-2023.

[④] See Kadri, Thomas E. & Kate Klonick, "Facebook v. Sullivan: Public Figures and Newsworthiness in Online Speech", *Southern Califonia Law Review*, Vol. 93, No. 1, 2019, pp. 37-38.

近年来，脸书采用了不同于投诉举报方式的纠纷解决手段，增加了平台的介入与责任承担，将用户连接起来解决矛盾，优化了用户的使用体验。

1. 脸书的消息模板与监督委员会

（1）消息模板

脸书的消息模板（message templates）是各方当事人用文字的方式实现共情交流的工具。此消息模板的产生源于脸书的一项实验，该实验旨在研究积极与消极反馈对用户产生的影响。2012年，脸书在未经用户知情同意的情况下，对大约70万用户进行了心理学实验。实验进行一周后，被指控操纵用户的情绪，受到广泛批评。[1] 在实验中，脸书的研究人员干预用户的新闻源以作为康奈尔大学和加利福尼亚大学研究的一部分。一部分用户被干预后会接触到更多负面内容，相应地另一部分用户则会接触更多积极内容。接下来，脸书对用户帖子进行分析，观察其接触的信息是否使他们更加积极或消极。[2] "共情研究"与这项实验有关，通过"共情研究"，脸书对于被举报的内容及举报行为之间的因果关系有了更深入的了解。这揭示了在用户举报事件中，恰当的语言选择对纠纷解决的重要性。

基于"共情研究"项目，消息模板产生了。脸书认为，由平台处理所有在线纠纷是不切实际的，他们更倾向于帮助用户解决自己的冲突与纠纷。不同于简单鼓励用户标记相关内容供脸书审查，消息模板可以让用户以此向他人解释为什么此内容具有冒犯性。脸书还要求用户说明攻击性信息带给他们的感受，以及他们对自己情绪的体验。脸书根据用户对攻击性信息的感受及其所表达的情绪强度进一步定制消

---

[1] See Katie Shonk, "Dispute Resolution on Facebook: Using a Negotiation Approach to Resolve a Conflict", Program Negotiation Harvard Law School (Jan. 26, 2021), https://www.pon.harvard.edu/daily/dispute-resolution/on-fa acebook-dispute-resolution-goes-live/#:~:text=Dispute%20Resolution%20on%20Facebook%3A%20Using%20a%20Negotiation%20Approach,%E2%80%94%20on%20July%207th%2C%2020200%20%2F%20Dispute%20Resolution, 10-20-2023.

[2] See The Muse, "The Facebook Experiment: What It Means for You", Forbes (Aug. 4, 2014), https://www.gadgetsnow.com/social/What-Facebooks-social-experiment-means-for-you/articleshow/37831523.cms#:~:text=What%20Facebook%27s%20social%20experiment%20means%20for%20you%20Some, the%20content%20made%20them%20more%20positive%20or%20negative, 10-20-2023.

息模板。① 在消息模板提供的帮助下，年轻的用户可以向可信赖的、更有经验的用户咨询相关问题，消息模板成为解决矛盾的讨论工具，由用户经过讨论处理具有骚扰性、攻击性的内容。互助的机制能够促进举报机制的完善，同时通过用户的配合可共同对被举报的骚扰者进行审判。通过消息模版，脸书提供了一个可供用户讨论问题、提供反馈与意见的空间。在这个机制中，用户可以相互沟通，或者通过该系统警告其他用户存在针对该用户的攻击性内容。②

（2）监督委员会

在言论自由与信息监管的平衡问题上，脸书创建了一个新的监督委员会（oversight board），该委员会为平台用户提供事项讨论与决定的正当程序，并且就内容审核政策的制定提供帮助，包括如何应用与新闻价值和公众人物相关的概念。③ 脸书表示，"监督委员会的成立是为了帮助脸书回答有关网络言论自由的一些最棘手的问题：该删除什么，该保留什么，以及为什么要删除。"④ 在2019年1月6日，脸书就"监督委员会应该是什么样子"征求了外部建议。该委员会邀请来自88个国家的650多人参加圆桌会议，在一对一的会议中收集了250多位专家的反馈，建立在线公众咨询获取公众意见，并于6月底发布长篇报告总结该平台的调查结果。监督委员会的建立将为用户提供统一的解释，使用户获得程序性和结构性的保护，从而规范其表达，进而保护用户的言论权利。⑤ 在两年内，监督委员会完成了其全球咨询过

---

① See Katie Shonk, "Dispute Resolution on Facebook: Using a Negotiation Approach to Resolve a Conflict", Program Negotiation Harvard Law School (Jan. 26, 2021), https: //www. pon. harvard. edu/daily/dispute - resolution/on - facebook - dispute - resolution - goes - live/#：～：text = Dispute% 20Resolution% 20on% 20Facebook% 3A% 20Using% 20a% 20Negotiation% 20Approach,% E2% 20on% 20July% 207th% 2C% 202020% 20% 2F% 20Dispute% 20Resolution, 10 – 20 – 2023.

② See Katsh Ethan, Rabinovich-Einy, Orna, *Digital Justice: Yechnology and the Internet of Disputes*, Oxford: Oxford University Press, 2017, pp. 109 – 130.

③ See Kadri Thomas E., Kate Klonick, "Facebook v. Sullivan: Public Figures and Newsworthiness in Online Speech", *Southern California Law Review*, Vol. 93, No. 1, 2019, pp. 37 – 38.

④ See Gulati Rishi, "Meta's Oversight Board and Transnational Hybrid Adjudication—What Consequences for International Law?" *German Law Journal*, Vol. 24, 2023, p. 474.

⑤ See Kadri. Thomas E. &Kate Klonick, Facebook v. Sullivan, "Public Figures and Newsworthiness in Online Speech", *Southern California Law Review*, Vol. 93, No. 1, 2019, pp. 94 – 96.

程，完成了监督委员会的基础设施建设以及成员选用，于2021年1月提交了委员会的首批决定。目前监督委员会的体制结构已经到位，而且有足够的资源可以利用。在未来，监督委员会可能会设置为科技公司就为其带来不利影响的个人进行申诉的机制。[①]

2. 规则评析

脸书基于"共情项目"启用的纠纷解决系统为用户提供了交流沟通的平台，用户通过消息模板可以彼此讨论、咨询，或者针对网络侵权行为进行讨论。有研究人员表示，消息模板是文字表达，网络纠纷双方当事人在使用消息模板的过程中无法获知重要的肢体语言或面部表情，消息模板工具能够促进交流，但与当面沟通的效果相比仍存在差距。所以脸书用户面对发表攻击性言论的用户时，可能会由于无法全面、有效地沟通而导致纠纷升级。同时，缺乏训练有素的调解员也将导致在沟通时脸书用户缺乏缓和紧张和集思广益解决方案所需的技能和经验。[②] 本书认为，消息模板因其无法传递表情或肢体信息的特点而具有两面性，一方面可能会弱化当事人为解决纠纷所做努力的效果，但另一方面也可以减少当事人在纠纷发生时或发生后产生的负面情绪的传递。负面情绪在消息模板上的文字表达与定制措辞中的逐层消减无疑是有利于当事人沟通与交流的。

因此脸书的"共情项目"及消息模板为网络侵权纠纷的解决提供了如下几点启发：其一，促进用户交流，有助于预防网络侵权纠纷的产生或扩大。对于各类网络言论带来的困扰，用户可以通过消息模板与其他用户交流，在交流中释放因侵权言论产生的消极情绪，避免因消极情绪产生的消极反馈或攻击性内容导致网络侵权纠纷的产生或扩

[①] See Gulati Rishi, "Meta's Oversight Board and Transnational Hybrid Adjudication—What Consequences for International Law?" *German Law Journal*, Vol. 24, No. 3, 2023, p. 473.

[②] See Katie Shonk, "Dispute Resolution on Facebook: Using a Negotiation Approach to Resolve a Conflict", Program Negotiation Harvard Law School (Jan. 26, 2021), https://www.pon.harvard.edu/daily/dispute-resolution/on-facebook-dispute-resolution-goes-live/#:-:text=Dispute%20Resolution%20on%20Facebook%3A%20Using%20a%20Negotiation%20Approach%E2%80%94%20on%20July%207th%2C%202020%20%20%2F%20Dispute%20Resolution; James O. Toole, "Facebook's Other User Experiment: Conflict Resolution", CNN Money (Jul. 1, 2014), https://money.cnn.com/2014/07/01/technology/social/facebook-compassion-research/index.html. 210, 10-20-2023.

大。其二，为用户提供交流空间可以减轻网络服务提供者的纠纷解决负担。其三，网络侵权纠纷双方也可以进行充分有效的交流，促进纠纷的解决。

平台对用户的言论管理本质上是数字时代最紧迫的有关言论自由的问题之一。[①] 脸书的监督委员会可以平衡言论规制与言论自由，特别是对网络服务提供商在其中扮演的角色与应发挥的作用方面为网络服务提供商提供参考价值。网络服务提供商应对自身言论管控权力及影响有清晰的认知，并建立相关机制对此种权力进行监督与控制，以在预防与解决网络侵权纠纷的同时，保障用户的言论自由。监督委员会被认为是当代美国最重要的网络空间之一的准司法和监管机构。网络平台应建立独立的审查监管机构。在此，我们可以仿效脸书的监督委员会，明确其对言论管理的规则，包括平台处理被投诉的言论时遵循的相关概念以及内容审核政策等，提高其处理过程的透明度，以此规范用户的表达，进一步保护用户的权利，最终充分达成言论自由与信息监管的平衡。但是，该机构也存在一定的问题。由于其结构受到一些私人法律机构，例如信托公司等的影响，因此监督委员会在独立性上面仍有所欠缺。这启发我国的网络服务提供者在建立独立的监管审查机构时，应当注意充分保障其独立性。这样，我们才能发挥其平台内容审核的重要作用，进而实现言论自由与信息监管的平衡。

四 网络侵权纠纷的预防

网络侵权的纠纷预防、纠纷控制与纠纷解决是一体的。相较于纠纷控制与纠纷解决，纠纷预防处于更为重要的地位。原因在于，只有完善网络侵权的纠纷预防机制，才能充分避免网络侵权带来的扩散性的严重后果。

（一）网络平台充分利用算法技术控制侵权信息的传播

网络平台需要加强对平台信息的控制，虽然不能事前审查，但是对于一些即将蔓延开来的网络暴力行为要采取技术手段加以制止。但

[①] See Kadri, Thomas E., Kate Klonick, Facebook v. Sullivan, "Public Figures and Newsworthiness in Online Speech", *Southern California Law Review*, Vol. 93, No. 1, 2019, p. 96.

是在这一过程中，需要注意平衡好言论自由与人格权保护的关系。

　　网络平台应运用算法识别信息，在网络侵权发生之前，就有效控制侵权信息的传播。以维基百科为例，软件程序可以自动识别有滥用行为嫌疑的编辑行为，并按照可疑程度排序，向用户编辑呈现[①]。脸书、推特等社交媒体网站也在尝试阻止有害信息的发布以预防纠纷的发生，此种操作一般由人工完成，但是，对于"可能引起纠纷的信息"尚没有绝对的标准。除了法律禁止的有害信息，其他内容难以通过删除、阻止发出来预防纠纷的产生。随着技术的成熟，纠纷预防有了新的发展。例如，针对仇恨言论，美国公民自由联盟和联合国人权事务高级专员倡导的方法是用更多的言论来对抗仇恨言论，因此，英特尔的数据科学家安娜·贝斯克及其同事通过获取社交平台上的对话和用户，先由人类在即兴对话与间隙对话中对仇恨言论作出反应，然后让自然语言处理算法从真实的人类反应中学习并创造自己的反应。一种可以回应仇恨言论的人工智能工具被创造出来，这种回应可能会缩短论坛上经常遇到的仇恨循环。网络侵权的预防可以借鉴此种思路，通过人与机器的对话，激发人与人的对话以及社区内部的对话。随着对话技术的成熟与发展，可能会恢复良好的社区环境与对话氛围，从而减少网络侵权的发生，真正做到网络侵权纠纷的预防。此外，网络服务提供者可借助大数据分析技术，针对其平台可能产生的网络侵权纠纷提供有效的预防方式。网络侵权发生的领域广泛，社交平台、游戏平台、电子商务平台等都可能发生名誉权、肖像权等侵权纠纷。不同平台有不同业务与语境，而网络服务提供者拥有一手用户数据、技术力量以及对平台环境熟悉的优势，往往能够针对其平台所出现的问题提供有针对性的、创新有效的纠纷预防方式。例如，Riot Games 公司针对自己的游戏用户群体所制定的社群规范有效减少了游戏中的侮辱行为：他们关掉了游戏中的自动聊天功能并加强了与被惩罚用户的交流，以降低再犯率。此外，他们还在社群中发展志愿者组成特别法庭，对特定惩罚的处理进行投票。

　　根据我国《互联网信息服务管理办法》和《关于依法惩治网络暴

[①] ［美］伊森·凯什、［以色列］奥娜·拉比诺维奇·艾妮：《数字正义：当纠纷解决遇见互联网科技》，赵蕾等译，法律出版社2019年版，第125页。

力违法犯罪的指导意见（征求意见稿）》，平台运营商应当加强对用户发布信息的监管，及时发现并删除违法、有害的内容。对于存在明显违法行为的用户，平台运营商有权采取相应的措施，包括限制、暂停甚至终止其账号的使用。虽然网络平台不能事前审查，但是对于一些即将蔓延开来的网络暴力行为，要采取技术手段加以制止。需要说明的是，言论自由是现代社会的基础价值之一，是民主社会中公民的基本权利。然而该权利并非无限制，当言论侵犯他人权益时，就需要对言论自由加以限制。就网络暴力而言关键在于进一步确立网络暴力的类型与判断标准，明确网络暴力的内容和形式，并规范反网络暴力权力授予的形式、行使的程序和适用的范围等。

（二）构建未成年人网络暴力预防的综合格局

近些年来涉未成年人网络侵权纠纷越来越多，究其原因在于：网络环境的日益复杂化，各种信息鱼龙混杂；网络虚拟性和隐蔽性特征削弱了一部分未成年人的自控意识；未成年人道德素质有待提升，法制观念仍然淡薄，这导致未成年人无法明辨是非；政府、监护人以及学校等主体缺乏有效的管理和引导。未成年人既可能成为网络侵权的主体，也可能成为网络侵权的受害方。因此，需要构建多方共同治理与预防的综合格局，以加强对未成年人的日常教育、普法以及保护力度，最终尽可能减少网络暴力的发生。加强对未成年的引导和教育，从根源上减少网络暴力的发生，这需要监护人、学校、法院等多方主体的共同教育和引导。

监护人需要充分履行自己的监护职责。《未成年人保护法》第七十一条规定，未成年人的父母或者其他监护人需要提高网络素养，规范自身用网行为。有些监护人自身存在着用网能力不足以及网上娱乐过度的行为，这对未成年人造成了负面的引导。有些监护人不能合理管理自己的智能设备以及账户密码，导致未成年人能够轻易接触到监护的设备。《未成年人保护法》第十七条明确规定，未成年人的父母或者其他监护人不得放任未成年人沉迷网络或者接触危害或者可能影响其身心健康的网络信息。因此，监护人对于未成年人沉迷网络的行为也需要加以监督和教育。

网络平台也需要加强未成年人的保护和识别机制。《未成年人保护法》第八十条规定，网络服务提供者如果发现用户发布或者传播可能会影响未成年人身心健康的信息，应当立即采取停止传输、删除、屏蔽等处置措施，并且保存相关记录并报告网信或公安部门。这样才能在侵权信息大规模扩散之前就能及时加以遏制，减少损害的发生。同时，网络平台也需要加强教育，提高未成年的网络素养和道德意识，引导他们正确使用网络并遵守相关规定。具体的教育内容和方式可能包括发布网络公民道德守则、定期进行网络素养培训、提供网络安全教育资源等。

学校需要加强对未成年人的教育和普法力度。例如制作普法视频，教导未成年人健康上网以及如何寻求帮助。[1] 学校可以开设相关的教育课程，具体的形式可以包括课堂教育、观看演讲或相关视频、组织线上虚拟游戏活动等方式，使未成年人有更真切的参与体验以获得更好的教育效果。[2]《未成年人保护法》第三十九条规定，学校应当建立学生欺凌防控工作制度。未成年人网络暴力很多都是由线下纠纷转化而来，因此学校要对教职员工和学生开展相关的教育和培训，及时制止学生的欺凌行为，通知矛盾双方学生的监护人来对欺凌行为进行认定和处理，以免矛盾被转移到网络空间对未成年人造成更不利的影响。

法院需要支持平台有效治理，以明确网络服务提供者可以对侵害未成年人权益的行为采取合理措施，从而促进网络暴力纠纷的快速解决。例如北京互联网法院就在"短视频平台封禁恋童账号案"中，肯定了网络平台采取技术手段识别可能侵害未成年合法权益的账号的做法。[3] 在该案中，原告郑某某曾在多个涉及未成年人的视频下方发布大量含有言语挑逗、低级趣味等内容的评论以及部分含有色情意味的表情。被告经过技术识别发现原告涉案账号为涉及"护童专项"的风险用户，经过"护童专项"队列人工审核后，判定原告涉案账号存在过度关注或浏览未成年人相关内容的行为，违反社区自律公约，故被告对涉案账号采取终止提供服务、永久关闭账号的封禁措施。北京互

---

[1] 北京互联网法院：《北京互联网法院未成年人网络司法保护白皮书》，2023年7月7日，https://www.bjinternetcourt.gov.cn/cac/zw/1686118948908.html，2023年10月8日。

[2] 郑丁华、郭星华：《西方干预未成年人网络暴力的有效措施及其启示》，《中国青年研究》2021年第2期。

[3] 北京互联网法院：《特殊全面保护！法院判定平台有权对侵害未成年权益行为采取账号封禁、终止服务等管理措施》，2023年5月16日，https://baijiahao.baidu.com/s?id=1766044253047984893&wfr=spider&for=pc，2023年9月19日。

联网法院认为目的是防止原告更换账号后继续实施违规行为,更好地保护未成年人的合法权益和身心健康,净化网络空间环境,其做法合法合约。因而法院通过司法判决对被告的行为给予充分肯定和支持。

最后,未成年人个体需要不断提高自己的道德水平和法治素养,增强自我心理素质以及加强自我保护。① 虽然学校、社会以及网络媒体等主体对于未成年人保护发挥着责无旁贷的作用,但是,归根结底还需要未成年人自己不断提高自己的道德、法律水平,绿色上网,科学合理地应用互联网来拓展自己的信息面,而不是被科技所绑架导致无法辨别是非。

---

① 刘斌志、周宇欣:《新世纪我国青少年网络暴力研究的回顾与前瞻》,《预防青少年犯罪研究》2019 年第 1 期。

第五章 网络著作权纠纷与在线解纷机制

第一节 网络著作权纠纷中的几个问题

著作权俗称版权,是指以文学、艺术、科学等作品为客体的民事权利,包括人身权利和财产权利,是作者精神权利和经济权利的合一。① 著作权纠纷是指著作权人与作品使用人或其他任何第三人,就著作权的使用而发生的争端,一般有个人与单位之间、个人与个人之间、单位与单位之间这三种纠纷形式。著作权侵权纠纷,是指因著作权受到侵害而发生的纠纷。《民事案件案由规定》规定了22种著作权侵权纠纷。② 虽然目前关于著作权保护的相关法规不断更新,但是著作权权属在网络领域中的保护仍然存在着较大的优化和完善空间和一些亟待解决的问题,在数字时代中仍然面临着一定挑战。

一 维权成本高,侵权成本低

维权的成本主要包括侵权认定、制止侵权行为所支付的相关成本。

---

① 刘春田:《关于我国著作权立法的若干思考》,《中国法学》1989年第4期。
② 《民事案件案由规定》:(1)侵害作品发表权纠纷;(2)侵害作品署名权纠纷;(3)侵害作品修改权纠纷;(4)侵害保护作品完整权纠纷;(5)侵害作品复制权纠纷;(6)侵害作品发行权纠纷;(7)侵害作品出租权纠纷;(8)侵害作品展览权纠纷;(9)侵害作品表演权纠纷;(10)侵害作品放映权纠纷;(11)侵害作品广播权纠纷;(12)侵害作品信息网络传播权纠纷;(13)侵害作品摄制权纠纷;(14)侵害作品改编权纠纷;(15)侵害作品翻译权纠纷;(16)侵害作品汇编权纠纷;(17)侵害其他著作财产权纠纷;(18)侵害出版者权纠纷;(19)侵害表演者权纠纷;(20)侵害录音录像制作者权纠纷;(21)侵害广播组织权纠纷;(22)侵害计算机软件著作权纠纷。

由于知识产权侵权往往是具有隐匿性、不确定性的特点，认定侵权行为是比较困难的。而且与物权这种有形财产权相比，权利人在维护著作权时需要付出更多的取证成本和法律服务成本。在很多相关著作权侵权案例中，著作权侵权人最终承担的赔偿金额并不高。著作权人被侵权后实际上只能获得极少的赔偿，惩罚性赔偿也较少。[1] 因此会给公众留下侥幸的心理。数字时代下，著作权的侵权纠纷逐渐呈现出数字化、网络化、信息化等特点，侵权行为屡有发生，严重扰乱了市场秩序。

（一）取证成本大

由于网络具有虚拟性和无形性，其取证相对于传统著作权侵权案件而言较为困难，而且容易被他人篡改。[2] 侵权纠纷案件在证据固定方面比较困难，因此该类案件一般都需要提前做证据保全公证，将侵权证据通过公证处加以公证。取证所鉴定的作品类型目前呈现出种类多样化、数量广泛的情形，并且缺乏统一的鉴定标准。因此，证据的证伪很多情况下都依赖鉴定人的主观判断，并且有能力去承接相关鉴定的机构也较少。例如，南通地区家纺城比较多，很多美术作品著作权侵权纠纷都是有关于家纺产品的侵权。这些案件的证据固定需要做网页保全、物流信息的公证、拍照封箱的公证等，且公证费用都较高。相较于高昂的公证费用而言，南通区人民法院对该类案子的判决的金额则显得较少，一般只是几千元到一两万元。著作权人在诉讼过程中，除去公证费，律师费这些成本，其实所获的赔偿明显不足，甚至是亏损的。

（二）侵权主体不易确认

在一般情况下，侵权纠纷需要确认诉讼主体。然而，在互联网环境下，例如在自媒体平台这个虚拟环境的网络社交环境下，比如微博、知乎等，并没有实行实名注册制。因此，侵犯著作权的主体是很难认定的。而且在自媒体平台中，这些平台拥有着数以千计的用户，用户的注销与否也是十分自由，很难通过用户所填写的信息来认定他们真

---

[1] 丁国峰、张晴：《反思与完善：我国知识产权领域创设惩罚性赔偿责任的适用路径》，《电子知识产权》2021年第8期。

[2] 赵玥：《网络环境下著作权保护的法经济学分析》，博士学位论文，吉林大学，2017年。

实的身份，也无法对应到现实生活中的人甚至无法分辨到底是恶意侵权行为人还是某款软件的僵尸用户，对于认定侵权主体和侵权行为之间因果关系的证明力较弱[1]，会大大地增加了维权的成本。在知乎起诉微博营销号"知乎大神"一案[2]中，历经"马拉松式"调查取证过程后，知乎首先通过诉讼的方式锁定了营销号的身份信息，并且通过漫长的利益链条确认账号运营背后的主体。对此，知乎法务团队花了近8个月时间。

（三）执行难度大

对于一些调解类的著作权侵权纠纷案件，侵权赔偿往往能够当场履行。但是在判决结案案件中，特别是法院直接进行公告送达的案件中，执行的难度比较大。法院作出的版权数字救济措施在执行过程中面临开放性、模糊性和不确定性问题。[3] 因而很有可能会出现查无可供财产执行或者找不到被执行人的情况。缘由是，侵权行为存在较大的流动性。实践中通常出现在判决过程中没有对原告进行保全措施，而被执行人在诉讼过程中已经转移隐匿财产的情形。在执行阶段，法官对被执行财产只能通过系统查控，至于具体的财产流向并不能够进行非常细致的把握，所以执行效率会相对较低，导致著作权侵权均具有有限的威慑性。[4] 而且著作权与商标权、专利权一样，具有自己一定的存续期间，因此要将知识产权的执行控制在一定的期限内。

二 相关法律规定不完备

目前关于著作权的法律诉讼、调解等法律规定主要规定在《著作权法》第六十条。著作权纠纷可以调解，也可以根据当事人达成的书面仲裁协议或者著作权合同中的仲裁条款，向仲裁机构申请仲裁。

---

[1] 郑晓剑：《侵权损害赔偿效果的弹性化构造》，《武汉大学学报》（哲学社会科学版）2019年第4期。

[2] 北京智者天下科技有限公司与阮昊等侵害作品信息网络传播权纠纷案，北京市海淀区人民法院（2016）京0108民初36637号民事判决书。

[3] 黄政宗、叶英萍：《版权数字救济中封网禁令实施困境的因应之策》，《海南大学学报》（人文社会科学版）2023年第1期。

[4] 刘银良：《知识产权惩罚性赔偿的类型化适用与风险避免——基于国际知识产权规则的视角》，《法学研究》2022年第1期。

2020 年最高人民法院发布的《民事诉讼程序繁简分流改革试点实施办法》对小额程序进行了全面调整，明确规定在北京、上海等试点地区范围内，知识产权纠纷案件适用小额诉讼程序审理。2021 年新修订的《民事诉讼法》同样扩大了小额诉讼案件的适用范围，全国范围内知识产权纠纷均可适用小额诉讼程序。各地基层人民法院逐步对知识产权案件适用小额诉讼程序，进行简案快审，并就小额诉讼程序审理著作权侵权案件建立规范化指引。

（一）在线解纷平台缺乏系统的法律规制

著作权在线解纷平台存在实体运作规范阙如和程序保障设计粗疏的法律问题[1]，缺乏全国系统性的、综合性的完善的法律规制。

目前著作权在线解纷平台既有官方平台，又有商业平台，并且发展迅速。例如 2023 年，国版链知识产权多元解纷数字化平台（以下简称"数字化平台"）上线启动，数字化平台是基于"司法链"与"国版链"的协同与诉调对接机制；全国文学作品著作权数字化保护与开发平台上线启动；由中国信息协会法律分会、中国版权保护中心、中国司法大数据研究院联合主办的版权线上调解平台上线启动。平台数量较多，但法律对这些平台缺乏统一的规制。虽然现在每个平台都开始建立相关的纠纷解决规则的尝试，取得一定的成果，但是仍然缺乏相对应的规制。现有的制度无法和科技的发展相同步，平台的运行发展存在一定的障碍。法律对于新兴平台的技术规范的效力认定是未知的，参照适用的对象不具有科学性，并且对此所带来的安全、隐私问题也缺乏明确的规定。在未来，对于这些在线纠纷解决的具体发展情况，我们有必要建立相对应的规则体系予以规制。

（二）自媒体平台相关立法不完善

我国自媒体作品著作权立法缺乏权威，法律规制失衡。[2]自媒体保护的法律依据散见于一部法律和两个条例，著作权保护的立法主要有基于传统媒体所制定的《著作权法》[3]《著作权法实施条例》[4]《著

---

[1] 张玥、沈秋豪：《在线纠纷解决机制的法治逻辑及完善建议——以浙江 ODR 实践为分析样本》，《浙江树人大学学报》2022 年第 1 期。
[2] 吴玉霞：《自媒体法律规制的现状、问题与完善对策》，《传媒》2016 年第 4 期。
[3] 《著作权法》第五章：著作权和与著作权有关的权利的保护。
[4] 《著作权法实施条例》第三十七条。

作权法实施细则》[1]《著作权行政处罚实施办法》《对侵犯著作权行为行政处罚的实施办法》等这些法律法规，另外是以《著作权法》为基础制定的《计算机软件保护条例》《信息网络传播权保护条例》《互联网著作权行政保护办法》，以及以最高人民法院《关于审理涉及计算机网络著作权纠纷案件适用法律若干问题的解释》的司法解释为附属的条例。同时网络传播媒体出台的相关协议规定，例如，微博的《微博社区公约》《微博投诉操作细则》；抖音的《"抖音"用户服务协议》《抖音网络社区自律公约》；知乎的《"知乎"协议（草案）》，但是这些法规、协定[2]的法律位阶都比较低，有的法律规定甚至存在相互冲突[3]，到目前为止自媒体相关的立法仍然是空白。正因为欠缺相应的法律法规，以至于自媒体著作权难以得到完善的保护。

三　平台封闭性较强

目前在线纠纷解决平台之间的对接仍然是十分薄弱，难以实现数据的互联互通，且安全、隐私等相关内容不能得到切实保障，[4]"信息孤岛"会杜绝资源的共享。社会矛盾也呈现出信息化、复杂化、国际化的特点，在线解纷平台因解纷需求的增加不断地丰富着各种解纷方式。如果彼此之间对于数据的共享并没能达到互通互融合作的状态，

---

[1]　《著作权法实施细则》第四十六条。
[2]　例如《互联网著作权行政保护办法》《微博社区公约》等。
[3]　《信息网络传播权保护条例》第二十二条规定，网络服务提供者为服务对象提供信息存储空间，供服务对象通过信息网络向公众提供作品、表演、录音录像制品，并具备下列条件的，不承担赔偿责任：（一）明确标示该信息存储空间是为服务对象所提供，并公开网络服务提供者的名称、联系人、网络地址；（二）未改变服务对象所提供的作品、表演、录音录像制品；（三）不知道也没有合理的理由应当知道服务对象提供的作品、表演、录音录像制品侵权；（四）未从服务对象提供作品、表演、录音录像制品中直接获得经济利益；（五）在接到权利人的通知书后，根据本条例规定删除权利人认为侵权的作品、表演、录音录像制品。但是《最高人民法院关于审理侵害信息网络传播权民事纠纷案件适用法律若干问题的规定》第七条规定，网络服务提供者在提供网络服务时教唆或者帮助网络用户实施侵害信息网络传播权行为的，人民法院应当判令其承担侵权责任。《信息网络传播权保护条例》与《最高人民法院关于审理侵害信息网络传播权民事纠纷案件适用法律若干问题的规定》存在冲突。
[4]　段宏磊、沈斌：《数字经济领域平台服务互操作性的实现路径与立法回应》，《学习与实践》2023年第6期。

很难会真正实现纠纷的预防与解决。① 例如，一些互联网法院不认可某些区块链的取证平台，因为往往提供区块链的取证的一方就是主张权利一方，法院对证据的客观性会保持一定的怀疑。如果平台能够主张这个区块链的存证是联盟链②，并且有许多主体参与，那么推进电子存证的法院（例如北京、广州等互联网法院）会倾向于去接受这些证据。例如，2018 年 6 月，杭州互联网法院首次确认对于区块链电子存证的法律效力。被告方某公司擅自转载使用了原告华泰某公司的享有网络信息传播权的作品，侵犯了原告的合法权益。原告通过第三方存证平台进行了侵权网页内容的自动抓取，并且进行代码识别，将这些抓取内容的压缩表转化为哈希值，上传到区块链中。杭州互联网法院认为，该区块链公司是符合法律规定的独立的民事主体，利用可信度较高的开源程序固定侵权作品等数据，并且能够与目标网页的抓取的截图、代码信息相对应，能够清晰地保证数据的真实性与可靠性，因而法院确认区块链存证。这也是互联网法院首次确认区块链电子存证效力。③ 后续在成都清源日新数字科技有限公司、温州凯诺鞋业有限公司侵害作品信息网络传播权纠纷④、西安佳韵社数字娱乐发行股份有限公司与北京微梦创科网络技术有限公司侵害作品信息网络传播权纠⑤、叶丹萍、谢林峰等著作权权属、侵权纠纷⑥中，法院都承认了区块链存证的效力。

四　著作权纠纷案件的管辖存在问题

互联网案件中网络属性导致的地区归属划分不清带来了一系列管

---

① 孙昊亮：《网络环境下著作权的边界问题研究》，法律出版社 2017 年版，第 215 页。
② 联盟链：联盟链是一种区块链网络，由一组共同信任的组织或实体共同维护和管理。
③ 清析鉴定：《知产鉴定典型案例之全国首次涉区块链电子存证法律效力认定的案件》，2023 年 6 月 1 日，https：//mp. weixin. qq. com/s/QbRHmkeOkrD5VDP1bomulg，2023 年 9 月 20 日。
④ 成都清源日新数字科技有限公司、温州凯诺鞋业有限公司侵害作品信息网络传播权纠纷案，浙江省温州市鹿城区人民法院（2023）浙 0302 民初 6557 号民事判决书。
⑤ 西安佳韵社数字娱乐发行股份有限公司与北京微梦创科网络技术有限公司侵害作品信息网络传播权纠纷案，北京知识产权法院（2023）京 73 民终 240 号民事判决书。
⑥ 叶丹萍、谢林峰等著作权权属、侵权纠纷案，浙江省温岭市人民法院（2023）浙 1081 民初 2946 号民事判决书。

辖权相关的问题。在网络空间中很难找到网络用户的固定住所，也很难确定其有形财产，甚至确定网络用户的国籍都颇费周折。网络用户每一次远程登录的确切地点也不确定。①

（一）多个法院同时拥有管辖权

因为互联网具有全球性，所以作品信息的传播并不受时间、地点限制，用户可以在这种不受限的网站上进行任何时间、任何地点的访问。在这种情况下，管辖权的界定会存在困难。在一个侵权案件中，由于涉及范围比较广，侵权当事人的难以确定，可能会导致多个法院对同一个案件都具有管辖权。各法院之间如果相互推诿、争夺，便会出现管辖权混乱的情形。在这种情况下，被侵权人的选择很多。若原告利用管辖权规则去挑选法院，原被告就会存在管辖权争议，大大增加被告的诉讼成本，不利于保护当事人的权益。②例如知乎起诉微博营销号"知乎大神"一案中，推进开庭的过程也是一波三折。两被告长期多次通过管辖权异议、"失联"等诸多方式，导致案件开庭时间一再延迟。

（二）司法管辖区界限模糊

在跨国的网络侵权中，一个网络侵权行为可能会涵盖多个国家，而这些国家的法律、政治、文化、制度都存在差异。在不同的国家起诉，很可能意味着其最后的起诉结果也是不一样的，容易引起国际管辖的混乱。网络著作权侵权诉讼的管辖问题较为复杂。在我国境内，不仅需要考虑级别管辖，还需要考虑地域管辖中对"侵权行为地"的认定。此外，由于北上广知识产权法院以及全国多地知识产权法庭的设立，知识产权案件管辖权的确定有了新的标准。网络著作权侵权诉讼跨境管辖因涉及不同国家，其管辖问题较之国内案件更为复杂，不仅涉及对准据法的适用，还需考虑不同国家对管辖权的规定。虽然会存在确定管辖法院时的困难，这也是因为网络本身环境是具有复杂性。③但是互联网只是科技发展出来的一个新的交流方式，完善网络侵权管辖方式，确认具体原则和规则是必需的步骤。

---

① 王德全：《试论 INTERNET 案件的司法管辖权》，《中外法学》1998 年第 2 期。
② 丛立先、张满满：《论网络知识产权侵权案件的地域管辖》，《东北大学学报》2011 年第 5 期。
③ 姜启波：《涉外知识产权纠纷法律问题研究》，《中国法律评论》2022 年第 6 期。

第二节　为什么强调网络著作权纠纷的在线解决

一　著作权纠纷具有独特性

（一）著作权纠纷的独有特征

当前知识产权争议呈现类型复杂化、诉求多元化、跨地域、跨领域、线上化等新特点，迫切需要整合各类资源形成保护合力，切实提升知识产权保护水平。

1. 高专业性（因为其有复杂性、很容易存在争议）

著作权法涵盖了大量的法律原则和规定，包括版权保护期限、合理使用、版权转让等，其具有一定的复杂性。[1] 著作权与商业利益息息相关。作者和版权持有人需要权衡创作的授权和使用，以便获得经济回报。此外，跨国公司、在线平台和数字市场的崛起也给著作权的商业模式带来了新的挑战。例如，对于同一作品的不同使用方式，可能需要根据不同的法律原则和规定来进行判断，这无疑增加了处理此类纠纷的难度。传统的著作权侵权主要集中在文字、图书出版抄袭，但是近年来自媒体、动漫、游戏、文化创意、数字出版、广告、传媒、计算机等新兴商业模式的发展，一系列新型的著作权侵权类型逐年增多，侵权的方式变得五花八门，如链接侵权、下载侵权、网络传播侵权、改编侵权、网页侵权、图片侵权等；另外，由于互联网空间的发展，侵权行为的发生已经突破了地域、时间、行业限制，跨界侵权的情形十分普遍，这些都需要相关的技术专业人员介入解决纠纷。同时，每个案例都需要根据具体的情况来判断，这使得著作权纠纷的处理变得极为复杂。[2]

著作权纠纷往往会表现为法律与专业知识的高度融合，它通常较一般的民事法的关系更为抽象复杂，这也表明与知识产权相关的法律

---

[1] 黄国群、徐丽红：《知识产权领域的"新枫桥经验"：典型案例与启发》，《科学学与科学技术管理》2023年第8期。

[2] 赵玥：《网络环境下著作权保护的法经济学分析》，博士学位论文，吉林大学，2017年。

需要专业人士进行运用。在解决著作权纠纷时，除需要拥有知识产权类的法律法规，同时也需考虑到细分的相关领域的专业知识。

2. 不确定性

著作权侵权的不确定性是指在一些情况下，判断某个行为是否构成侵权并不总是清晰明确的，存在一定的主观性和争议性。[①] 著作权法可能存在开放的、相对模糊的判断标准，例如"相似程度""实质复制"等概念，需要在个案中针对具体情况进行解释和适用。由于著作权法的复杂性和案例的特殊性，很难对所有的情况都有明确的规定。因此，即使是在相似的案例中，也可能会出现不同的判决结果。著作权案件的判决往往依赖于特定案件的具体事实和证据，不同案件的判决结果可能存在差异，不同的法官、法院对同一行为的分类和判断存在不确定性。这种不确定性不仅给当事人带来了困扰，也对整个社会的公正产生了影响。由于著作权法的存在，人们对于作品的使用权有着不同的看法。这些看法可能基于个人的利益，也可能基于社会的公共利益。因此，当这种利益冲突发生时，就可能引发争议。而这种争议往往又会引发更大的社会关注，从而使得著作权纠纷变得更加复杂和困难。

3. 跨地域性

随着全球化和数字化的发展，跨境传播和交易成为常态。作者、出版商、媒体和数字平台可以通过互联网和其他传播渠道将作品传播到全球各地。这就需要涉及版权许可、授权、转让、分配的涉外合同、协议和商业模式。世界知识产权组织（WIPO）旗下的《世界知识产权组织版权条约》[②] 和《表演和录音制品侵权保护条约》[③] 也为著作权的跨地域的相关规制问题提供了一定的参考。[④] 例如跨境电商中关于著作权的侵权行为目前是十分普遍的。在"跨境电商平台格式条款

[①] 姜福晓：《数字网络技术背景下著作权法的困境与出路》，博士学位论文，对外经济贸易大学，2014年。

[②] 《世界知识产权组织版权条约》第18条：本条约规定的权利和义务除本条约有任何相反的具体规定以外，每一缔约方均应享有本条约规定的一切权利并承担本条约规定的一切义务。

[③] 《表演和录音制品侵权保护条约》第22条：(1) 缔约各方应将《伯尔尼公约》第18条的规定比照适用于本条约所规定的表演者和录音制品制作者的权利。

[④] 全红霞：《略论著作权地域性的演变》，《科技与法律》2008年第2期。

案"中，法院贯彻弱者保护原则，认定 B2C 跨境电商网站通过格式条款方式排除消费者所在国法院管辖的协议内容无效，有力维护了我国司法主权和消费者合法权益。这种被认定跨境电商协议管辖条款无效的案件，适用《民法典》[1]的相关规定，确立了涉消费者域外协议管辖格式条款的认定标准。涉案管辖协议属于格式条款，该条款剥夺了中国消费者在中国选择本地纠纷解决途径的权利，加重了消费者的维权成本，不合理地限制了消费者寻求救济的权利，违反公平原则。该案贯彻了消费者倾斜保护原则，通过积极行使我国管辖权，有力维护了跨境电商纠纷中消费者的合法利益。此案裁判作出后，涉案跨境电商主动修改格式条款，并在类似案件中主动接受我国法院管辖，取得了良好的社会效果。

4. 诉求多元化

在数字时代下，个体诉求往往会呈现出群体性弱化和纠纷类型多样化的特点。[2] 由于著作权法的保护期限通常较长，一旦发生著作权纠纷，就需要经过长时间的诉讼过程才能得到解决。这不仅会给当事人带来经济上的负担，还会对他们的精神生活产生影响。同时，这种持续时间较长的纠纷也会对社会的公正产生影响，因为它可能会导致公众对于法律制度的信任度下降。著作权纠纷一般发生在文学、影视等引人注意的产业文化领域中，这些领域本身就具有十分大的影响力，也会引发较多的社会关注度。特别是当纠纷中涉及艺人、作家等公众人物时，社会大众会更加关注这些案情。因此，为了维护形象，降低社会舆论的关注度，通常著作权纠纷当事人希望能够以不公开的方式去解决纠纷。

5. 利益非博弈性

著作权的权利客体是以文学、艺术、自然科学、社会科学、工程技术等为形式的作品，因而不具备物质上的实体性。著作权的客

---

[1] 《中华人民共和国民法典》第四百九十七条：有下列情形之一的，该格式条款无效：（一）具有本法第一编第六章第三节和本法第五百零六条规定的无效情形；（二）提供格式条款一方不合理地免除或者减轻其责任、加重对方责任、限制对方主要权利；（三）提供格式条款一方排除对方主要权利。

[2] 郑璇玉、刘红宵：《论新〈著作权法〉中的社会治理与个体诉求》，《民主与科学》2021 年第 2 期。

体本身所承载的信息、知识并不具备排他性和竞争性。著作权承载的知识客体能够在同一时间、同一点被许多人所利用、分享，并且这种利用和分享不会对著作权造成侵害。著作权的客体往往是属于公共产品的范畴。因此，著作权纠纷并不是激烈的对抗性冲突。著作权纠纷往往都是能够以双方利益实现最大化为目的，即用户个人版权利益与平台公众信息获取权需要保持平衡，用户个人版权利益与平台经济利益也需保持平衡。① 因此，著作权纠纷当事人往往不愿意去对簿公堂，而更加喜欢选择调解的方式去解决相关的问题。利益非博弈性还体现在个人与社会公众利益的平衡，在保护著作权人的利益的同时，也要考虑到社会公众的利益，以实现双赢和利益平衡。在著作权法中，为了平衡著作权人和社会公众的利益，规定了一些例外情况，例如使用他人作品无须经过著作权人的许可，也无须向著作权人支付报酬。并且，著作权的财产属性也能够使其成为市场经济中的重要的交易产品。

此外，著作权中的具有财产权属性的权利使其能够成为市场经济中的交易对象，并能够参与到广泛的商业贸易活动中。著作权纠纷同其他商业纠纷具有一致性，以实现利益最大化为目的。著作权纠纷双方为了以最低的纠纷解决成本达成最优的纠纷解决方案，往往具有较强的协商意愿。例如统计数据显示，2019年至2021年，北京互联网法院审结的网络音乐著作权案件调撤率分别为81.9%、86.2%、78.5%，一直保持在较高水平。同时，调撤案件中，庭前调撤占72.9%，当庭调解占1.8%，庭后调撤占25.3%。② 且在原、被告相同的批量案件中，通过调解的在审案件，双方进入诉讼程序前，案件就已经达成和解的情况较多。杭州互联网法院正式上线全国首个司法区块链平台。截至2022年4月，杭州互联网法院链数据总量超59亿条，调取电子证据9700余条，知识产权相关案件调撤率超97%。③ 该些数

---

① 曹雨薇：《网络平台合同中版权条款：法理分析与规则重构》，《福建金融管理干部学院学报》2022年第3期。

② 《北京互联网法院网络音乐著作权案件审理情况报告》，2023年2月21日，http://ctzy.scssfw.gov.cn/article/detail/2023/02/id/7154265.shtml，2023年9月2日。

③ 《诗画浙江，弄潮儿向涛头立》，2022年5月23日，https://www.baidu.com/link?url=ZVAly8CaSxLv_trhuONlxj7CB1LmYqQ-7zQYYKovFuPwm8LG96I7pgyT-Mg3CDIW&wd=&eqid=d87349a4000a996a0000000265308837，2023年9月11日。

据表明著作权纠纷的调撤率相对较高。权利人更易接受和解、调解等非对抗方式，并与侵权人达成解决纠纷的共识。

(二) 著作权调解的独有特征

1. 主体特点——行业协会 + 法院

"行业协会 + 法院"的特点在于尊重当事人意愿，重点发挥调解组织及行业协会的专业优势，引导构建多元解决纠纷新格局。协会作为一种兼具仲裁与协调功能的第三方实施机制，可以做到公平公正，且处理结果具有权威性，能够服众。[①] 其能联合平台企业及司法行政机关、仲裁机构、高等院校、专家学者等第三方调解力量，推动平台促成著作权纠纷就地化解，有力加强互联网空间源头治理。[②] 利用行业协会的职能优势和行业影响力，能够满足企业高效公正解决纠纷的多元化需求，与中国中小企业协会调解中心通力合作，高效化解涉企纠纷，助力营造法治化营商环境。

在一案件中，原告是音乐公司的音乐作品合法权利人。2021年，原告发现某区娱乐会所 KTV 未经过他的许可，并且在没有支付著作权使用费的情况下，以盈利为目的，将这将这些音乐电视作品保存在其服务器内，并以卡拉 OK 的形式向客户提供点播服务。原告音乐公司向法院提起诉讼，要求各被告进行赔偿。法院在收到案件时，通过"区文化产业协会 + 网上共享法庭"的模式进行调解。该文化产业协会的调解员充分发挥专业协会的优势，理清了相关被告是否是著作权集体管理协会会员等信息，并且告知音乐集体管理协会的业务专员。在法官组织下在共享法庭下进行调解，最终促成了纠纷的快速化解。这也是践行新时代"枫桥经验"，将行业矛盾消化在业内、处置在前端、化解在一线的重要体现。

2. 方式特点——类案分析法

在著作权侵权案件中，被告往往会涉及作品的多种侵权，原告也会去对多种作品进行电子取证，并且选择起诉其中一部分。因而，类案速裁，是针对类似案件快捷处理的程序和纠纷解决机制，可以有效

[①] 郑小勇：《行业协会知识产权治理与集群企业集体维权行动——创新合法性的中介效应探索》，《管理工程学报》2022 年第 3 期。

[②] 代辉：《行业协会在国家知识产权体制中的地位——以中美比较为基础》，《科技与法律》2015 年第 5 期。

解决类型化案件积压的问题,是突破案多人少问题的关键。① 因此,需要配置相应解决方式,通过两次分流,将调解从诉讼中剥离,构建高效、协调的多元化纠纷解决机制。② 对于案件简单、侵权事实清楚、法律适用清晰的案件的类型化特点是十分明显的。调解员会去把握时机,在促成双方就诉讼的纠纷达成和解的同时,将并没有诉讼的同类案件也一起进行调解并取得当事人的信任,设计出合理可行、保障双方当事人利益平衡的调解方案,有利于节省司法审判资源,降低当事人的维权成本。在著作权民事诉讼的案件中,类型化的案件在著作权中占有非常大的比例。在这些纠纷案件中,原告往往是相同的,起诉的作品同样也是相同的,相关侵权行为方面的证据大致也是类似的,也仅是被告不同。一旦某一个案件先行作出生效判决之后,该判决对后续的案件有很大的借鉴意义,为调解奠定一定基础,双方当事人可以作出权衡利弊的选择。在"胡巴"一案的调解过程中,"胡巴"是《捉妖记》的经典角色,有很大的市场价值,安乐公司是著作权人。2016 年,安乐公司对于天猫平台卖家擅自销售侵权作品行为,向余杭区人民法院提起诉讼几百起。余杭区人民法院在了解案情后,将案件委托中国互联网协会调解中心进行诉中调解,中国互联网协会调解中心积极展开调解,以已经开庭的案件的判决为基础,提供丰富的调解参考。在财经杂志与网站著作权纠纷行业一案的调解中,同样也采用了类案分析法。原告是财经类杂志的企业,对其所创的文章具有著作权,被告在官网上开设官媒并大量地转载原告的作品,侵害了原告作品的所有权。所以原告请求被告停止侵权,并且赔偿道歉。法院将该案件委派给互联网协会调解中心进行调解,利用互联网沟通的便捷性,调解员选择线上送达起诉状、证据等相关材料,与当事人进行有效的在线沟通。法官在线上登录中国裁判文书网检索相关的类似案件,并且运用大数据对于相关的类似案件的案件事实赔偿金额等进行一一分析,以此为基础预判调解的赔偿金额,与当事人进行一对一的沟通交流。调解员善于利用调解相关的技巧,于线上送达起诉书和证据材料,

---

① 冯晓青、刘政操:《技术创新视野下网络著作权保护的困境及其破解》,《湖南师范大学社会科学学报》2021 年第 6 期。
② 刘友华:《知识产权纠纷多元化解决机制研究:以纠纷类型化为中心》,《知识产权》2013 年第 4 期。

促进双方当事人在愿意的情况下进行合作调解,并运用司法大数据对于案件的整个特征、成因进行分析,为当事人提供有效的心理预期。从立案到调解结束,一共花费时间仅1个月左右,开启了多元纠纷解决机制的法治化和专业化的趋势,线上调解与线下调解相结合,起到了圆满的调解效果。

3. 内容特点——图片著作权侵权纠纷调解

随着互联网技术的发展,微博、微信、知乎的自媒体在人们日常生活中得到大量的运用。与以往传统的纸质的著作权侵权不同,在自媒体中应用的著作权的侵权纠纷呈现出日益趋增长的趋势。[①]很多自媒体用户在使用相关的图片中,很少注意到相关的著作权的权属问题,会将直接在互联网搜索到的图片作为自己商业性的使用。甘南泱源资讯有限公司在微信公众号"泱源资讯"发布的一篇文章中使用了原告在贵州省版权局进行登记的《熊泥泥》美术作品。因被告的使用行为未经著作权人的授权,侵犯了原告享有的美术作品的著作权,故原告诉至甘南中院,要求被告停止侵权,赔偿经济损失。为减轻当事人诉讼负担,节约司法资源,在双方对基本事实无争议的情况下,承办法官采用电话沟通、多元解纷调解平台等线上沟通方式促成双方和解,被告认识到自身侵权行为,同意删除相关文章并赔偿原告经济损失,原告亦同意适当降低赔偿数额并撤回了对被告的起诉,双方握手言和。此案的成功调解,得到了双方当事人的一致好评。在图片侵权案件中,作为原告通常会通过大批层次的起诉去获得赔偿,因此调解一般选择线上进行。鉴于双方都愿意息事宁人,所以双方线上调解意愿往往非常强烈,且此类案件的相关证据的起诉、收集、保全,在线上早已呈现出流水线的工作形式,因此选择在线的纠纷解决也是便捷高效的。传统的著作权纠纷解决方式往往需要经过长时间的等待和复杂的程序,而著作权在线解纷机制则可以实时处理纠纷,大大提高效率,帮助当事人化解纠纷,实现良好的法律效果与社会效果。

[①] 黄莉萍、汪志强:《我国著作权法署名推定规则的研究》,《太原理工大学学报》(社会科学版)第1期。

二　必要性

（一）著作权侵权案件数量增量较大

当今互联网、区块链、大数据等的加速融合发展塑造着全新的数字时代与智慧的社会，引发了远比农业革命和工业革命更为深刻的重大社会革命。① 数字时代下，网络著作权案件快速增长，截至2023年7月31日，共受理涉网知识产权案件129942件。其中，著作权权属、侵权纠纷案件129837件，审结127828件。从审判周期上看，案件平均审理周期为51天。② 知识产权案件成为当前互联网法院收案数量最多也最重要的案件类型，单纯用传统的纠纷解决的模式已经无法满足其需求。数字教育的著作权侵权行为频发，损害著作权人的合法权利，应当成为网络空间著作权治理的重点。③ 网络版权已经成为新常态经济发展的动力，不可否认互联网信息技术对著作权发展的促进作用极大地改变了作品的创作方式和传播方式，但由于网络监管的技术难度等因素，在实践中难以对网络著作权进行全面而有力的监管，给不法人员侵犯他人著作权提供了便利条件，致使网络侵权可以不分时间和地域，随时随地可能发生。此外，社会公众保护互联网版权的意识不断提高，著作权人提起网络著作权侵权的案件近年来增长迅速，而且还将持续处于高发状态。

（二）知识产权保护链条存在明显的发展不平衡

知识产权保护链条在现实中存在明显的发展不平衡。一方面，法律文本的滞后性与实践的发展存在不平衡，即使存在较完善的知识产权法律，但法律的执行和实施可能存在问题。它可能涉及法律制定的效力、执法机构的能力和资源法定赔偿数量等方面的不平衡，导致保

---

① 马长山：《迈向数字社会的法律》，法律出版社2021年版，第18页。
② 北京互联网法院：《北京互联网法院审判工作情况白皮书》，2023年8月31日，https://mpweixingqcom/s/n_7vr06CQzoDuf-agP7dNQ，2023年9月2日。
③ 青海普法：《北京互联网法院：数字教育著作权纠纷案件收案量增幅明显，新型侵权行为不断涌现》，2023年4月22日，https://baijiahao.baidu.com/s?id=1763832312526713026&wfr=spider&for=pc，2023年8月20日。

护链条的不完整。[①] 当前著作权法条款修订滞后，有关新技术新手段的问题解释模糊，立法完善的滞后与司法解释的模糊又导致了实践过程中对著作权相关法律法规的轻视。以我国的《著作权法》第三次修改为例，从 2012 年至 2020 年 11 月，历时 8 年之久。在此情况下，网络技术不断发展，著作权侵权行为在网络场域又萌生出新的样态，立法修改的效率在一定程度上造成立法滞后问题。在知识产权纠纷高度集中于法院系统的情况下，法院案件压力巨大。

另一方面诉讼、仲裁和调解在司法实践过程中的衔接存在不平衡。[②] 仲裁、调解等其他机制的线下纠纷解决能力可能存在无法完全发挥的情况。调解工作中仍然面临着困难和挑战。其一，线下调解结案率仍然存在一定不理想的情况。由于大部分调解机构属民间机构，司法公权对于协议的确认效率较低[③]，对侵权人无有效制约。其二，案件来源较为单一。目前案件来源以权利人、企业为主，少量来自法院系统，非诉讼调解模式不足，经费保障不能持续。调解员参与调解基本处于准义务劳动状态，导致调解员的劳务费用也几乎忽略不计，严重影响调解员积极性，也不利于广泛吸纳社会力量参与到调解工作中，影响着调解工作的有序开展。专业化调解力量主要体现在两方面，即解纷专业知识与新技术应用能力。目前著作权领域的调解员仍存在缺口大、队伍职业素养不高、专业水平参差不齐等情况。

三 可行性

《中华人民共和国著作权法》规定：中国公民、法人或者非法人单位的作品，不论是否发表，依照本法享有著作权。也即是，作品完成之日就是著作权产生之时。区块链体系内通过加密和时间戳的方式将知识产品实时转化为数字信息存储在区块链上，以权益证明的方式

[①] 吴汉东：《知识产权损害赔偿的市场价值基础与司法裁判规则》，《中外法学》2016 年第 6 期。

[②] 黄国群、徐丽红：《知识产权领域的"新枫桥经验"：典型案例与启发》，《科学学与科学技术管理》2023 年第 8 期。

[③] 徐明、岳浩然：《从管理到服务：知识产权纠纷调解机制的模式重塑》，《科技与法律》（中英文）2022 年第 5 期。

实现了对著作权的保护，保证了信息的完整性和时效性。区块链的技术和《著作权法》达成了流畅的衔接。

(一) 法律文本的制定实施

在国家层面，中央网络安全和信息化委员会印发《"十四五"国家信息化规划》，将区块链技术列入国家信息化规划，并定为战略性前沿技术。数字建设稳步推进，工信部发布的《规划》提出要建设区块链基础设施，通过加强区块链基础设施建设增强区块链的服务和赋能能力，更好地发挥区块链作为基础设施的作用和功能，为著作权变革提供创新动力。中共中央办公厅、国务院办公厅印发《关于强化知识产权保护的意见》，《意见》第五十二条提出要推进区块链、知识付费、音视频领域版权监管模式创新，建立相关领域规模化确权、授权、维权机制。第五十九条提出开展知识产权纠纷在线诉调对接，为当事人提供一站式服务。推进行政保护与司法保护有机衔接，提供多元化的纠纷解决途径。《知识产权强国建设纲要(2021—2035年)》第七条表明，截至2023年需要建立健全新技术、新产业、新业态、新模式知识产权保护规则，探索完善互联网领域知识产权保护制度，研究构建数据知识产权保护规则，完善开源知识产权和法律体系。[1] 最高法也印发《关于加强著作权和与著作权有关的权利保护的意见》以完善知识产权诉讼证据规则，允许当事人通过区块链等方式保存、固定和提交证据，有效解决知识产权权利人举证难问题。

在地区层面，不同地区也颁布了相对应的法案。广州互联网法院颁布了《2023年广州互联网法院关于在线庭审若干问题的规定》，为著作权的在线审理提供了一定依据。2022年，广东颁布《广东省知识产权保护条例》，第十条表明负责知识产权保护的主管部门和相关部门应当加强知识产权保护的智能化建设，利用大数据、人工智能、区块链等新技术，在涉案线索和信息核查、源头追溯、重点商品流向追踪、重点作品网络传播、侵权实时监测与在线识别、取证存证和在线纠纷解决等方面，创新保护方式。2023年，《广东省版权条例》正式

---

[1] 吴汉东：《中国知识产权法律体系论纲——以〈知识产权强国建设纲要（2021—2035年）〉为研究文本》，《知识产权》2022年第6期。

施行，其第二十九条说明省版权主管部门应当采取信息化手段，提升作品登记数字化水平，加强作品登记档案管理和信息公开，引导和鼓励企业事业单位以及其他从事作品创作的单位和个人进行作品登记。① 根据《中华人民共和国民法典》《中华人民共和国网络安全法》等法律法规和文件规定，2022 年北京颁布《北京市知识产权保护条例》。其中第八条表明鼓励探索移动互联网、大数据新产业、新业态、新模式的知识产权管理措施和保护模式。第二十六条鼓励当事人采用时间戳、区块链等电子存证技术获取、固定知识产权保护相关证据。第五十二条鼓励建立知识产权纠纷诉调对接机制，推广利用调解方式快速解决纠纷。2023 年，北京市知识产权局、北京市经济和信息化局、北京市商务局、北京市人民检察院联合制定了《北京市数据知识产权登记管理办法（试行）》，为知识产权的电子化提供了全过程的制度保证。

上述法律文本的内容均回应了著作权在线解决的现实形态，保证较高的纠纷解决效率，实现著作权争议案件的分流，减少进入法院的案件数量，缓解法院案件的大量积压，从而缩短诉讼当事人的时间和精力。

（二）区块链技术的发展应用

区块链技术是一种崭新的发展理念与手段，其主要以信任关系为基础，基础技术主要为"加密算法"，具有一定的数据安全性、不可篡改性、去中心化、安全可靠性。区块链的所有的交易记录都是公开透明的，所有信息的不对称性是可以得以消除的。区块链数据本身所具有的公开透明性，与知识产权本身的产生发展过程是高度契合的，为数字知识产权的发展提供了新的经济发展点。技术的发展应用，必将有利于促进经济数字化进程发展，并对知识产权的保护有着重要的意义。②

1. 区块链技术在著作权登记确权中的运用

区块链技术可以构建良好的知识产权的设计保护模式。区块链技

---

① 王光玲：《首创"版权"立法，以制度供给力促版权兴业——〈广东省版权条例〉解读》，《人民之声》2023 年第 2 期。

② 赵双阁、姚叶：《区块链技术应用于短视频版权保护的优势与局限》，《中国编辑》2021 年第 8 期。

术所搭建的知识产权的数字平台可以形成一个高效安全的保护体系。区块链技术版权注册的产品成本相比于传统是大大降低的,可以简化相关的保护流程。同时,系统能够保证其在登记上的时间是不可篡改的,也能够为权利人举证提供技术性的保障。通过签入智能合约,系统能够对知识产权的权属关系进行确权。① 这些智能合约能够让合同中的数字化的代码嵌入到区块链中,当智能合约自动检测到预设条件时,便可以自动进行执行合同内容。因此区块链技术的智能合约可以去自主管理知识产权,实现作品中的利益分配与授权的自动化。

2. 区块链技术在著作权固定证据中的应用

人民法院可以通过电子诉讼平台为权利人提供存证便利。利用区块链平台对于侵权网站进行抓取,再代码识别,由司法鉴定中心对于证据保全的技术性予以确认,最终安全保存在区块链中。② 电子诉讼平台会自动提交相关记录,当事人可以一键取证,区块链中的时间戳可以证明当事人在特定时间访问了特定文件,保证电子数据的真实性。③ 目前如"时间戳""易保全"等证据保全软件,本质上都是以区块链技术为基础。就互联网法院审判工作而言,区块链技术主要在图片比对上发挥作用,特别是对于两张观感所不能识别的图片中分辨谁是原版、谁是抄袭,具有立竿见影的效果。

例如杭州互联网法院、广州互联网法院也相继发布"网通链",天津市南开区的市场监督管理局与知识产权保护协会共同建立了基于区块链基础下的电子数据存证平台——"津证云"。该平台充分发挥了区块链技术对于信息存储数据的"不可追溯性""安全性"等特征,有效地确认作品权属。线上+线下模式的高效取证,助力知识产权服务的高效率发展。而且全国首例运用区块链的电子存证的著作权案,杭州华泰一媒文化传媒有限公司诉深圳市道同科技发展有限公司侵害作品信息网络传播权一案中,原告采取了能够去中心化的区块链的技术进行存证固证,为举证著作权的侵权的实施提供了有力的证据,提

---

① 李永明、赖利娜:《区块链背景下数字版权全链条保护的困境与出路》,《科技管理研究》2022年第10期。

② 聂勇浩、张炘:《基于区块链的电子证据保全模式研究——以广州互联网法院为例》,《档案学研究》2021年第5期。

③ 胡萌:《区块链存证的效力及审查规则》,《人民法院报》2021年8月5日第8版。

出的证据也符合法律的规定，省去了传统取证环节的繁杂，有助于形成高效、安全、可靠的知识产权的保护体系。

第三节 我国网络著作权纠纷在线解决的实践探索

一 数字教育著作权纠纷典型案例

随着数字教育的发展，教育资源也逐渐地呈现出跨地域、跨时空的倾向，不同地区人群之间交往更加方便的同时，也容易引发一些新的矛盾与纠纷，其中也涵盖著作权的侵权纠纷。在数字教育著作权侵权多发的情况下，北京互联网法院对这些数字教育著作权纠纷类型化和批量化的案件进行统一的审理，一方面可以树典型立标杆，引领行业的规范，实现以个案去引导社会行为，以裁判表明规则，以规则促治理，以治理促发展。[1]另一方面能够从源头去减少侵权行为的发生，去推进数字著作权行业的健康发展。目前互联网法院裁判著作权主要体现在三个方面：第一，主要表现在合理认定作品的独创性，促进新型的创作模式健康有序的发展。第二，是准确界定"合理标准"，引导作品进行合理性的创新，激发市场的活力。第三，是准确判定网络的著作权的侵权行为，使侵权者有序地担责。

（一）"独创性"的界定

著作权法所称的创作是直接产生文学艺术作品的智力活动具有思想表达的意志性特征。[2]作品独创性必须展现出"个性""创作空间"等内在逻辑。独创性在立法过程中，是个内涵不确定的概念，并由此在司法实践中引发多起关于作品独创性的纠纷案件。

---

[1] 《北京互联网法院数字教育著作权纠纷典型案例》，2023年4月18日，https：//mp. weixin. qq. com/s/7oDyb2MpfuFzNy_ aaXz4kA，2023年9月20日。

[2] 吴汉东：《人工智能生成作品的著作权法之问》，《中外法学》2020年第3期。

1. 教师授课所产生的口述作品具有独创性，著作权一般归属于教师个人——吉某诉北京某教育公司侵害作品信息网络传播权纠纷案

原告是书法课老师，在被告担任兼职，原告希望利用被告的场所去录制教书视频，但是双方没有签订合同。在此期间，被告向原告交付授课视频，剩余的授课视频并没有向原告进行交付。此时原告获悉被告将上述的全部课程视频上传到被告的官网、APP 公众号上使用传播，并且向公众进行收费。原告认为被告没有经过授权在线传播原告的口述课程的视频，侵害原告的著作权。法院认为，授课视频中的授课内容构成口述作品，具有独创性，经过独立构思并且现场口头表达完成。被告没有经过原告允许将其授课视频进行商业性的使用，明显构成侵权。结合商业交易习惯，被告获得授权除了需要获得同意之外，还需要支付一定的对价，但被告没有提供相关证据表明自己已经向原告支付相对应的对价，因此被告没有获得原告的有效授权，属于侵权。

2. 具有独创性的美睫操作视频，属于著作权法规定的视听作品——北京某公司与王某某、深圳某公司、某支付公司，侵害作品信息网络传播权纠纷案

原告作为甲方，与案外人签订每节视频教程的拍摄合作协议。此时协议中约定其著作权应当由原告享有。原告作为甲方授权乙方在授权期限内，在乙方的网络店铺内可以享有该作品的信息网络传播权。但是原告取证之后发现被告将该每节教程视频放在了视频网站中，并且通过字幕方式留下了聊天联系号，表明通过该号码加好友并支付 99 元可以获得网盘密码，进而获得该视频。两个视频是高度一致的。法院认为美睫教程视频具有独创性。独创性主要体现在机位变化、镜头调整、内容的个性化剪接，属于视听作品。因此被告侵犯了原告的著作权。

3. 典型意义

人类活动的创造性造就了作品类型的多样化。《著作权法》第三条第九项将原法规定的"法律、行政法规规定的其他作品"修改为"符合作品特征的其他智力成果"，将作品类型的封闭式列举调整为开放式列举[①]，而互联网法院也正式迎合立法的修改，灵活结合具体情

---

① 刘铁光：《〈民法典〉统辖下的知识产权单行法修订》，《当代法学》2021 年第 2 期。

形界定"独创性",形成了"以过程创造性定结果独创性"的路径,即以创作过程中的方式、方法或手段是否具有创造性或是否存在创造的空间,来判定作品是否具有独创性。① 这一判决的典型意义在于明确了著作权的权属关系,著作权一般应当归属于教师个人,这将有利于保证著作权的合法权益、有利于著作权人去进行创新,激发市场活力;厘清了美容操作类视频比如美甲、美睫等作品的边界,提供了视听作品著作权归属的相关的裁判思路。这在一定程度上会打击到轻微修改部分细节而销售他人具有著作权的视听作品、并且进行商业牟利的不法行为,严格依法保护了技能类视频的著作权。

(二)"合理使用"的界定

"合理使用"② 在于将创作者的利益与社会公众利益的冲突相平衡,既激励著作权人创作作品,又可以保障社会公众接触作品所获得的公共利益。但是,数字时代下,技术和社会的变革随之带来了法律上的变革。③ 司法实践中一些案例聚焦于"合理使用"的标准中,"规则主义"下"合理使用"的功能难以有效发挥。

---

① 刘铁光:《作品独创性判定标准调适的准则及其遵守的路径——以体育赛事直播画面独创性的判定为例》,《苏州大学学报》(法学版)2019年第4期。

② 《中华人民共和国著作权法》第二十四条:在下列情况下使用作品,可以不经著作权人许可,不向其支付报酬,但应当指明作者姓名或者名称、作品名称,并且不得影响该作品的正常使用,也不得不合理地损害著作权人的合法权益:(一)为个人学习、研究或者欣赏,使用他人已经发表的作品;(二)为介绍、评论某一作品或者说明某一问题,在作品中适当引用他人已经发表的作品;(三)为报道新闻,在报纸、期刊、广播电台、电视台等媒体中不可避免地再现或者引用已经发表的作品;(四)报纸、期刊、广播电台、电视台等媒体刊登或者播放其他报纸、期刊、广播电台、电视台等媒体已经发表的关于政治、经济、宗教问题的时事性文章,但著作权人声明不许刊登、播放的除外;(五)报纸、期刊、广播电台、电视台等媒体刊登或者播放在公众集会上发表的讲话,但作者声明不许刊登、播放的除外;(六)为学校课堂教学或者科学研究,翻译、改编、汇编、播放或者少量复制已经发表的作品,供教学或者科研人员使用,但不得出版发行;(七)国家机关为执行公务在合理范围内使用已经发表的作品;(八)图书馆、档案馆、纪念馆、博物馆、美术馆、文化馆等为陈列或者保存版本的需要,复制本馆收藏的作品;(九)免费表演已经发表的作品,该表演未向公众收取费用,也未向表演者支付报酬,且不以营利为目的;(十)对设置或者陈列在公共场所的艺术作品进行临摹、绘画、摄影、录像;(十一)将中国公民、法人或者非法人组织已经发表的以国家通用语言文字创作的作品翻译成少数民族语言文字作品在国内出版发行;(十二)以阅读障碍者能够感知的无障碍方式向其提供已经发表的作品;(十三)法律、行政法规规定的其他情形。前款规定适用于对与著作权有关的权利的限制。

③ 李忠夏:《数字时代隐私权的宪法建构》,《华东政法大学学报》2021年第3期。

1. 网络课堂教学中未经许可使用他人美术作品不构成合理使用——朱某某诉某在线教育科技有限公司著作权侵权纠纷案

原告是漫画家，发现被告未经许可在其开发的 APP 上的网络课程教学中使用了原告的美术作品。被告的目的是用于课程内容的宣传，此时与授课方式的利益紧密联合在一起，使广大同学购买课程进而使自己获得商业利益。原告使用作品时并没有署名且支付费用，因此侵犯原告的署名权、信息网络传播权。被告认为上述图片中是在课程教学中是合理使用，不应当承担责任。法院认为网络课程有"重播"这一功能，可以使公众在选定的时间、地点浏览获得上述作品，此行为侵犯了原告享有的信息网络传播权。网络课程中未经过他人许可使用美术作品使用范围已经超过"学校课堂教学"，适用对象也超出了"学校课堂教学范畴"，因此不构成合理使用。

2. 短视频汇集电子书主要内容不构成合理使用构成侵权——北京某管理咨询有限公司诉杭州某科技有限公司侵害作品信息网络传播权纠纷案

原告为英文电子书的信息网络传播权权利人，被告为某少儿配音 APP 的运营商，该 APP 内有很多视频内容都涉及朗读涉案电子书内容的语音和图文。涉案 APP 向公众提供了很多有涉案电子书图文内容的视频，并且相关视频和电子书中的卡通形象、英文对话内容等方面相似。原告认为，视频内容中基本涵盖了涉案电子书中相关的章节内容情节，侵害了原告的信息网络传播权。但是被告辩称摄像视频是对原作品的合理使用，并不构成侵权。法院认为，利用电子书制作配音视频不构成合理使用。视频没有改变电子书中的主要内容和信息，而且使用数量规模庞大，使用过程中没有指出著作权人的姓名，不构成合理使用。视频长度并不影响侵权行为的成立与否，其损害了原告享有的信息网络传播权。

3. 典型意义

在数字时代下，法院坚持以人为中心的主体观，以"人格价值观"为其判断基础，无论技术的变革如何引发著作权利益相关的改变，仍然坚持以人为中心的主体观，坚持对人的贡献力进行价值评估以此激励人的智力劳动投入。[①] 首先，随着互联网教育的蓬勃发展，

---

① 高莉：《数字时代著作权合理使用制度的检视与重构——基于技术中立的理论分析》，《苏州大学学报》（法学版）2023 年第 1 期。

教育模式层出不穷，在在线教育中，网络课程教学中会运用多种视频、图片、文字去引起大家的学习兴趣，但是视频图片的具体内容并非是完全无偿和免费的。在许多情况下，应用这些内容必须要取得著作权人的同意，也需要署名著作权人。而我国的著作权的合理使用主要是指基于研究、评论、报道、教学的目的，可以不经过著作权人的许可，不向其支付报酬，但也应当去指明作者的姓名、作品名称等。因此，网络课堂教育使用他人的作品是不构成合理使用的。其次，将他人所享有的电子书的内容进行复制、加工、分类、编辑，最终上传 APP 供用户进行浏览、点赞、收藏。实际上呈现的相关的内容已经覆盖了电子书的主要部分，是不构成合理使用的。本案主要界定了转换电子书的使用方式、表现形式以及主要内容，有利于打击很多以创新之名去利用技术构成著作权的投机取巧行为，有利于推进电子图书市场化的正常发展。

（三）准确界定著作权的侵权行为标准及数额

案件的争议焦点均为是否被告构成"侵权行为"。理查德·波斯纳在《论剽窃》论述认定剽窃时写道，"复制行为，除了在误导预期读者的意义上具有欺骗性之外，还造成了读者在此预期下所进行的行为，损害了原著作权人的利益。"[①] 随着公众版权意识的提升，著作权侵权方式呈现出复杂化、隐蔽化的特征。侵权作品常采用表达改头换面的方式实施侵权行为，这就需要运用更加复杂的解释技术去判断这些案件是否存在侵权行为。

1. 客观机械类数字教育内容可作为录像制品受到保护——某教育公司诉黄某著作权侵权纠纷案

原告是网校的经营者，网校中所有视频的著作权应当归原告所有。此时原告认为被告没有经过许可通过朋友圈去销售原告网站内的所有的课程视频，侵犯原告对这些视频的复制、发行权等著作权利。虽然被告认为这些相关视频是通过电商平台合法购买所得而非是免费获取，其来源是合法的。法院最后认为，原告享有这些课程的录像制作者权，并且有权利提起该案的诉讼。

---

① ［美］理查德·波斯纳：《论剽窃》，沈明译，北京大学出版社 2010 版，第 23 页。

2. 分工合作在线提供他人教育产品的构成共同侵权——某教育科技有限公司诉毛某、刘某、李某侵害作品信息网络传播权纠纷案

原告是某个网校网站的经营者，网站中有相对应老师的授课视频。被告 a 作为一个网站的备案主体，通过该网站去销售原告网站中的授课视频，网站中付费的内容的付费二维码为被告 b 和 c 的。原告认为，三个被告传播销售原告网站中享有的著作权的视频，侵犯了原告的信息网络传播权。被告 b 称该网站由 a 自己独立经营，并没有实际参与经营。被告 a 声称原告视频数量较少。法院认为，三个被告之间彼此分工属于共同侵权，网站并没有经过原告许可，并向网络用户提供下载视频与收费服务，使得公众可以在选定的时间和地点获得该作品的服务，明显侵犯了原告对于网站视频所享有的信息网络传播权。通过网络调查显示，被告是被诉网站备案的运营主体，被告 b 和 c 是收付定金的账户主体，实质上被告三方是以分工合作的形式，分别共同实施了侵权行为，互相之间都具有意思联络，构成共同侵权，都应当承担侵权责任。

3. 员工代表公司未经授权在线传播图书构成侵权——某出版社有限公司诉北京某教育科技有限公司侵害作品信息网络传播权纠纷案

原告为土木建筑工程图书公司的信息网络传播权权利人。被告为教育培训机构，从事线上培训业务。原告代理人以学院的名义和被告员工交流培训的过程，被告员工向被告发送涉案的电子图书相关截图。原告代理人支付了课程培训费用后，被告员工又向其发送了上海图书电子版本，并且提供了以被告名义所开具的发票。原告认为，被告没有经过授权擅自向学院提供书籍的电子版本，侵犯了原告的信息网络传播权。法院认为，被告的员工代表培训机构与学院交涉提供教材属于职务行为，侵权责任应当由被告承担。根据网上的一系列的公证取证，可以证明电子版本能够进行在线浏览和下载，其传播行为符合向公众的提供的构成要件。

4. 可依权利人商品单价乘以被告的获客数量裁量性确定实际损失数额——某教育科技有限公司诉滨州某图书公司侵害作品信息网络传播权纠纷案

原告是财会考试类的培训企业，对企业所有的讲义课件都享有著作权和录音录像的制作者权。被告在网络店铺销售相关的财会类考试

图书时,通过聊天软件告知下单图书的消费者获取相关涉案课件的聊天群,通过聊天群下载相关的课件和视频链接。原告主张被告侵害相关的信息网络传播权。法院认为,被告实质上是侵犯了原告多个作品的著作权,赔偿金额中采取的是已实际加入涉案聊天群的人数去进行对被告的赔偿。

5. 典型意义

侵权认定中,法律认定应当是唯一的标准。① 应当允许法官在一定的期间内对法律适用有一定的探索阶段,这是法律适用在没有明确法律规定的情况下法官予以对法律进行适用的正确方案。但法律解释的过程应当是探寻立法宗旨和目的的过程②,因此法官在适用法律进行解释时,理应回归立法原意。上述信息网络传播权的著作权法律适用就是比较典型的探索过程。在一般的教育培训行业的相关机构中,教师与培训机构之间存在着多种合作模式,合作形成相关的著作权的归属存在多样的情形。如仅通过网站单方面发布著作权归属,公众无法确认培训机构是否享有著作权,抑或是主讲教师是否享有著作权。案例一主要是说明培训机构和老师应当重视关于网络授课的权利、义务、责任之间的分配,明晰合同中所约定的权利归属,对这样条款进行必要提示,从而避免因著作权纠纷不明而引起不必要的纠纷。案例二与三分别说明了共同侵权与职务侵权的特征。共同侵权有利于打击知识产权的相关违法的侵权行为,保证每一个侵权人都会受到应有的法律制裁,促进线上教育行业的健康发展。职务侵权员工以公司的名义授权进行某些信息网络传播的行为,责任应当由公司进行承担,这有利于打击某些员工以公司的名义去行使某些不法的侵害行为而不承担相关的侵权责任。在线上教育培训规模迅速发展的情况下,有利于教育培训机构培养著作权相关意识,最终促进行业的健康、有序、有效发展。案例四判决明确了损害赔偿的金额的准确性,所有的案件都需要界定金额赔偿。关于金额的赔偿方式,目前标准并不具有统一性,缺乏一定说服力。因此,本案明确了损害赔偿金额应当是课程的销售单价乘以所涉及客户的实际人数,具有一定的客观性,也为当事人举

---

① 王艳芳:《论侵害信息网络传播权行为的认定标准》,《中外法学》2017 年第 2 期。
② 王利明:《论法律解释之必要性》,《中国法律评论》2014 年第 2 期。

证提供说服力。

二 著作权纠纷的在线调解样态——诉源治理

全国大力推进纠纷源头治理和诉前调解工作成效显著。2022年,北京市各知识产权纠纷人民调解委员会共受理纠纷12565件,调解结案4719件,其中调解成功2828件,调解成功率约60%。[①] 2023年上半年,北京保护中心积极落实《北京市关于加强知识产权纠纷多元调解工作的实施意见》,统筹推进全市调解工作,进一步完善立体化调解工作网络。[②] 2022年,广东省法院全年新收各类知识产权案件117095件,通过非诉方式源头化解,律师调解、行业调解、人民调解和诉讼调解同向发力,全年调撤案件57700件,近半数知识产权纠纷案结事了。[③]

国家版权局印发《版权工作"十四五"规划》,特别提出要推动新业态新领域的知识产权保护,将网络领域作为版权保护主阵地,重视网络信息传播领域的知识产权保护,通过诉前调解向辖区企业宣传此类领域知识产权保护规则,正向引导市场规范网络传播行为,避免因不规范的网络传播行为而导致侵权后果出现。著作权侵权纠纷当事人利益诉求与预期目标的多元化决定了著作权侵权纠纷解决方式的多元化。[④] 为了满足著作权解纷需求,极大限度降低双方当事人的诉讼成本,法院开启了"行政调解+司法确认""商事调解+仲裁确认"等一系列模式,有利于减轻当事人案件压力,高效快捷调处类型化纠纷,既维护了权利人的合法权益,也为案件当事人、代理人

[①] 北京市知识产权保护中心:《知识产权纠纷调解"北京经验"再升级》,2023年6月15日,http://zscqj.beijing.gov.cn/zscqj/ztzl/zscqjfdydj/gzyl11/326133334/,2023年8月6日。

[②] 北京市知识产权保护中心:《2023年上半年知识产权纠纷多元调解工作总结会召开》,2023年7月13日,http://zscqj.beijing.gov.cn/zscqj/ztzl/zscqjfdydj/gzyl11/326150513/index.html,2023年8月6日。

[③] 《广东高院发布2022年度知识产权司法保护状况白皮书》,2023年4月24日,https://www.sohu.com/a/669819484_100175918,2023年8月29日。

[④] 丁丽瑛:《搭建侵犯著作权民事纠纷行政调解的高效便捷平台》,《中国版权》2017年第4期。

减轻了诉累。①

(一) 行政调解+司法确认

行政调解,实质上是行政机关以居间服务的方式积极地为当事人双方提供解决纠纷的沟通机会与互动平台,帮助当事人澄清争议事实,界定并明晰双方争议焦点与利益诉求。② 弹性的行政调解能够有效改善双方当事人的关系,并引导协调双方,最大限度地平衡双方利益,促成调解协议的达成。③

北京互联网法院与首都版权协会(原首都版权产业联盟)联合发布"e版权"诉非"云联"机制。在"行政调解+司法确认"中,依托这一"e版权"诉非"云联"机制,当事人在北京互联网法院在线立案前可一键进入"北京版权调解平台"进行非诉讼调解,通过"云工作站",法院可以在线指导非诉讼调解,优先进行司法确认。这是全国首个行政与司法部门协作构建的版权纠纷诉讼与非诉调解线上线下衔接联动工作机制,是将司法诉讼与调解等非诉纠纷解决机制相结合,把非诉讼纠纷解决机制挺在前面,通过构建分层递进、衔接配套的纠纷解决体系,从源头上减少诉讼增量。首先,版权案件在北京互联网法院登记时,立案系统会自动引领当事人跳转到首都版权协会非诉调解平台接受诉前调解。当事人如果同意,即可先行接受版权组织的调解。对于调解成功的案件,法院可以根据当事人的申请去出具相关的调解协议。如果调解失败,当事人也可以选择继续在北京互联网法院进行立案起诉。这种将在线非诉讼解纷方式与在线的诉讼解纷方式所相衔接的机制称为"诉非'云联'"机制。互联网法院的法官对该平台的调解员会进行线上的业务培训,通过"云指导"去引导当事人履行调解协议,"诉非'云联'机制凸显了多元纠纷解决机制的优势,为诉源治理工作的开展提供了有益的实践经验。"原告是北京的文化公司《你笑起来真好看》音乐著作权人,被告未经原告的许可,

---

① 冯晓青、刘政操:《技术创新视野下网络著作权保护的困境及其破解》,《湖南师范大学社会科学学报》2021年第6期。

② 熊琦、朱若含:《论著作权法中的"行政介入"条款》,《山东大学学报》(哲学社会科学版) 2020年第1期。

③ 邓文武:《知识产权纠纷行政调解的服务转向和制度供给》,《重庆大学学报》(社会科学版) 2017年第4期。

在某平台账号中发布了以《你笑起来真好看》为背景音乐的短视频，涉嫌侵权。因此原告向法院提出了立案申请，以信息网络传播权受到侵害为由，要求被告停止侵权并且赔偿损失。法院在征得原告、被告同意后，委托广电新闻出版旅游局对该案进行诉前行政调解，该案系四方《知识产权纠纷行政调解协议司法确认工作合作协议》签订后首个完成的知识产权纠纷案件，通过司法审查赋予行政调解中达成的调解协议以法律效力是一种有效的诉调对接解决纠纷的方式，最大限度地尊重了当事人的意思自治，促进纠纷高效化解。

(二) 商事调解+仲裁确认

"商事调解+仲裁确认"模式凝聚了诉讼资源与仲裁资源的工作合力，充分结合了调解的"保密性""方便性"与仲裁的"高效性""低成本性"的优势特征，通过将诉前调解成功、法定不适用或当事人明确不适用司法确认的诉讼案件导入确认仲裁程序，以仲裁裁决书形式确认调解协议效力，回应企业纠纷化解需求。以依法、自愿、依程序为原则，法庭在立案登记前对合同类纠纷案件当事人进行意见征求，经双方当事人同意后该案件将会被委派到仲裁调解组织调解，再由仲裁机构进行制作调解协议。当事人要求人民法院出具调解书、判决书、司法确认书的，经双方程序衔接由法院依法出具。未达成协议且拒绝仲裁机构裁决的案件，材料退回法院再按照诉讼程序办理。

在调解的过程中，法官会在线地告知原被告当事人相关的诉讼的权利和义务，并且会在网上记录下他们最终所达成的双方一致认同的调解方案。双方当事人会在线上通过电子签名去确认相关的著作权的调解方案。电子签名确保了调解协议的法律效力，也避免了来回邮政所花费的时间和成本，提高了工作效率，确保公平正义真正到达双方。网上调解无法当场制作并且送达调解书，经常会出现当事人调解之后又反悔的情形，或者收到法院邮寄的调解书后拒绝签收的状况。为了有效降低当事人随意反悔的频次，法院会依据《民事诉讼法》司法解释第一百五十一条的规定，在调解协议中增加了特别生效条款——双方代理人签字确认时即发生了法律效力，因此拒绝签收就不影响调解协议书效力的一个特殊的生效条款，可以去督促当事人去自动的履行义务，保障当事人的合法权益，维护法律权威。规范网上调解工作，需要复制推广网上调解经验，指导知识产权民事侵权类型化案件的线上调解工作。

三 著作权权属纠纷独特审判模式

(一)"ZHI 系统"

2022 年末,广州互联网法院网络著作权纠纷全要素审判"ZHI 系统"成效显著,成功入选"2022 年度中国网络治理十大创新案例"。[①] 在线解纷平台与广州互联网法院成功对接,提升了著作权纠纷的调解效率,实现了互联网法院高质量发展,为世界贡献未来司法模式的中国智慧、中国方案。[②]

因为权利人在维权期间存在"举证难、时间长"等成本较高的难题,广州互联网法院将数字技术与网络著作权高度融合,建立了著作权纠纷要素审判的"ZHI"系统。"ZHI"系统审理的案件超过 5 万件,结案数上升幅度大,案件审理周期大幅度降低。其主要组成为"一线法官+技术人员",实现了智能化、信息化、流程化的高效率审判。在诉前阶段,设置多处著作权在线解纷站点,实现网络平台用户与法院的专项调解,同时也为网络用户提供多样的司法服务。在立案阶段中,就著作权案件一系列信息的录入过程,以"网通法链基础设施"为主体,依托司法的区块链,将著作权案件相关数据信息以可信证据平台为媒介传递,保证案件相关信息录入的完整性与真实性。在审判阶段中,系统会自动生成相关的案件要素表,案件系统可以自动识别相关的著作权的对应焦点,同时可以提供著作权相关作品的智能化对比,虽然对比参考具有相对性,但可以为侵权行为提供一定的参考性。在裁判阶段中以"T"字形模型构建检索框架,实现裁判文书的智能化生成。执行阶段中,案件系统可以智能判断被执行人的债务清偿履行能力。[③]"ZHI 系统"秉持着主客观相统一理念,以推动案件要素

---

① 中国传媒大学文化产业管理学院:《2022 年度网络治理十大创新案例》,2023 年 1 月 14 日,https://www.chinacourt.org/article/detail/2023/01/id/7102527.shtml,2023 年 8 月 5 日。

② 景汉朝:《互联网法院的时代创新与中国贡献》,《中国法学》2022 年第 4 期。

③ 张春和、陈斯杰、李婷:《网络著作权纠纷交互式审理的构建与适用——以广州互联网法院 ZHI 系统实践为对象》,《中国应用法学》2021 年第 3 期。

"起承转合"实现互联网知识产权司法治理的"三提升,一构建"。

其一,"ZHI"系统实现了智能化的批量起诉,目前该系统受理了超过万计的著作权纠纷案件,提取了1500多种要素著作权相关项目(作品权属、侵权事实)。当事人在起诉过程中,可以直接根据图片上的指引去完成相关起诉案件的证据录入,可以最大限度地避免当事人在自身法律知识素养、能力不足的情况下,完成错误信息的填入,导致案件的撤回或者起诉失败。此外,该系统对接了法院的多元解纷平台,并将调解的理念融合贯彻在每一个系统的录入过程中,对当事人进行引导,切实地落实到溯源治理的理念上,实现了司法便民的良好效果。其二,将证据的锁定定格在区块链上,有利于保证证据的真实性、系统性与完整性。在著作权纠纷案件过程中,证据通常是以电子的形式出现,电子证据容易被篡改且成本取证较高。ZHI系统对接广州互联网法院的电子证据平台。著作权的权利人在著作创作结束后,可以在著作权的权属链上进行存证。之后一旦发生纠纷,著作权人只需要填写著作权权属面上所存证的编码,即可实现著作权属相关证据的电子化调取。截至2023年,"网通法链"的电子存证平台的相关著作权的数据比例高达30%。其三,"ZHI"系统与国家版权局等相关版权机构实现了著作权的数据信息的互通机制,有利于构建著作权相关数据的传递链,遏制了关于著作权的虚假恶意登记、登记冲突的窘境,保证市场上关于数字作品著作权的有序有效的流通。其四,实现了案件要素转向司法数据智能化的审判程序。"ZHI"系统为网络著作权侵权相关的纠纷案件提供了关于立案、庭审等一系列标准,落实了较为完备的"司法为民"服务。其可以根据案件的相关元素去智能化识别著作权的作品的类型,并且匹配相对应的方式。例如,对于常见的洗稿、PS、剪辑等侵权形式,可以自动生成简单案件的裁判文书,但是对于重大疑难案件,可以自动检索全国相关的类案数据,进行裁判文书的智能化生成,为法官裁判案件提供科学的参考。其五,合作化共同治理数字化市场。"ZHI"系统不仅是去对接法院,同时也对接了更多的市场主体,去形成注重著作权协同的朋友圈,以此来打破信息孤岛,保证关于著作权相关的各个环节的真实、有效,形成监管的全过程,共建关于著作权相关的生命周期的产业链。

以"ZHI系统"审理的示范庭审"蔡某豪诉某国际旅行社有限公

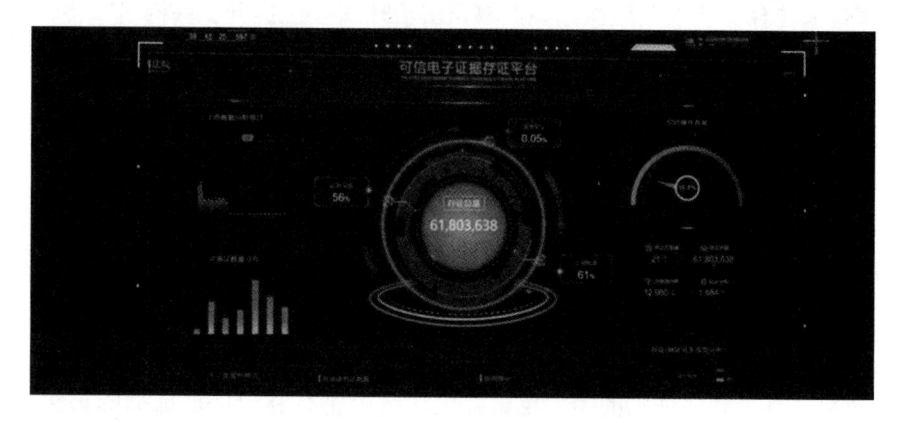

图 5-1　广州互联网法院"ZHI"系统

司广州分公司侵害作品网络传播权纠纷"一案为例，蔡某豪是一名摄影爱好者，曾荣获多个摄影奖项，在业内具有一定的知名度。为了拍摄具有较高水准的摄影作品，蔡先生专门前往西藏林芝采风，并创作拍摄了一组名为《西藏林芝·桃花沟》的照片上传至某网站。他所拍摄的题为《西藏林芝·桃花沟》的照片发表在相关的平台后，一家旅行社的公众号未经授权擅自使用了《西藏林芝·桃花沟》的照片。蔡某豪对侵权事实进行区块链存证后提起诉讼，要求赔偿 5 万元。最终，整个案件仅在 35 分钟以内，就实现了关于涉案图片的独创性程度、商业价值、拍摄成本的要素确认，在 1 个小时以内完成了有关侵权事实的认定和案件的当众审判，审判质效得到了显著提升。

（二）版权链—天平链——协同治理平台

在数字版权领域中，以往权利人授权只是通过相关的合同规定，但合同经多次流转后，权利人如想去追溯是非常困难的，维权保护存在很大的障碍。实践中经常会出现因作品来源模糊、授权不规范而导致市场机制失灵、权利人权利得不到保护等问题。基于此，版权登记机构要求权利人所提交的材料，与法院诉讼过程中所认定的权利归属情况存在不一致的情形时有发生。市场机制失灵之后，著作权人的权益无法得到保障，收益也无法落实。用户无法便捷获得正版作品，诉讼就会成为维权的主要手段。一方面会增加法院的诉累，另一方面还会催生出商业维权机构的不正当盈利机构。因此，北京互联网法院与北京市版权局联合发布"版权链—天平链协同治理平台"。一方面，版权链本身可以自动落实保护原则，防范网络侵权的风险，解决网络版权的难题。[①] 另一方面，版权链—天平链协同治理促进著作权登记和司法审判"双标统一"，实现版权链与天平链"双链协同"，开创了全国首个版权领域的行政司法协同治理机制。[②]

依托该"版权链—天平链"平台，当事人可以直接在北京互联网法院的电子诉讼平台去获取相关版权链上已登记作品的相关材料。这能够降低权利人举证和法官的验证难度，有助于实现对数字著作权的确权、维权等一系列环节的全覆盖。通过将司法标准与数据有机衔接，[③] 实现了技术的全面应用，能够保障著作权人进行确权，强化维权优化的良好效果，助力著作权纠纷高速有效的化解，实现著作权登记信息的实时性和高效性，推动形成了标准统一、生态有序的数据市场，打击了盗版对抗的恶性循环。

图 5-2 北京互联网法院天平链应用框架

在运用"版权链—天平链"审理的"北京美好某图片有限公司与北京天盈某网络技术有限公司"案中，涉案图片在其他图库网站中公示标注的权利人为"SinoView"。被告未经原告许可，在其主办的网站上使用涉案作品，侵犯了原告对涉案作品所享有的信息网络传播权，

[①] 熊皓男：《版权链论纲：区块链对网络版权底层规则的重塑》，《科技与法律》（中英文）2022 年第 1 期。

[②] 廖柏寒：《区块链在版权存证上的技术优势与未来应用——基于"版权链+天平链"协同取证第一案的启示》，《出版广角》2021 年第 21 期。

[③] 伊然：《区块链技术在司法领域的应用探索与实践——基于北京互联网法院天平链的实证分析》，《中国应用法学》2021 年第 3 期。

应承担相应的侵权责任。法院认为被告对涉案图片的使用属于转载行为，没有主观过错。原告主张的损害赔偿数额过高，缺乏相应事实和法律依据，不应全部支持。

北京互联网法院通过"天平链"与北京市版权局"版权链"双链对接机制，依职权调取了北京版权保护中心存档的涉案图片版权登记材料，包括原图权利归属说明、权利保证书、作品说明书、作品登记申请表等，并进行区块链跨链验证。被告对上述版权登记信息的真实性予以认可。这是国内第一个用版权链和天平链协同平台去审理宣判的著作权侵权案件。此项服务应用区块链技术，减少了著作权权利人的举证成本，该案中原告在版权链上登记的作品及权属相关材料即通过北京互联网法院电子诉讼平台一键获取，经由区块链自动验证，极大地方便了当事人举证，提升了法院对于电子证据的认证效率，保证了区块链证据的客观性、稳定性①，充分发挥了著作权作品登记的法律效力，有利于我国著作权版权的数字化保护，能够保证著作权相关产业的高质量转型发展，是提升智慧司法探索水平的重要抓手。②

四　平台内部著作权权属纠纷的在线解决

发展著作权领域的在线纠纷解决机制，是充分解决著作权纠纷、化解社会矛盾的必然要求和可行途径。大型平台内部进行自身重点监管也是平台经济发展的选择。这种做法，既集中有限的资源去防范网络风险，也可以避免挫伤其他中小型平台的创新驱动力。旺盛的传播需求与媒介融合技术的契合，在活跃现代传播活动的同时，也引发了一系列著作权纠纷问题。特别是以微信公众号为代表的自媒体，对著作权的侵犯相对普遍。③ 在我国的自媒体平台中，百度网盘提高了版权问题的处置效率；微博采取了线上举报和通知删除投诉流程，在接收举报后删除相关侵权信息，并且对侵权人作出禁言惩罚；知乎针对对于不同类型的用户，制定不同的用户协议；抖音电商上线知识产权

---

① 伊然：《区块链存证电子证据鉴真现状与规则完善》，《法律适用》2022 年第 2 期。
② 刘品新：《论区块链证据》，《法学研究》2021 年第 6 期。
③ 巩聪聪：《新媒体视域下著作权保护思考——以"微信公众号"为重点研究对象》，《全媒体探索》2022 年第 1 期。

保护平台，建立专人对接机制，为权利方提供投诉绿色通，是业内首个实现电商场景全覆盖的一站式投诉平台。各平台建立了各式的著作权在线纠纷解决机制，并且运营效果良好。以下本书将就"百度网盘""微信""知乎"平台内部著作权权属纠纷的在线解决进行阐述。

（一）百度

（1）版权维权

网盘均具有"实质性非侵权用途"这一功能。技术本身是属于价值中立的，不具有可责备性，但作为网络服务提供者，仍然需要承担"通知—删除"规则与"红旗标准"规则。百度网盘目前的核心服务除了一般的上传存储，还包括秒传、离线下载、分享及在线播放等。其中，秒传、分享及在线播放是目前国内外其他网盘平台也普遍提供的共性服务；离线下载相对特殊，个别网盘平台尚未提供此服务。此外，为方便相关版权机构第一时间进行维权、举报，百度网盘官方还设立了绿色通道"百度版权"。该网站专门提供版权保护、版权交易等功能，相关页面公布了投诉须知（包括受理范围说明、投诉内容说明和权利义务声明）和可选择的投诉方式（包括机构投诉、个人投诉和更多投诉）等，并可第一时间处理侵权投诉内容，极大地方便了版权机构的维权行动。

在优酷诉百度网盘著作权侵权一案中，优酷合法享有电视剧《三生三世 十里桃花》专有的信息网络传播权。百度网盘作为载体，仅提供个人数据的存储管理服务功能，本身并不提供内容。百度网盘用户将《三生三世 十里桃花》上传至网盘，并且优酷公司委托北京网络版权监测中心，要求向百度公司发送"提请移除侵权作品通知"。百度公司在收到涉案通知后断开了涉案链接，但优酷认为百度公司没有尽到合理的注意义务，对侵权结果发生存在主观过错，构成侵权。本案的案件焦点在于在排除上述责任后，是否仍存在百度公司明知或应知用户的行为构成侵权，却未采取必要措施的情形。事实上，百度网盘在收到通知后并未及时对全部涉案链接采取断开措施，致使侵权范围和规模进一步扩大，应对由此导致的损害扩大部分与网络用户承担连带责任。在网盘侵害涉案作品信息网络传播权的情况下，百度公司未采取屏蔽措施制止用户分享涉案链接，导致了相应损害后果的发生，应当与用户承担连带责任。本案是网盘服务商怠于采取知识产权的保护措施而赔偿责任的案例，明确了平台需要对著作权侵权行为采取必要措施的义务。平台不仅要及时断开链接，还应当采取预防侵权行为发生的合理措施，并对重复侵权行为的用户采取限制措施。

在北京互联网法院和首都版权协会的指导下，百度公司发起"正版图库计划"：权利人在"版权链"登记的图片可自愿申请加入版权链图库。版权链图库会自动连接"百度图片搜索"链接，用户搜图结果将优先呈现版权链图库的图片作品。用户点击搜索结果将跳转至版权链图库网站下单购买图片版权、下载图片文件。百度文库联合首都版权联盟为权利方提供版权认证服务。当数字作品发生版权纠纷的时候，用户可通过作品认证证书对作品进行保护。版权链图库正式在百度图片搜索上线运营，截至目前运行良好。百度百家号面向作者推出正版图库功能，每一个百家号作者在创作时，不仅可以上传本地图片，还可免费使用在线正版图库拥有的数千万张正版高清图片。

（2）技术支持

使用 AI 技术升级反盗版系统和反作弊查重系统、与版权方携手共建盗版资源库，再到依托百度自主研发的超级电子区块链技术，固化电子数据并连通司法体系，百度文库发展了"高精度内容的检索算法""反盗版系统和反作弊查重系统"和"电子区块链电子证据闭环"三代知识产权保护措施。在这其中，高精度的内容算法可识别出盗版信息，查重精度达到 99.5%，对比样本库达千亿。其能够主动对比盗版文档，为百度文库内容生态中教育、科技、经济、实用工具等内容创作者和专业机构提供全链条版权保护服务，为创作者免费提供版权保护服务。利用版权保护技术，百度文库可以从内容创作、上传、使用的过程中，对侵权内容进行打击，同时通过数字化版权认证、区块链版权存证等方式进行内容版权留存，对内容进行分级运营管理，确保用户从庞大的亿级内容中获取所需的优质内容。

（3）版权监管

百度网盘在 2016 年不仅成立了专项小组审批版权相关资质，同时也持续加大技术投入，不断提高版权问题处置效率，积极限制违规文件分享传播。在产品端，百度网盘多处增加了明显的举报入口，鼓励用户举报盗版侵权内容。在用户反馈首页，百度网盘设立了"侵权投诉"入口。用户如发现盗版侵权文件，即可点击进行反馈。在外链分享页,百度网盘同样在右上角设立了"举报"入口,用户一旦发现分享内容涉及盗版侵权,可直接点击"举报"进行投诉,百度网盘后台接到举报后将进行版权资质核查,第一时间将结果反馈给用户或版权方。百度网盘会加强对 AI 图文转视频功能的监管和规范,明确告知百家号作者视频素材的来源和授权情况,提供必要的版权保障和责任承担条款,并及时处理版权投诉和纠纷。

(二)微信

1. 知识产权保护

微信的知识产权的保护团队已经构建了"三位一体,两大重点,全场景覆盖"的保护体系,即微信品牌维权平台、微信版权保护计划、全电子化侵权投诉体系,将商标权、版权作为重点的保护,覆盖了微信的个人账号、公众号、小程序等多种应用体系。

微信创造性地增加"原创声明"与"引用功能"。一旦作品符合微信中的定义"创造性功能",该作品便受到著作权的保护。如要转载相关文章,需征得作者同意,转载之后也可以直接显示文章的来源与作者。在算法方面,系统可以直接拆分相似文章的词句,找到他们之间相似的词句的集合,进而计算文章的相似度。[①] 当系统对于文章的原创判断出现错误时,著作权人对该结果进行申诉以保障自己的合法权益。"原创声明"的功能可以保证著作权人的合法利益,增加版权保护的主动力量。引用功能是指作者在创作该文章时,具体引用了他人的文章,需要使用该功能。它是原创功能的补充,细化了文章的版权。关联账号打击功能是指有些被投诉的人利用关联的个人账号进行宣传,以此达到为个人账号引流的目的。微信的知识产权团队利用算法训练去挖掘出这些被投诉账号的关联账号,并且将这些风险账号发送至审核人员的手中,审核人员去核查是否存在侵权行为。微信也建立了"洗稿"投诉合议机制,[②] 主要是邀请进行长期输出优质内容的创作者们去建立洗稿的合作小组。合作小组可以对投诉的作品进行比对判断,表明其是否为洗稿的作品。微信团队也联合了多个品牌方、

[①] 翟东升、蔡文浩、张杰、郭程:《基于图相似度的专利侵权检测方法研究》,《图书情报工作》2018 年第 5 期。

[②] 任渝婉:《自媒体"洗稿"的治理难题及其多元破解》,《出版发行研究》2018 年第 11 期。

版权方等和警方人员进行刑事打击。他们可以通过线上线下综合分析研究，实行精准打击。

2. 微信知识产投诉机制

在技术上，微信建立了便捷的线上侵权投诉系统，并上线微信品牌维权平台，与权利人联合共同打击侵权行为。品牌权利人可以在平台上直接去投诉打击发布不实信息的账号。微信在合规的前提下，可以利用技术将投诉流程进行一定的整合，帮助品牌人去实现一次性认证。因此，品牌权利人只需要通过认证，投诉过程中无须再次填写相关的认证和提交证明的材料，而且也可以从后台自动提取相关证据。这种一键提交投诉，提升了线上投诉的效率，简化了流程，方便了体验过程。投诉和反馈入口覆盖面广，包括公众号、小程序等。侵权投诉、审核、转送、评估等系统流转都是为电子化线上交互，无须提交任何书面材料，简洁高效。在"微信红包案"①中，腾讯科技有限公司对"微信"应用程序、"微信红包聊天气泡和开启页"享有著作权。青曙公司是"吹牛"应用软件的著作权人和经营者，"吹牛"软件中所用的"红包聊天气泡及开启页"涉嫌抄袭"微信"红包相关页面。"微信红包聊天气泡和开启页"具有独创性，构成作品。涉案"微信红包聊天气泡和开启页"的颜色与线条的搭配、比例，图形与文字的排列组合，均体现了创作者的选择、判断和取舍，展现了一定程度的美感，具有独创性，构成我国著作权法意义上的美术作品。被告的电子红包开启页与原告主张的涉案"微信红包开启页"构成实质性相似，侵害了原告的信息网络传播权。

3. 第三方知识产权保护网站

微信第三方知识产权保护网站提供了相关的维权投诉指引与维权规则介绍。该网站还展示出详细的规则介绍、与知识产权和知识产权投诉相关的知识点问答，这将便于公众了解微信的知识产权规则和维权渠道。同时，腾讯公司也会对作品的侵权行为承担责任。②

---

① 深圳市腾讯计算机系统有限公司等诉北京青曙网络科技有限公司侵害作品信息网络传播权纠纷和不正当竞争纠纷案，北京互联网法院（2019）京 0491 民初 1957 号民事判决书。

② 胡建文、吴昊：《微信公众号作品传播行为的著作权保护》，《江西科技师范大学学报》2022 年第 1 期。

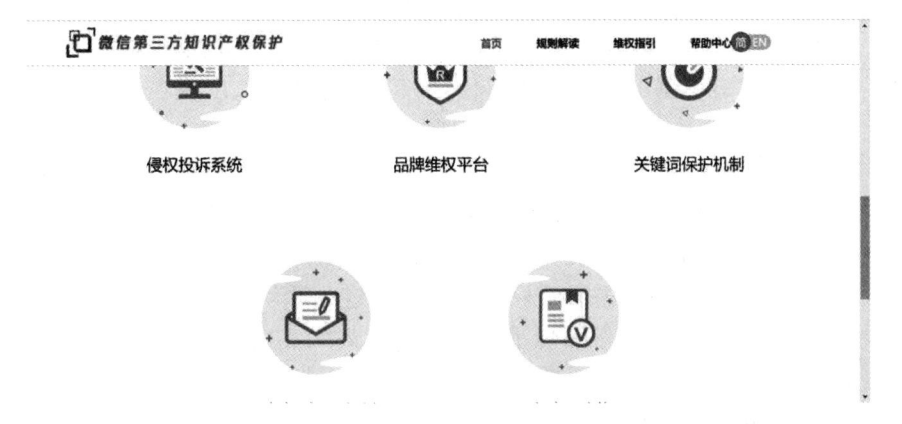

图 5 – 3　微信第三方知识产权保护架构

(三) 知乎

1. 著作权内容支持

对于不同类型的用户，制定不同的用户协议。《"知乎"协议（草案）》针对一般用户，《知乎视频用户协议（试行）》针对视频用户，《用户协议——知乎 Live》则针对 Live 用户。

《"知乎"协议（草案）》明确规定了对于自媒体作者的著作权保护。协议中直接表明，用户在该平台上发表的所有的原创内容都归其本人所有，用户本人可以不经过平台的同意授权给其他人使用该内容。[①]"微博"与微信公众号平台中都没有类似的条款。《知乎视频用户协议（试行）》和《用户协议——知乎 Live》中有明确的用户在该平台上发布的原创内容归本人所有，但是并没有"用户本人可以不经过平台的同意授权给其他人使用该内容"这一条款。在侵权层次，这三款协议都约定，用户受到侵犯时，"知乎"有权就该侵权行为作为独立追究者来要求竞选者承担责任。譬如，"知乎"曾在 2016 年以侵犯信息网络传播权为由起诉抄写知乎问答内容的微博账号"知乎大神"[②]。该案在 2019 年宣判原告方"知乎"胜诉。同时，在确权的同

[①] 邹禹同：《自媒体的著作权保护：历史、现状、困境——基于"知乎"答主的视角》，《青年记者》2022 年第 15 期。
[②] 北京智者天下科技有限公司与阮昊等侵害作品信息网络传播权纠纷案，北京市海淀区人民法院（2016）京 0108 民初 36637 号民事判决书。

时，其也会对自媒体作者的著作权做出了一些限制。例如，多人编辑内容的著作权应当归属于知乎所有，而作者享有著作权的所有权，但"知乎"享有免费的非独家许可使用权。类似规定也出现在《用户协议——知乎 Live》和《知乎视频用户协议（试行）》中。

2. 技术支持

"知乎"平台在技术领域做出了相应的改变去保护自媒体的著作权。在确权方面，"知乎"平台将承诺入驻的所有的用户所发布的内容的著作权在 DCI（国家版权保护中心）进行原创登记。技术措施的发展体现了技术对于作品传播的限制。[①] 该平台在授权方面进行了技术的创新，主要表现在，其给予用户"禁止转载""允许付费转载"与"允许规范转载"的选项进行选择。用户一旦选择"禁止转载"事项，那么其他人无法通过复制形式去粘贴相关内容进行抄袭。用户选择"允许付费转载"，那么他人必须先支付对应的价格并且获得作者的授权才能够进行转载。"允许规范转载"即在转载之后"知乎"平台会自动地添加原著作权人的相关账号以及链接出处。而且用户在发布原创图片时，平台会自动在图片的右下角自动打上账号的水印。针对自媒体中的原创视频的内容，支付平台也采取了反盗版等技术措施去设置权利人相关的电子信息，并且所有在平台中发布的原创视频都会在知乎平台中自动添加作者的账号信息内容。针对"知乎"Live 内容，平台规定仅付费会员用户才可查看内容资料，并且只可在线收听，不可将内容下载至个人电脑。

3. 维权

在维权方面，支付平台中涉嫌内容侵权等方面，用户可以自主设置举报的通道。只要直接在其内容所在页面的平台中点击举报按钮，并且复制相关链接即可。在知乎平台的维权行动中，影响最大的是对微博营销号"知乎大神"的起诉。而且，知乎和微信合作打击一些跨平台的侵权行为，功能主要在微信公众号侵权投诉上。例如，一旦绑定了微信账号，原创作者可以一次性投诉多篇侵权文章，知乎和微信的版权部门会在一天之内将被认定侵权的文章进行删除，封禁多次违规的公众号，并把相关处理结果以私信的形式发送到相关账号中。[②]

[①] 王迁：《论版权法对滥用技术措施行为的规制》，《现代法学》2018 年第 4 期。

[②] 金强、李智鸣：《网络社区版权保护的现状、问题及对策——以知乎社区为例》，《中国编辑》2021 年第 8 期。

第六章　智慧司法与在线解纷机制

本章将聚焦我国智慧法院、智慧检院与未来司法，通过对《人民法院在线诉讼规则》《人民法院在线调解规则》《人民法院在线运行规则》等相关规则进行梳理与解读，为进一步细化在线纠纷解决规则、推动在线解纷机制有效落实提出有益建议，使之更加适应数字时代要求，为深化智慧法院建设提供规则保障。通过对域外在线解纷机制相关规则进行系统梳理、解读和比较研究，为打造共建共治共享的全球网络空间治理格局提供法律支撑；对目前我国智慧法院建设中存在的现实问题进行回应，从而巩固和拓展智慧法院建设成果，提升审判质效，推动司法制度更加成熟完善、更加适应数字时代要求；对智慧检院所期望达到的目标、在实践中所发挥的功效、当下所面临的挑战以及未来的前景展望进行阐述，基于当下智慧检院运用技术赋能发挥能动性检察监督、辅助刑事在线诉讼、助力民事在线解纷、强化诉源治理之功效，着力指出司法能动主义在智慧检院运行过程中的深刻彰显，并在"技术性正当程序"理论提炼的基础上，以技术激发法治新效能为主线，从多个角度对智慧检院提出未来发展前瞻。

第一节　域外法院在线解纷项目的分析与讨论

数字时代下，数字产业链、价值链和供应链逐渐形成[①]，传统法律关系所立足的空间从"在场"更迭为"在线"。同时，线上交互的

[①] 刘兴华：《数字全球化时代的技术中立：幻象与现实》，《探索与争鸣》2022年第12期。

开放性、多样性、跨域性使得其间产生的纠纷之数量、影响范围日益扩大。纠纷解决需求呈现出的新形态要求现代化司法作出适时回应，亟须创新纠纷处理流程、完善纠纷解决规则、优化司法资源配置以完善在线解纷机制。多国法院都在顺应社会发展趋势尝试开展在线解纷实验项目，英国司法改革项下的在线解纷实验与新加坡"在线法庭"项目即是其中的范例。

一 英国的"女王陛下在线法院"项目

英国法院系统经过长期努力，在总结其实践经验基础上，创建了在线法院关于在线解纷的实验项目。[①] 该项目是立足于以互联网信息和通信技术为基础构建的一种新型在线模式。这种模式并非简单地将现代科技应用到传统纠纷解决方式中，而是以纠纷解决、纠纷控制以及纠纷预防为构思的"接近正义"的创新机制。

（一）发展历程与项目特点

2015 年 1 月，英国民事司法委员会下属的在线解纷咨询小组发布了一份由理查德·萨斯金教授撰写的报告，该报告建议成立"女王陛下在线法院"（Her Majesty's Online Court，HMOC）。[②]

这个在线法院用来受理标的额不超过 25000 英镑的民事纠纷，其设计的程序包括第一阶段（在线评估）、第二阶段（在线辅助）以及第三阶段（在线裁判）。[③] 在第一阶段，主要包括问题诊断以及帮助当事人理解可供选择的救济方式与解决方案，当事人在此阶段需要提交相关的个人信息、利益诉求以及证据信息等资料。假设问题没有在第一阶段被解决，当事人就会进入第二阶段，即在线辅助。在第二阶段，

[①] See Smith, Roger, "Ministry of Justice for England and Wales Dives into the Deep Water on Online Dispute Resolution", *Dispute Resolution Magazine* 23 (2016 - 2017), p. 28.

[②] See Richard, Susskind, "Online Dispute Resolution: For Low Value Civil Claims: OnlineeDisputResolution Advisory Group", CIV. JUST. Council, February 2015, http://www.judiciary. Gov. uk/wp - content/uploads/2015/02/Online - Dispute - Resolution - Final - Web - VersionI. Pdf, 10 - 20 - 2023.

[③] See Lord Justice Briggs, "Civil Courts Structure Review: Final Report", https://cdn2. hubspot. net/hubfs/1845352/documents/Lord_ Justice_ Briggs_ - _ Final_ Report. pdf, 10 - 20 - 2023.

实际上并没有法官的介入，通常是由法院的案件专员（Case Officer）负责纠纷调解和案件管理工作。具体来讲，案件专员会通过第一阶段所收集的信息对案件情况进行熟悉，以此为基础为当事人提供调解、咨询等服务，以便于当事人通过非对抗的程序达成和解。另外，当事人也可以自行协商，不需要案件专员介入解决纠纷。最后，对于在辅助阶段仍未能得到纠纷化解的当事人，将直接进入第三阶段，即在线裁判。在这一阶段，通常是由法官采用电话、远程在线视频的方式进行审理和裁判。事实上，只有少量的案件无法通过上述前两个阶段的程序，进入第三阶段。并且，以上三个阶段形成一个漏斗状的过滤体系。实践中，往往未被第一阶段、第二阶段过滤的案件主要是案情复杂或所涉重大利益的案件，而这类案件最终将经由法院在线裁判结案。

（二）"三阶段"程序对传统诉讼程序局限的突破

分析英国在线法院计划采取的"三阶段"程序，不难发现，该程序设置在技术和路径方面已经突破传统法院线下解决纠纷的局限，主动适应了互联网时代发展的需要。首先是从物理环境向网络环境的转变，逐步削弱了法院诉讼程序长期以来以物理边界为代表的标记。法院在线平台的主要功能是提供中立的场域以便于当事人互相传递、交换信息和有效沟通，且这种场域不受时空限制。"三阶段"程序最初在小额索赔案件中获得了认可，并逐渐扩展到电子商务、网络侵权以及家事纠纷等其他场景。法院适用在线解纷机制扩大到更复杂的纠纷领域，纠纷不再诉诸一个多元解纷机制，全程由法院在线平台提供在线程序解决，从而真正实现在线解纷机制与司法审判体系的无缝衔接。其次是从人为干预和决策到自动化程序的转变，降低了纠纷解决的成本，提高了处理案件的效率。自动化程序为在线调解提供了自助性质的选择，并将重点放在了当事人对各项功能的评价上，当事人的信息与数据反馈通常会被嵌入程序设置和更新，以此达到持续完善司法系统的效果。最后是从事后救济到以事前预防纠纷为目的的纠纷解决模式的转变。在线法院收集、使用以及再利用当事人的信息与数据，形成以电子形式存在的案卷，可以有针对性地研究一些问题。比如，纠纷的来源是什么，产生了哪些不同场景的纠纷，不同类型和偏好的当事人在纠纷解决过程中如何表现以及不同类型和偏好的当事人如何理解司法程序等。这些信息的获取和分析，能够助力于纠纷在早期阶段得到解决，或者至少可以防止纠纷的增多。

二 新加坡以当事人为核心的未来法院建设项目

数字时代，新加坡法院体系面临的主要挑战与其他诸多国家相似：第一，司法需要确保公正。传统审判的模式中，帮助人们跨越从知晓法律到保护权利鸿沟的能力往往专属于律师，他们对于法律知识的掌握、对诉讼程序的熟悉使得其能够依照充满细节性要求的具体规范为当事人主张权利。当案件事实复杂、法律关系不明晰时，这种专业性的重要性会更加凸显。但是更多情况下，当事人面对的仅是重复率高、案件事实简单的纠纷，但在传统审判模式下，要其凭借自身的力量从数量众多且充满专业词汇的法律法规中准确定位到自己需要的内容，从庄严模式的法院工作流程中明晰自己所需要采取的行动是具有一定挑战性的。而此时聘请律师的成本与收益并不匹配，这使得当事人可能因为经济劣势而产生制度劣势。而在线法院将流程线上化并给予相应的规范指引和技术指导，使得当事人对需提交的法律材料、文书格式、提交时间等程序性规则能够有更清晰的了解。同时，在线法院在平台上提供的其他如在线咨询等法律服务使当事人获得跨越信息差的渠道，从而赋予双方公平竞赛的机会①；第二，在法庭上提交的文件和证据越来越多，随之而来的是证据开示申请的增多，这项工作需要消耗大量时间和资源。并且，不论是商业案件还是家庭纠纷案件均日益复杂。这种复杂性往往包括很多跨境因素，如需要海外取证，并且需要考虑冲突法的原则。② 在此种情况下，使用在线法院的优势便凸显出来，通过缩小或消除地理位置、资源和文化水平方面的差距，它可以同时解决费用和效率问题。2016 年，新加坡成立了未来法院特别工作小组（The Courts of the Future Taskforce），该小组致力于推动信息技术与新加坡司法系统的结合。其后，新加坡法院不断以接近正义为

---

① ［美］理查德·萨斯坎德：《线上法院与未来司法》，何广越译，北京大学出版社 2021 年版，第 110 页。

② 世界互联网法治论坛：《新加坡共和国最高法院战略规划与政策管理处副处长吕美萍的发言》，2019 年 12 月 5 日，http://wlf.court.gov.cn/news/view-36.html，2023 年 10 月 18 日。

目标，以数字化和全球化为核心进行司法改革，打造以当事人为中心的在线解纷机制。新加坡法院系统整体上以在线材料的提交与送达、远程听证与审判、异步听证、纠纷处理结果模拟为主要着力点，同时各级法院的建设又呈现出各自不同的特点。

（一）统一推进在线诉讼程序的适用

新加坡法院目前已全面执行在线诉讼程序，其以建设的统一在线平台为基础，从增设电子送达、试点异步听证、提供辅助服务等措施中获得支撑。

2021年底，新加坡推出新加坡法院在线平台（SG Court Website，测试版在2021年2月推出，收集意见后进行了改良再次正式推出），它取代了最高法院、州法院和家事法院的个别网站，为当事人提供了一个统一的在线入口。该平台为当事人提供有关司法机关的综合资料，包括法律差异解释、法庭表格、准备法庭事务或寻求法律援助的意见等资源。在远程听证和审理方面，2020年，新加坡家事法院开始以电话会议方式开展案件调查，并试用Zoom Platform进行远程听证和审理，2021年州法院也开始使用该平台。根据新加坡2021年法院年度报告，其90%的刑事与民事非审判案件以及60%以上的民事审判案件都是通过视频会议进行听证的[①]。听证会之前，法院系统都会向律师或自代理诉讼人发出视频会议通知，向他们提供参加Zoom听证会的说明以及有关该技术的在线资源链接。除此之外，法院通过规定的修改使视频听证方式合法化，并完善辅助设施以提升其使用效率。家事法庭审判指导（FJC Practice Directions，FJCPD）对第161条关于审判程序的规定进行修订，将视频和电话会议加入作为听证方式；对第108A条关于作证规定进行修改，允许新加坡以外的证人通过实况录像或实况电视连接提供证据。远程作证的形式得到广泛适用。国家通过立法授权法院准许被告人和证人通过视频链接提供证据，由法院对远程提供的证据进行有效评估。同时，新加坡家事法院为无法独自操作的当事人建立了28个线下会议空间（Zoom Rooms），并配有专业的法

[①] Supreme Court State Courts Family Justice Courts, "SG Courts Annual Report 2021", 12 Aug 2022, https://www.judiciary.gov.sg/news-and-resources/publications/publication-details/singapore-courts-annual-report-2021, 10-20-2023.

院工作人员辅助其参与线上庭审。

在异步听证方面,新加坡法院积极创新,将书面听证与口头听证相结合,在征得当事人同意的情况下,以异步方式进行调解、证据交换、审判等活动,并在州法院开展"异步听证"试点工作[1],利用电子平台(e-platform)对民事审间事项进行异步听证,计划下一步拓展到刑事审前听证环节,将刑事审前会议(criminal pre-trial conferences, PTCs)和刑事案件披露会议(crimial case disclosure conferences, CCDCs)作为候选试点程序。在不要求当事人出席的情况下,异步接收当事人的申请和指示请求、批准申请,同时发布指示以及在综合案件管理系统上确定事项。为更好地理解技术改进的需求,总检察署和刑事法律援助计划成员共同管理一项试点项目。该项目被用来收集关于上述两个程序异步听证的数据和反馈。[2]

在电子送达方面,2022年9月1日,新加坡法院在电子诉讼平台引入了一种额外的电子方式,在民事诉讼中当事人可以选择通过Singpass app inbox应用程序进行电子送达。接收方在Singpass应用程序收件箱中"for Action"目录下获取法院文书。这种方式能够节约潜在成本,提高送达速度,更好地应对接收方地址改变的情况。除此之外,接收方在经过Singpass认证后,以电子方式查阅文件,避免了其他方式中他人查阅有关文件的可能性,并且以该程序收件查看的文档是通过安全且得到认证的官方渠道传输的,真实性能得到保障。在其他辅助性法律服务方面,新加坡法院与新加坡法律协会共同深化LawNet Platform[3]的开发,努力将LawNet平台改造为一个单一的数字中心,以提供更广泛的服务。比如,双方对跨境法律图书资源、法院判决材料进行整合,并构建智能案件检索系统(Intelligent Case Retrieval System),让使用者容易地识别、查找和检索法院曾判的人身伤害损害赔偿案件。新加坡国家法院和新加坡法律协会共同开发机动车事故在线

---

[1] https://baijiahao.baidu.com/s?id=1718142979709142069&wfr=spider&for=pc, 10-20-2023.

[2] Supreme CourtState CourtsFamily Justice Courts:"SG Courts Annual Report 2022", 30 Aug 2023, https://www.judiciary.gov.sg/news-and-resources/publications/publication-details/singapore-courts-annual-report-2022, 10-20-2023.

[3] 平台网址:https://www.lawnet.com/library/welcome,10-20-2023。

索赔平台（The Motor Accident Claims Online，MACO）。该平台是一个免费的在线车祸索赔模拟器，让任何人都可以得到一个快速的、非约束性的评估，该评估结果会分配责任以及确定人身伤害赔偿数额，以促进和解。该平台包括两个模块：责任模拟器（2020年10月推出）和金额模拟器（2021年4月推出）。这两个模块都有分步调查问卷，并按照现行法律和判例编制程序。从发布起到2022年5月底，责任模拟器记录了6654次个人模拟，而金额模拟器记录了7080次个人模拟，总共进行了13734次个人模拟。为保障MACO信息的时效性，州法院有专门团队监督该平台，定期整理反馈意见，以发掘平台进一步完善的方向。①

（二）法院依各自特性侧重不同

新加坡州法院注重打造社区司法和法庭系统（Community Justice and Tribunals System，CJTS），这是一个具有纠纷解决能力的在线申请和案件管理系统。新加坡地方法院于2017年7月首次在小额索赔法庭（the Small Claims Tribunals，SCT）发布该系统。此后，社区司法和法庭系统分阶段推出，并涵盖了其他几种索赔案件。该系统已经可以在劳动索赔法庭（the Employment Claims Tribunals）使用，并允许当事人在线提交劳动索赔申请。根据地方法院纠纷解决中心发布的社区司法和法庭系统在线协商（e-Negotiation in CJTS），社区司法和法庭系统将会显示索赔信息的简短总结，纠纷的双方当事人可以有三个回合的交涉来解决有关纠纷，每次当事人提出提议后系统会向对方当事人发送邮件或SMS通知，对方当事人可以选择同意该提议、改变该提议的数额或者是提出其他的意向。州法院启动了社区司法和法庭系统的第二阶段，该系统在社区纠纷解决法庭（the Community Dispute Resolution Tribunals，CDRT）上线，允许人们在线申请邻居纠纷索赔（neighbor dispute claims），并通过在线纠纷解决模块来促进此类纠纷的早期解决。在这一阶段，社区司法和法庭系统拓展了预申请评估、在线提交文件、选择开庭日期以及在线支付等功能。此外，社区司法和法庭系

---

① Supreme CourtState CourtsFamily Justice Courts："SG Courts Annual Report 2021"，12 Aug 2022，https：//www.judiciary.gov.sg/news-and-resources/publications/publication-details/singapore-courts-annual-report-2021，10-20-2023.

统还增加了两个显著的新功能,那就是案件检索和在线调解。案件检索功能允许用户检查是否有正在进行的针对他的有关索赔或指令。用户还可以检查是否有任何货物供应商、服务提供商或住宅租赁方发起的案件。这将有助于用户审查案情的是非曲直,并使他们在与某一特定方订立合同时作出明智的选择。在线调解功能使得纠纷各方能够在法院调解员的帮助下进行在线调解进而解决纠纷。在线调解可以在最适合他们和他们的调解人的日期和时间进行。如果他们达成了争端解决方案,则可以撤回他们的索赔或通过社区司法和法庭系统申请在线同意令,而无须诉诸法庭。这些新功能,即在社区纠纷解决法庭或小额索赔法庭提交索赔的全套在线服务,为当事人管理案件提供了更大的便利和灵活性,也节省了他们去州法院处理案件的时间。

新加坡家事法院强调"愈疗司法"(Therapeutic Justice,TJ),在构建在线解纷机制时,结合家事案件的特征提供在线申请服务及普法服务,以期能从根源上解决纠纷并带给当事人持久的精神支持。新加坡家事法院于2021年11月推出离婚服务平台(Divorce eService portal),协助未聘请律师的当事人拟备以及提交申请协议离婚的法庭文件。同时,新加坡家事法院注重打造案例数据库(a digital repository of Case Highlights),制作了一份数字案例亮点库,其中包括著名的家庭法判决的简短摘要。《案件摘要》可通过新加坡法院在线平台进行查阅,有助于自辩诉讼人处理自己的案件,对律师的工作亦有帮助。除此之外,新加坡家事法院于2022年召开首届"疗愈司法年会",构建非对抗性家庭法拥护者的网络平台,组织家事法官、新加坡法律学院、和其他国家的同僚,彼此交流,有利于相关经验的总结与传播。

三 总结与评价

在社会关系、生活方式逐渐数字化联通的背景下,技术、思想、文化能够实现在短时间内向全球扩散[①],建构于差异化国情基础上的在线解纷机制虽各有特色但呈现出一定的共性,正如上文所分析的英国在线法院项目是以在细分纠纷领域和部分法院形成较为深度化、规

---

① 刘兴华:《数字全球化与全球数字共同体》,《国外社会科学》2021年第5期。

范化、具有创新性的程序为特征,而新加坡的未来法院项目则是以自上而下去整体推进传统诉讼流程线上化的方式展开,但同时若具体看其项目推进的内容又会发现存在共同之处。从纠纷处理流程来看,"漏斗状过滤式"设计程序被广泛适用,注重落实纠纷预防措施,同时强化对非诉纠纷解决方式的系统性、规范性管理,以司法资源辅助实现其功能,让当事人能够自主解决纠纷,使得案件能够得到更好的分流。完善非诉与诉讼的对接系统,高效移转相关资料;从纠纷解决规则来看,主要以法院为主体修改相关规定使得电子送达、在线审判、在线作证等合法化,司法实践先行而后规则不断完善的特点显著;从司法资源配置来看,投入专项资金打造法院在线平台,以当事人需求为核心进行外部系统的不断完善。法律秩序的存在,既源自原创性改革,也源自借用,这两种方式的混合产生了各种独特的法律经验模式。① 深入探讨和分析域外法院的实践做法,更为重要的是为中国的司法实践发展寻求经验,为打造全球治理话语体系、构建人类命运共同体贡献中国智慧。我国的智慧法院建设由"提高审判效率"和"提供优质司法服务"为起始,以本国国情为根基,吸纳了已有的域外经验并不断超越,现已形成举世瞩目的体系性成果。②

第二节　我国智慧法院与互联网司法建设:运行现状与创新实践

一　在线解纷机制是智慧法院建设的中国创新和实践

(一) 在线解纷是智慧法院建设的基本内容

1. 在线解纷包含于智慧法院建设的过程之中

"智慧法院"的概念最早在 2016 年于最高人民法院信息化建设工作领导小组举行的年度第一次全体会议中被提出。其后,中共中央办

---

① 米歇尔·格拉齐亚代:《作为研究移植和继受的比较法》,高鸿均等译,《牛津比较法手册》,北京大学出版社 2019 年版,第 442 页。
② 秦文峰:《智慧法院与未来司法》,2023 年 3 月 17 日,https://www.chinacourt.org/article/detail/2023/03/id/7199082.shtml,2023 年 10 月 18 日。

公厅、国务院办公厅制定出台的《国家信息化发展战略纲要》、国务院发布的《"十三五"国家信息化规划》都提及推进智慧法院的建设，意味着智慧法院建设正式上升为国家战略。在《最高人民法院关于加快建设智慧法院的意见》中，明确了建设智慧法院的意义、工作目标以及总体要求。《人民法院信息化建设五年发展规划（2021—2025）》确定全国法院信息化指导思想、建设目标、重点任务、实施路线，将全面深化智慧法院建设，加快推进审判体系和审判能力现代化成为工作新要求。① 在此过程中，建设"智慧法院"的侧重点逐渐从强化系统建设、解决电子化问题拓展上升到健全平台对多主体的服务功能、探索司法新模式、以数据助决策、制定完善相关规则、助力解决国际纠纷。在线解纷机制的流程设计、技术需求、核心理念逐渐融于建设智慧法院过程之中。

第一，在线解纷机制是一种依托互联网信息和通信等新技术，并与多元解纷方式相结合的机制，强调对"预防优先，分层化解，精准治理"的"预防—化解—治理"体系构建，包含在线和解、在线调解、在线诉讼等多种方式。完善人民法院调解平台，为当事人提供具备在线咨询、在线评估、在线分流、在线调解、在线确认等功能正是智慧法院建设的重要内容。从2018年人民法院在线调解平台正式上线，在线调解在中国迅速释放出在线纠纷解决机制的生机与活力。在落实《关于加强诉源治理推动矛盾纠纷源头化解的意见》以及"把非诉讼纠纷解决机制挺在前面，从源头上减少诉讼增量"要求之下，各地法院不断探索在线诉源治理，精细化、精准化社会治理的新模式，譬如北京互联网法院采用区块链智能合约技术实现执行"一键立案"、杭州市法院推出"一码解纠纷"等。在线解纷机制对多种解纷方式灵活运用、关注纠纷预防的特点在深化智慧法院建设中得到了很好的体现。

第二，在线解纷机制对技术的需求能够在深化智慧法院建设中得到良好保障。按照《人民法院信息系统建设技术规范》要求，要继续深化智能语音识别等AI能力在庭审场景的应用效能，为全国法院提供

---

① 刘峥、何帆：《司法改革2021：守正创新，行稳致远》，2022年1月16日，https://www.chinacourt.org/article/detail/2022/01/id/6486555.shtml，2023年10月18日。

智能语音识别的模型共享、集中学习、运营监控等服务；要建设数据共享交换平台，实现法院之间和法院与外部之间的数据共享交换和业务协同；要建立大数据分析系统，研发面向司法公开、诉讼服务、决策支持、监控预警、司法研究和工作评估等方面的智能服务；探索建立面向立案、审理、裁判、执行等法院业务的知识图谱，构建面向各类用户的人工智能感知交互体系和以知识为中心的人工智能辅助决策体系。智慧法院内外部系统建设的高要求在实现现代科技与人民法院各项工作的高度融合之时，其平台、技术与数据不止限于在线诉讼，而是可以辐射到整个在线解纷机制，为当事人提供更加便捷的解纷通道、更加智能的决策支持以及更加透明的流程规则。

第三，在线解纷机制以当事人为核心，在保证最基本的公正前提下追求效率，注重资源共享的理念也内含于智慧法院"司法为民"的原则、"以人民为中心"的本质特征之中。自智慧法院建设以来，公开平台打造便是其重要内容，这是对群众知情权尊重和保护的最好证明。人民法院已建成审判流程、审判活动、裁判文书、执行信息四大公开平台，构建起开放、动态、透明、便民的阳光司法机制。截至2023年9月，中国审判公开网累计直播庭审2000万余场次，访问量超过600亿次；中国裁判文书网累计公开裁判文书1.3亿余篇，访问量超过900亿次，在提升司法公信力的同时充分保障人民群众的知情权和监督权。深化智慧法院建设过程中制定的相关规则也体现着在线解纷机制的核心理念，譬如《人民法院在线诉讼规则》确立了公正高效与便民利民是人民法院开展在线诉讼应当遵循的基本原则，《人民法院在线运行规则》确立了高效便民与注重实效是人民法院在线运行应当遵循的基本原则。

综上，在线解纷机制本身既融于不断深化智慧法院的建设过程之中，以智慧法院完善在线解纷机制是人民法院顺应时代要求、尊重客观规律的重要举措，是建设公正高效权威的社会主义司法制度的中国化路径，也是推进人民法院审判体系和审判能力现代化，在法治轨道上全面建设社会主义现代化国家的题中之义。[1]

---

[1] 郑维炜：《以智慧法院完善在线纠纷解决机制》，《中国社会科学报》2023年6月7日第006版。

2. 在线解纷是对司法实践新需求的回应

数字时代为公众带来便利化工具的同时也提供了新形态纠纷持续产生和增长的可能性。根据最高人民法院2022年8月发布的《涉信息网络犯罪特点和趋势司法大数据专题报告》，5年来全国各级法院一审审结的涉信息网络犯罪案件共计28.20万件，案件量呈逐年上升趋势，每年的同比上升率均高于20%，在2021年达到104.56%。同时，涉网的民事侵权案件、知识产权案件等数量也在大幅上升，如根据上海浦东法院发布的《消费者权益保护审判工作白皮书及典型案例（2019—2021年）》，在消费者权益保护案件增速整体走低的同时，网络消费纠纷数量呈现较快上升态势，三年间收案增幅206%。为了应对中国民事司法的"诉讼爆炸"，法院除了采用增人、加班等传统方式外，亦采取了诸如强化审判管理、简化程序、转移非审判事务等措施，取得了一定效果，但是"未来中国民事案件仍将处于上升趋势，甚至可能迎来新一轮的诉讼爆炸"，有限的传统司法资源难以应对纠纷数量的指数型膨胀。[①] 并且，这不仅是简单的数量问题，发生在数字空间的纠纷有着不同于物理纠纷的特点：交易、侵权等法律行为发生空间的虚拟性、主体身份的二元性、法律关系呈现出数字化新形态等。若法院继续以传统方式运作将难以应对新挑战。以网络名誉权侵权纠纷为例，通过互联网侮辱诽谤他人，若将线上的证据材料如视频、图像、聊天记录、网络页面下载打印以书面方式提交，在物理空间法庭质证认证，不仅与最佳证据规则相悖，费时费力，且法官的亲历性受到场景变换的干扰，更加不利于对侮辱诽谤事实和影响度的认知。[②] 除此之外，对互联网信息和通信等新技术不熟悉的老年人等群体可能面对不擅长提取、保存电子证据等挑战，若又难以承担聘请律师的费用，则其在进行纠纷解决的过程中可能与具有经济优势的对方当事人无法处于平等地位，也并不公正。

深化智慧法院建设需要完善在线解纷机制，将技术与多元解纷方式深度融合，一方面，在优化传统司法资源的同时为法院注入了数字化的新资源。通过建设内部系统，法院充分利用已有裁判文书等数据

[①] 左卫民：《中国在线诉讼：实证研究与发展展望》，《比较法研究》2020年第4期。
[②] 景汉朝：《互联网法院的时代创新与中国贡献》，《中国法学》2022年第4期。

资源、强化人员管理与考核。根据最高人民法院2023年发布的年度工作报告，我国已建成了全球最大的司法审判信息资源库，围绕社会治理热点形成了1317份司法大数据报告。又如，最高人民法院推动"类案同判"的审判理念，这既是对公正司法的追求，也是提升法官判案效率的手段。根据《最高人民法院统一法律适用工作实施办法》（以下简称《实施办法》）在"类案同判"中很重要的一项规则是"类案检索"和"类案检索报告制作"，要真正实现这一规则的目的且不增加法官负累需要数字技术支撑。正如该《实施办法》第十五条所规定："最高人民法院建立统一法律适用平台及其数据库，审管办、研究室、中国应用法学研究所、人民法院信息技术服务中心根据各自职能分工，负责统一法律适用平台及其数据库的规划、建设、研发、运行维护和升级完善。"内部数字平台的建成使得法律工作人员能够快速地进行案件检索、智能比对以及跟踪回溯。通过建设外部交互系统和在线解纷平台，能够实现法律资源与非法律资源、官方资源、民间资源的合理配置与资源共享。一是积极发挥民间资源的力量，调动人民调解组织、行政调解组织、行业专家、律师、心理学家、社区工作者，以及社会志愿者等社会力量的参与，为当事人提供更多可供选择的纠纷解决渠道。二是发挥企业和独立第三方的纠纷解决作用，发挥其技术创新优势以及利用其往往为纠纷发生场所的经验与数据。[①]《最高人民法院关于互联网法院审理案件若干问题的规定》中规定"互联网法院审理案件所需涉案数据，电子商务平台经营者、网络服务提供商、相关国家机关应当提供，并有序接入诉讼平台，由互联网法院在线核实、实时固定、安全管理。"在线解纷机制倡导与相关平台实现互联互通，这使得立案之后能一键将相关网络证据导入法院系统，有利于应对数字时代纠纷的新特点，是利用信息技术提升法院审判质效的具体表现。

另一方面，在线解纷也是法院帮助当事人跨越技术壁垒的最佳手段，其突破传统线下审判业务模式，以低成本、高效率的方式推进司法工作。以互联网法院为例，其积极探索互联网司法新模式，实现案

[①] 龙飞：《中国在线纠纷解决机制的发展现状及未来前景》，《法律适用》2016年第10期。

件起诉、调解、立案、审判、送达、执行等环节全部在线完成，纠纷"一站式"在线解决。在线解纷机制本身的发展不会加深"数字鸿沟"，而恰恰是其规范、有序的运行能够帮助处于"数字劣势"的当事人获得知晓权利以及实现权利的官方、统一的渠道。① 难以负担律师费用的当事人也可以在法院免费的技术指引和法律咨询等服务的支持下进行诉讼；不熟悉在线和解与取证的问题可以由在线调解平台不断完善的程序设计以及"一键上链"等取证技术的发展来弥补。新技术在司法领域的创新应用与深度融合，有利于增强法庭审判的规范性和效率性，强化司法裁判在社会稳定和经济高质量发展中的重要指引保障作用，让人民群众感受到便捷和公正。

（二）在线解纷机制是深化智慧法院建设、实现网络空间治理法治化的重要保障

1. 三大规则为深化智慧法院建设提供制度保障

自建设智慧法院以来，贯穿于在线解纷机制的发展与完善过程中的主线就是法治化。最高人民法院发布了《人民法院在线诉讼规则》（以下简称《在线诉讼规则》）、《人民法院在线调解规则》（以下简称《在线调解规则》）、《人民法院在线运行规则》（以下简称《在线运行规则》）。《在线诉讼规则》共39条，明确了在线诉讼的法律效力、基本原则、适用条件，内容涵盖在线立案、调解、证据交换、庭审、宣判、送达等诉讼环节，首次从司法解释层面构建形成系统完备、指向清晰、务实管用的在线诉讼规则体系②；《在线调解规则》共30条，从司法解释层面对在线调解适用范围、人民法院在线调解内涵、在线调解组织和人员、在线调解程序、在线调解行为规范等作出规定，为全国法院深入推进一站式多元纠纷解决工作提供制度保障③；《在线运行规则》共45条，旨在指引人民法院运用互联网、大数据、云计算、移动互联、人工智能和区块链等信息技术，完善智慧法院信息系统，

---

① ［英］布里格斯勋爵：《生产正义方式以及实现正义途径之变革——英国在线法院的设计理念、受理范围以及基本程序》，《中国应用法学》2017年第2期。

② 刘峥、何帆、李承运：《〈人民法院在线诉讼规则〉的理解与适用》，《人民司法》2021年第19期。

③ 钱晓晨、刘雪梅、徐德芳：《〈人民法院在线调解规则〉理解与适用》，《人民司法》2022年第10期。

规范应用方式,强化运行管理,以在线方式满足人民群众多元化司法需求,高效支持审判执行活动。在信息系统建设方面,涵盖了《在线诉讼规则》中涉及的电子诉讼平台、《在线调解规则》中所涉及的人民法院调解平台,对信息系统的定位、组成、功能等进一步进行了系统性的阐释;在应用方式方面,明确了从用户注册登录、立案、材料提交到归档全流程的应用方式,涵盖了在线诉讼、在线调解的各项程序,重点明确了各个程序所依托的平台、支持的应用。三者既各有侧重又相互配合,形成了有机衔接、三位一体的规则体系,为进一步深化智慧法院建设、实现网络空间治理法治化提供了制度保障。

2. 以"司法为民"为原则的在线诉讼规则

随着移动互联网技术日益普及,人民群众普遍期待司法诉讼更加数字化、网络化、便捷化,推动提升审判效率、降低诉讼成本,同时,也担心诉讼权益在参与在线诉讼过程中受到减损。我国深化智慧法院建设以"司法为民"为原则,且当下诉讼程序建构理念正从程序运营者中心主义向程序利用者中心主义转型。《在线诉讼规则》充分彰显了程序利用者中心主义的价值取向,致力于全面保障当事人的合法诉讼权益,并从以下三个方面进行了规范与创新:其一,明确了当事人的程序选择权,既充分发挥在线诉讼灵活、简便、全天候、易操作等优势,又坚持以当事人同意为基本前提;其二,完善电子证据规则与证人在线作证规则,节约当事人的诉讼成本;其三,基于司法效率及便民利民的价值取向确立了非同步审理规范。

(1) 明确了当事人在线诉讼程序选择权

民事程序选择权作为世界各国普遍确认的一种民事程序权利,是从处分权中分离出来的一项权利[1],其实质是允许当事人在多种可供选择的和功能相当的程序机制中,根据自己的真实意思来选择适用或拒绝适用一定的程序事项,通过不影响当事人程序权利保障来满足当事人的个性化需求,提高公众对民事诉讼的信服度和接纳度,以增进民事诉讼效率。[2] 在线诉讼是一种新的诉讼方式,但是受制于在线诉

---

[1] 邱联恭:《程序选择权之法理》,(台北)三民书局1993年版,第569页。
[2] 杨焘:《论民事在线诉讼中的当事人程序选择权——以〈人民法院在线诉讼规则〉为视角》,《北京航空航天大学学报》(社会科学版)2022年第4期。

讼的必要技术条件或诉讼当事人对互联网技术使用条件的限制，在线诉讼尚不能取代线下诉讼。这就使得民事诉讼的方式上会长期存在在线诉讼与线下诉讼并行的所谓双轨制情形。[①] 而当事人在两种不同的纠纷解决方式中会有不同的体验，有的当事人可能出于高效便捷等因素倾向于选择在线诉讼，而另外一些当事人可能出于保护隐私、重视亲历性等原因更愿意选择传统线下诉讼。要真正尊重当事人对自身诉讼权利的处分权，应当将在线诉讼方式的选择与适用交给当事人，作为当事人程序选择权的组成部分，由当事人来适用，而不是由法院依职权或裁量来决定适用。[②] 同时，根据不同的标准，可以将在线诉讼程序选择权分为不同类型：从当事人行使权利的方式出发，可分为"积极性程序选择"和"消极性程序选择"；从是否需要双方当事人达成合意出发，可分为"合意性程序选择"和"单方性程序选择"；从当事人程序选择所涵盖的诉讼环节或诉讼阶段出发，可以分为"概括性程序选择"和"具体性程序选择"等。[③] 在《在线诉讼规则》出台前，《最高人民法院关于互联网法院审理案件若干问题的规定》（以下简称《互联网法院规定》）及互联网法院制定的规范性文件，多以"涉网案件"为基础进行民事在线诉讼的设计。受"线上纠纷，线上解决"理念影响，这种设计对当事人及其他诉讼参与人参与诉讼活动具体方式的选择权进行了限制，有利于保障"涉网案件"适用在线诉讼的制度刚性，但却对当事人程序选择权的关注不足。直到《民事诉讼程序繁简分流改革试点实施办法》（以下简称《繁简分流办法》）要求人民法院将"当事人意愿"作为决定采取在线方式完成相关诉讼环节的因素，才逐渐将选择权交给当事人。《在线诉讼规则》的出台确立了较为科学的当事人程序选择权制度，且对不同类型程序选择权的适用条件、运行机制、法律效力等内容予以明确。

第一，《在线诉讼规则》第三条、第四条、第五条规定适用在线

[①] 张卫平：《在线诉讼：制度建构及法理——以民事诉讼程序为中心的思考》，《当代法学》2022年第3期。

[②] 肖建国：《在线诉讼的定位与〈民事诉讼法〉的修改》，《北京航空航天大学学报》（社会科学版）2022年第2期。

[③] 谢登科：《论在线诉讼中的当事人程序选择权》，《南开学报》（哲学社会科学版）2022年第1期。

诉讼需要满足三个条件：一是案件适合进行在线诉讼；二是当事人同意进行在线诉讼；三是当事人有条件进行在线诉讼。首先，《在线诉讼规则》第三条规定人民法院应当综合考虑案件情况、当事人意愿和技术条件对案件适用在线诉讼，并列举出案件种类，其包含绝大多数纠纷类型，远远超越以往"涉网案件"的范围。实践中对于涉及国家安全、国家秘密、重大涉外、涉港澳台案件，一般应当全案线下审理；而对当事人人数众多、案件疑难复杂、证据繁多、审理耗时长的案件，庭审环节一般应当线下开展，而此类案件的立案、调解、送达等环节可以在线完成。结合《在线诉讼规则》第四条第二款第一项的规定，可以看出其运行模式为"当事人申请+法院审查"，当事人在诉讼程序启动中更具有主动性，体现了其主体地位，是积极性程序选择权的体现。而《在线诉讼规则》第四条第二款的二、三项则是对当事人消极性程序选择权的规定，其模式为"法院决定+当事人同意"。第二，《在线诉讼规则》第四条直接授权原告、被告对是否采取在线诉讼方式以及采取何种具体在线诉讼方式的选择权，创造性地提出了"部分环节在线""部分当事人在线"的新思路，不再将在线诉讼理解为"全案在线"。并且，《在线诉讼规则》未对当事人同意的方式作具体限制，实践中至少可以包括主动作出在线诉讼行为、口头同意、在诉讼平台确认同意、线下书面同意等。只要是当事人的真实意思表示，并可以留痕追溯，均是作出同意的有效方式。[①] 这样的规定扫除了"合意"方面的障碍，能够妥善协调不同当事人对在线诉讼方式选择结果的冲突，有利于发挥单方性程序选择对当事人诉讼权益平等保护的特点；另一方面，考虑到司法实践的复杂性，《在线诉讼规则》对调解、证据交换、询问、听证、庭审等诉讼环节作出特殊安排，如在第二十二条关于非同步审理的规则中，就以"各方当事人同意"为前提，这有利于在部分制度还未完善时维护诉讼程序的稳定性。第三，《在线诉讼规则》第六条对当事人同意的法律后果进行规定，明确"当事人已同意适用在线诉讼，但无正当理由不参与在线诉讼活动或者不作出相应诉讼行为，也未在合理期限内申请提出转为线下进行的，

[①] 刘峥、何帆、李承运：《〈人民法院在线诉讼规则〉的理解与适用》，《人民司法》2021年第19期。

应当依照法律和司法解释的相关规定承担相应法律后果"，有利于防止当事人滥用权利、促进程序选择权的良性行使。①

不难看出，《在线诉讼规则》在充分尊重当事人意愿的前提下，将积极性程序选择权与消极性程序选择相结合，建立了以"单方说""概括性"为原则，"合意说""具体性"为例外的在线诉讼选择权模式，为当事人的在线诉讼程序选择权划上了效率及安全的边界。

（2）完善电子证据规则与证人在线作证规则

在线诉讼中，诉讼行为主要在网络上完成，证据材料通常以电子化形式存在，证人在线作证的需求增加，完善电子证据真实性标准以及证人在线作证规则对实现在线诉讼的数字正义至关重要。

第一，关于电子证据及其真实性问题。2012年我国《民事诉讼法》进行全面修正，在原有证据类型基础上新增电子数据这一新型的证据类型。《民事证据规定》第九十三、九十四条确立了判断电子数据真实性的标准，前者构成一种正面确认机制，并将"鉴定""勘验"等明示为辅助性判断方法；后者将基于通常经验可认定电子证据属实的特殊情形单列出来，构成一种"附条件""允许反驳"的侧面认定机制。两个条文融推理性标准、推定性标准和认知性标准于一体，形成关于审查判断电子证据真伪的"三合一"标准体系②。《在线诉讼规则》等其他法律规范文件对电子数据真实性标准进行补充。比如，关于电子凭证存在时间点的确定，与实体证据不同，在数据电文（各种电子文件和电子数据）产生于信息系统之内，其文件属性中包含着创建、修改、访问时间，也即时间戳，它可以用以证明用户某些数据的产生时间。可信时间戳是由联合信任时间戳服务中心根据国际时间戳标准《RFC3161》签发的，能证明数据电文在一个时间点是已经存在的、完整的、可验证的并具备法律效力的电子凭证，其核心服务技术是通过将用户电子数据的 Hash 值和权威时间源绑定提供司法待证事实信息和客观存证功能。③但是时间戳技术的应用又会受互联网连接真实性的影响，规范其取证流程有利于辨明事件真相、节约当事人诉讼

---

① 黄忠顺：《全流程在线诉讼规则体系的建构及意义》，《人民论坛》2022年第24期。
② 刘品新：《论电子证据的真实性标准》，《社会科学辑刊》2021年第1期。
③ 孙梦龙：《区块链取证与可信时间戳技术梳理适用》，2021年9月1日，https://www.spp.gov.cn/spp/llyj/202109/t20210901_528160.shtml，2023年10月18日。

成本。在区块链取证上,《在线诉讼规则》第十六条至第十八条以单独列举的方式对"区块链技术"予以规定,第十四条至第二十条围绕与区块链息息相关的电子数据、异步审理等规则作出规定。《在线诉讼规则》从更高效力层面填补了区块链证据真实性判断的标准,明确审查的四大要素:存证平台资质、存证平台中立性、信息系统、存证的技术和过程。①《在线诉讼规则》关于电子化材料提交、效力与审核的规定以及对区块链存证效力与审查的规定完善了由《关于民事诉讼证据的若干规定》第九十三条和第九十四条、《最高人民法院、最高人民检察院、公安部、国家安全部、司法部关于办理死刑案件审查判断证据若干问题的规定》第二十九条、《最高人民法院、最高人民检察院、公安部关于办理刑事案件收集提取和审查判断电子数据若干问题的规定》第二十三条和第二十八条、《最高人民法院关于互联网法院审理案件若干问题的规定》第十一条等搭建的电子证据真实性框架性规则。

第二,证人在线作证规则。《民事诉讼法》第七十三条规定,证人作证应当出庭作证,但因健康和不可抗力等正当理由不能出庭的,可以通过视听传输技术等方式作证。根据此规定,证人在线作证仅仅是无法线下出庭作证的一种补救措施,而非属于出庭作证的一种途径。这种"替代说"背后隐藏的是对在线作证会影响诉讼公正的担忧,譬如其违反或弱化了直接言辞审理原则、会有证人旁听案件的风险等。实际上在线出庭作证并不真正与直接言辞审理原则冲突。首先从形式直接性来看,在线诉讼亦要求法庭审理中的证据调查须由法官亲自进行,对证人在线作证中的陈述展开调查的主体并未发生改变。其次从实质直接性来看,在线诉讼中的法官在法庭调查中接触到的证人证言并不是二手证据或派生证据,而是证人通过网络在线方式当场所作陈述。②跃出将法院视为一种场所的古老视野,而意识到法院提供的也是一种司法服务时,就容易理解不应以是否处于同一物理空间进行为直接性的判断,更应该关注法官是否实际亲历,交互是否实时等因素,

---

① 朱福勇、曾子亮:《论区块链电子证据司法审查的核心要义》,《科技与法律》2022年第2期。

② 谢登科:《在线诉讼中证人出庭作证的场域变革与制度发展》,《法制与社会发展》2023年第1期。

数字时代下直接言辞审理原则的内涵应当被丰富。若要克服在线作证中可能存在的感官偏差影响证人证言真实性、难以保证证人不旁听案件、庭审仪式感和司法权威受影响等问题，可以从法律规范进一步完善、技术手段提升改进等多方面入手。《在线诉讼规则》第七条明确了在线诉讼身份认证规则，以确保诉讼主体身份真实性。法院可以通过对接公安部门的人口信息系统，遵守国家关于人脸识别的法律法规要求，以人脸识别等方式验证证人身份。《在线诉讼规则》第二十六条规定，"证人通过在线方式出庭的，人民法院应当通过指定在线出庭场所、设置在线作证室等方式，保证其不旁听案件审理和不受他人干扰"。在目前技术条件下，尽管不能完全赋予证人自由选择在线出庭场所的权利，但可以通过指定相对便利的在线出庭场所，解决在线出庭时证人的中立性问题。例如，司法实践中部分法院与街道、社区合作建设专门的在线庭审工作室、证人作证室等[①]。北京互联网法院、广州互联网法院、杭州互联网法院都出台了各自的电子诉讼庭审规范，明确规定了线上诉讼的身份认证和账号使用以及在线庭审的着装、环境、礼仪，证人出庭方式等内容。多地法院尝试开发VR虚拟法庭，以使得诉讼主体在线上也能有身临其境之感。

总体而言，《在线诉讼规则》明确了电子材料视同原件的效力，对其内容真实性、合法性、关联性等问题设置了专门判断的审核规则，同时对区块链存证的司法认定问题作出专门规定，防止出现混淆法院内部区块链技术应用与区块链存证的界限等问题，适应了数字时代证据形态的新特点，进一步完善电子证据真实性标准。关于证人在线作证的规定进行了传统规定的一些突破，为未来进行证人就近选择人民法院数字法庭在线出庭作证的试验开辟了探索路径。

（3）确立非同步审理机制

非同步审理是将原来需要各方诉讼主体在同一时空共同完成的诉讼活动，由各方诉讼主体依托诉讼平台，在一定时间范围内分别完成，并统一汇集至诉讼平台。这种做法利用信息技术可记录留痕、可查询

[①] 刘峥、何帆、李承运：《〈人民法院在线诉讼规则〉的理解与适用》，《人民司法》2021年第19期。

追溯的特点，打破时空限制，提供诉讼便利。非同步审理不等于书面审理，在线提交书面材料或录入相关信息只是其中的一种方式。非同步审理模式本由杭州互联网法院首创，但因其缺乏直接的法律依据，在审理的效率性、互动性上有所欠缺，并涉嫌减损在线诉讼程序正义而存在较大争议。

《在线诉讼规则》第二十条基于司法效率及便民利民的价值取向首次确认了非同步审理机制效力，明确了非同步审理机制的适用环节、条件、方式和限制条件。《在线诉讼规则》采取折中方案，即仅确立合意型非同步审理模式，并将"各方当事人同时在线参与庭审确有困难"以及"各方当事人对案件主要事实和证据不存在争议"作为非同步庭审模式的特殊适用条件。此外，为降低对言词原则的冲击，非同步庭审程序还要求人民法院与当事人按照庭审程序环节分别录制参与庭审视频并上传至诉讼平台，而不能通过书面形式。这符合对非同步审理严格适用的要求，考虑到各方当事人程序利益，也体现了在目前司法实践的需求，即非同步审理是一种特殊方式。司法实践中仍应当以同步审理为主、非同步审理为辅。

《在线诉讼规则》以在线解纷机制建设与完善的经验为基础形成，再反过来对在线解纷的实践进行规范，一方面坚持人民性，充分回应互联网时代人民群众司法需求。通过对当事人在线诉讼程序选择权的规定，实现了提升司法效能和保障人民群众合法诉讼权益相统一；另一方面彰显时代性，积极适应技术与司法融合应用发展要求，对电子证据、证人在线作证、非同步审理机制等前沿问题进行规定，划定适用边界，防止出现规则空白乱象丛生的局面，也保持制度弹性为新技术应用留下空间与原则指引。

3. 注重"立案前调解"的在线调解规则

习近平总书记强调，要坚持把非诉讼纠纷解决机制挺在前面，推动更多法治力量向引导和疏导端用力。①《在线调解规则》对立案前调解规定的完善以及发挥多元主体参与调解合法性的赋予，是对"枫桥经验"秉承群众路线、将矛盾化解在源头理念的贯彻，是对新时代司

---

① 人民法院报评论员：《把非诉讼纠纷解决机制挺在前面》，2022 年 10 月 20 日，https://www.chinacourt.org/article/detail/2022/10/id/6965111.shtml，2023 年 10 月 18 日。

法能动呼唤的回应。① 现行法律和司法解释主要对诉讼过程中的调解作出规定，对先行调解的规定较为原则性。如民事诉讼法第一百二十五条规定："当事人起诉到人民法院的民事纠纷，适宜调解的，先行调解，但当事人拒绝的除外。"《在线调解规则》吸收了之前司法政策文件成熟经验，充分尊重实践中的可行做法，对立案前申请在线调解的多方面规则进行了明确，包括在线调解组织和调解员的指定规则、当事人调解意愿征询规则、调解协议履行规则、调解不成处理规则、调解过程中鉴定评估的效力认定规则等。同时，《在线调解规则》在主体范围设计上，坚持开放性原则，尽可能吸纳更多社会力量参与调解工作。

（1）健全立案前调解规则

《在线调解规则》第九条明确了立案前申请调解的条件，包括应当属于法院受案范围、与调解组织或者调解员建立邀请关系的法院对案件有管辖权，案件适宜在线调解。对于不符合条件的，退回申请。目前，立案前在线调解启动包括法院委派调解组织或者调解员调解，以及当事人通过调解平台提交在线调解申请。从实践情况看，绝大多数法院在立案前委派调解时，已经对纠纷是否属于法院受案范围、是否属于本院管辖作了初步判断。对符合案件受理条件的，才进行委派调解。这主要考虑委派的权利来源以及后续司法保障问题。即便采用法院委派或者当事人选择的方式，也应当将范围限定在有管辖权法院邀请的调解组织或者调解员之中，避免出现当事人选择与有管辖权法院毫无关系的调解组织或者调解员，影响后续申请司法确认、请求制作调解书或者登记立案的效力。并且此处只要求法院对纠纷有管辖权，并未限制调解组织或者调解员开展跨地域调解，只要调解组织或者调解员与有管辖权的法院建立邀请关系，就可以接受委派、组织调解。② 立案前申请调解的条件与法院的管辖相关联，有利于调动工作人员参与调解的积极性，对诉调对接机制的完善也助于高效解决纠纷。

---

① 董储超：《迈向韧性治理：数字时代"枫桥式"人民法庭的转型前瞻》，《湖湘法学评论》2023 年第 3 期。

② 钱晓晨、刘雪梅、徐德芳：《〈人民法院在线调解规则〉理解与适用》，《人民司法》2022 年第 10 期。

(2) 注重发挥多元主体作用

《在线调解规则》第五条第一款规定："人民法院审判人员、专职或者兼职调解员、特邀调解组织和特邀调解员以及人民法院邀请的其他单位或者个人，可以开展在线调解。"根据《特邀调解规定》第六条规定："依法成立的人民调解、行政调解、商事调解、行业调解及其他具有调解职能的组织，可以申请加入特邀调解组织名册。品行良好、公道正派、热心调解工作并具有一定沟通协调能力的个人可以申请加入特邀调解员名册。人民法院可以邀请符合条件的调解组织加入特邀调解组织名册，可以邀请人大代表、政协委员、人民陪审员、专家学者、律师、仲裁员、退休法律工作者等符合条件的个人加入特邀调解员名册。"在基层单位有部分组织和人员无法纳入特邀组织名册，但同时他们又可能有着丰富的实践经历、有着一定的声望口碑，此时"人民法院邀请的其他单位或者个人"就留下了扩大多元解纷队伍的口子，同时《在线调解规则》二十七条"谁选任、谁管理"的规则又能够一定程度上保障这批调解人员的水平。除此之外，《在线调解规则》第十三条首次规定调解组织和调解员应当披露的3种情形，包括：纠纷当事人；当事人、诉讼代理人近亲属；与纠纷有利害关系、与当事人、诉讼代理人有其他可能影响公正调解的关系。《在线调解规则》明确主持或者参与调解的人员有披露的义务，当事人有申请更换的权利，但对调解组织和调解员披露后当事人仍同意的，或者当事人明确知道调解组织、调解员具有以上3种情形，没有要求更换仍同意继续调解的，应当尊重当事人意愿，由该调解组织或者调解员继续调解。以开放性原则吸纳社会力量参与调解工作，同时以更加完善的管理和披露制度提升解纷服务质量，有利于真正发挥多元主体在在线解纷中的作用。

《在线调解规则》以多元化参与、开放式融合、一体化解纷为特点的规定，有利于实现在线解纷机制强化纠纷预防手段、强调在线诉源治理的目标，是认真落实党中央关于"完善社会矛盾纠纷预防调处化解综合机制""建立健全运用互联网、大数据、人工智能等技术手段进行行政管理的制度规则"等重大部署要求的体现，对深化智慧法院建设和发展新时代"枫桥经验"具有重要作用。

二 在线解纷机制的适用与完善是深化智慧法院建设的内在要求

（一）建立健全以公平、效率、秩序为价值取向的在线解纷机制

当前，我们需要进一步完善和发展"于民有利"的在线解纷机制。除了明确如何在审判工作中协调公平、效率和秩序这三种价值之间的关系，还需要关注多种解纷方式之间的有机衔接与合理竞争，以及通过设计新的程序和系统来消除当事人对解纷技术的顾虑。这既符合深化智慧法院建设的内在要求，也为在线解纷机制在司法实践中的适用提供了指引。

1. 智慧法院建设"司法为民"的原则实际上包含了"数字正义"原则

法学家马克·加兰特曾表示："接近正义意味着挑战法院的原有设计程序……将法院设计成为更加符合纠纷性质和当事人需求的场所，确保当事人享有更加广泛的诉权。"[1] 随着数字技术对每个人生活影响日益深入，线上与线下的边界逐渐消融，纠纷产生的平台、数据存储方式等都与互联网密切相关。"诉讼是一个信息传递和交流过程"[2]，信息的载体与交流方式的更新意味着诉讼方式已经发生变化。要减少当事人以诉讼手段依法维权的障碍，法院需跟上时代步伐。只强调"接近正义"已不足以概括当前时代对更高层次正义的追求，数字正义的理念更加能够体现人类正义观的更新与进步。

"智慧法院"以"让司法更加贴近人民群众，用先进信息技术不断提高各级人民法院的科学管理水平"为目标[3]，既体现了其工作开展的立足点，又契合"数字正义"对当事人需求的关注。"智慧法院"对法院内部信息化的构筑要求，如构建融合各类应用系统的内部平台、构建全要素集约化信息网络体系、建设覆盖全国各级法院的执行指挥系统等，能够更加高效地利用法院内外部资源提升其工作质效、突破

---

[1] ［美］伊森·凯什、［以色列］奥娜·拉比诺维奇·艾妮：《数字正义：当纠纷解决遇见互联网科技》，赵蕾等译，法律出版社2019年版，第56页。
[2] 王福华：《电子法院：由内部到外部的构建》，《当代法学》2016年第5期。
[3] 参见《最高人民法院关于加快建设智慧法院的意见》。

传统法院的上限；对法院外"互联网+"系统的设计，如完善司法公开四大平台建设、构建支持全业务流程的互联网诉讼平台、提供面向各类诉讼需求的相似案例推送等服务，能够有力减少当事人诉累。司法实践中，智慧法院经受住世纪疫情大考，利用信息技术为审判执行工作赋能增效，为当事人提供更优质的纠纷解决服务。新冠疫情防控以来全国法院网上立案2996万件、开庭504万场、证据交换819万件次、异地执行593万件次、接访15万件次，实现"审判执行不停摆、公平正义不止步"。我国建成了全球最大的司法审判信息资源库，围绕社会治理热点形成了1317份司法大数据报告。人民法院调解平台开通以来，9.6万个调解组织和37.2万名调解员入驻，在线调解纠纷3832万件，2022年平均每分钟75件成功在诉前在线化解。并且，该调解平台在线对接7.6万个基层治理单位，嵌入乡村、社区、网格，及时把矛盾纠纷化解在基层、化解在萌芽状态，努力实现案结事了人和，提供普惠均等的现代化诉讼服务。[1]

以智慧法院完善在线解纷机制，有利于克服当事人在经济、心理、文化和地理等方面的障碍，减少因技术应用程度不同导致的信息差，从而争取在判决中做到标准一致、客观公正和"同案同判"，更好地促进程序正义和实体正义的实现，这恰恰是对追求数字正义的实践表达。同时智慧法院建设过程中的相关规则一方面为在线解纷机制形成程序公正底线，另一方面也有利于规范当事人的行为防止其滥用权利。在线诉讼具有空间上的"虚拟性"，更需要诉讼参与人的善意配合，不得故意制造网络故障、设备损坏、电力中断等因素阻碍在线诉讼的正常运行。在线诉讼并不意味着所有的诉讼信息都可以公布于众，不当公开有关内容不仅会影响案件的正常审理，也将减损在线诉讼机制的可信赖性，更可能泄露国家秘密、商业秘密、个人隐私。[2]《在线运行规则》、三大互联网法院出台的相关庭审规范等均对滥用权利行为的法律后果进行规定，有利于促进当事人依法行使权利，保障正义价值的实现。

---

[1] 最高人民法院：《最高人民法院2022年院工作报告》，2023年3月17日，https://www.court.gov.cn/zixun/xiangqing/393751.html，2023年10月20日。
[2] 范明志：《律师在线诉讼规则研究》，《法学评论》2022年第4期。

2. 在线解纷机制促进司法效率提升

公正与效率是司法中的一对永恒关系，提高司法效率的主要途径包括降低诉讼成本和优化司法资源配置。用技术手段提升司法效率与通过其他方式提升效率的最大不同在于，其通过信息与司法工作的充分融合[1]，以智能化手段引入新的司法资源并提升司法生产力，使得已有的司法资源能够在新维度得到更高水平的开发与利用。

当前我国法院普遍面临"案多人少"问题。首先，案多体现在待办案件数量的增多，在经济发达的大省表现得更为明显。数字时代，在适用管辖规则时能够突破物理空间的桎梏，网络纠纷案件指数型增长并可涌入数字经济繁荣的省份。以浙江为例，据统计，近年来，浙江法院以全国 1/26 的法官编制数办结了全国近 1/13 的案件数，法官年人均办案最高达 346 件，长期位居全国第一。其次，案多体现在工作要求的增多，如对司法工作人员工作态度、办理周期和翻案率等指标进行考核。与此同时，在员额制改革背景下，为确保法官队伍的素质，专职行使审判权的法官数量并未增加。事情多了人少了，若一味以办案周期等指标加压于一线工作者并不合理，甚至只会导致越认真办案的工作人员风险越高，只顾形式而非实质的工作人员在考核中占优，从而形成"劣币驱逐良币"的局面，对司法公正产生不良影响。实际上，真正影响对公正的保障的并非对效率提升的要求，而是不以合理方式提高效率、非真正提高效率的做法制约公正的实现。

坚持程序正义原则，以技术赋能的方式解决司法过程之中简单、重复、枯燥的事务性工作[2]。以人民法院在线服务平台为例，其能够提供立案、交费、调解、开庭、执行等"一网通办"服务，并且全天候"不打烊"。当事人可以随时随地进行材料提交，并且提交过程有参考模板与规范指引，这使得当事人能够更准确地理解如何按照法定程序行事。同时平台会对信息进行初步审核与整理，法官可以直接在系统中快速调取相关信息。这一方面节约了当事人处理程序性问题的诉讼成本，并且让司法工作人员能将时间精力集中于更为核心的事实

---

[1] 娄必县、崔明莉：《智慧法院视野下全流程无纸化办案的反思与完善》，《重庆理工大学学报》（自然科学版）2023 年第 5 期。

[2] 陈锦波：《论信息技术对传统诉讼的结构性重塑》，《法制与社会发展》2018 年第 3 期。

判断和法律适用之上，另一方面利用计算机程序无须休息的优势突破了人类因生理因素产生的工作时长上限，同时使得当事人与法院两方的资源能得到更高效的匹配。有学者统计，在线诉讼审理周期比传统模式缩短 22 天。[①] 根据最高人民法院 2022 年工作报告，委托鉴定系统平均鉴定周期 26 个工作日，较线下缩短 1/3。文书电子送达 1.7 亿次，能有效降低法律文书送达时间。智慧法院以技术完善一站式多元纠纷解决和诉讼服务体系的方式能够真正实现为群众解忧、帮法官减负、让正义提速。

我国智慧法院建设深化过程中，注重构建以程序效益为核心、以程序公正为底线、以更好服务法官办案为着力点、以个人权利保障为根本的在线解纷模式。在线解纷机制一方面为政法机关与法律从业人员的法律知识、法律方法共享提供了平台，为当事人提供能跨越时空、节约诉讼成本的解纷路径；另一方面，在法院信息化应用的开发过程中，也需要体系性的、确定的、可识别的法律知识，必须对法律知识和法律方法进行收集、识别和整理。法律人和智能化应用应该形成一个知识交互的过程。智能化应用需要法律人明确法律知识和法律方法，也促使了法律知识和法律方法的融合、共享和传播；同时，在线解纷模式对司法信息公开和司法行为全程留痕的强调，形成数字时代司法监督的新模式，并且实现由依靠人的监督转变为依靠程序、数据的监督，进一步加强了司法行为规范性，防范冤假错案、预防司法腐败，有利于实现监督管理有效性的全面提升。

3."网上枫桥经验"推动多元解纷格局形成

在各类纠纷解决方式中，诉讼是最能得到公信力保障的路径但同时也是最费时费力、成本高昂的途径，非诉讼解决方式有利于降低当事人的成本，繁简分流也有利于司法资源的高效利用。随着法治建设推进与社会不断发展，社会连属性受到商业资本文化和公共商谈文化的影响，自发形成能够主持纠纷解决的高威望群体较难，传统调解手段的影响力减弱。公民权利意识增强的同时，对多元解纷方式的了解不足，倾向诉于法院维护自身正当权益，使得司法机关难以负重，其他纠纷解决方式的作用也未得到发挥，需要守正创新的工作方法以及

---

① 李鑫：《智慧法院建设的理论基础与中国实践》，《政法论丛》2021 年第 5 期。

不断完善的解纷机制，去推动更加适应时代需求的解纷秩序的形成。

"枫桥经验"的"小事不出村，大事不出镇，矛盾不上交"是由中国共产党领导人民群众创造出的基层社会治理经验，真正顺应了社会在各个发展阶段中的基本矛盾和解纷需求。① "网上枫桥经验"最早是在 2018 年 1 月中央政法工作会议上被首次明确提出；"要总结推广'网上枫桥经验'，推动社情民意在网上了解、矛盾纠纷在网上解决，努力使社会治理从单向管理向双向互动、线下向线上线下融合、单纯部门监督向社会协同转变。"② 运用在线解纷机制化解权利冲突，实际上就是对"网上枫桥经验"的诉源治理内涵的深刻实践，其充分吸纳了"枫桥经验"中的"四先四早"③ 工作机制，联结政府部门、审判机关、仲裁协会、调解机构、民营企业、电商平台、律师和网民等多元主体，运用在线平台优势预防纠纷产生、逐级筛减矛盾纠纷以及逐级化解权利冲突，进行诉前分流，无法通过在线调解等程序化解的案件转流入在线诉讼系统，有效发挥了多元化纠纷解决机制在网络空间中的解纷质效。④

(二) 在线解纷机制促进多种解纷方式的交融互通

在线解纷机制由在线和解、在线调解、在线仲裁以及在线诉讼等多种解纷方式构成，彼此之间存在不同特点、发挥不同功能，又存在一定程度的交叉、衔接。智慧法院在主导在线解纷机制构建过程中，以技术赋能方式帮助诉讼服务工作实现了两个维度的提升。其一是扩展诉讼服务的业务范围，延长了诉讼服务的提供实践，通过法律机器人、智能云柜等设备以及诉讼服务网站、微信小程序、手机 APP 等实现了诉讼服务的全天候提供；其二是通过诉讼服务整合其他多元纠纷

---

① 徐汉明、邵登辉：《新时代枫桥经验的历史地位与时代价值》，《法治研究》2019 年第 3 期。

② 宽甸检察院：《十九大后首次中央政法工作会议六大新信号》，2018 年 1 月 15 日，https：//mp. weixin. qq. com/s?＿＿biz = MzI5MTAzMTAwNw = = &mid = 2649735969&idx = 3&sn = 13c5a237cd9ed68c9e8995b9dfef280e&chksm = f40db191c37a3887867a0b9d91fec076cf712162564d3ec70ee0894e026e9c5a47d56e226c99&scene = 27，2023 年 10 月 20 日。

③ "四先四早"工作机制，是指"预警在先，苗头问题早消化；教育在先，重点对象早转化；控制在先，敏感问题早防范；调解在先，矛盾纠纷早处理"。汪世荣主编：《"枫桥经验"：基层社会治理的实践》（第 2 版），法律出版社 2018 年版，第 244 页。

④ 韩烜尧：《论中国的线上纠纷解决机制（ODR）——"网上枫桥经验"的探索与发展》，《首都师范大学学报》（社会科学版）2021 年第 2 期。

解决方式，化解部分矛盾和争端，缓解司法的审判压力。人民法院将诉讼结果预测、诉讼风险评估、在线调解等新型服务通过智能化应用的方式实现并纳入诉讼服务体系，使得当事人能够接触与了解到多元化解纷方式，有利于当事人能够根据案件特点作出适合自身的路径选择。

同时，在线解纷机制构建的实践有利于促进多种解纷方式顺畅衔接与合理竞争的规则的形成。例如，《民事诉讼法》重视灵活的调解制度在纠纷解决的重要功能，第一百二十五条规定先行调解、第一百三十六条开庭前调解、第一百四十五条判决前调解、第一百七十九条二审调解，但没有对立案前的在线调解进行规定。《在线调解规则》第九条对其进行补充，有利于发挥立案前的在线调解在诉源治理、非诉与诉讼机制衔接方面的作用。自 2017 年 10 月开始，道路交通事故损害赔偿纠纷在一体化平台建设方面就取得卓有成效的实践业绩，在线达成调解与在线司法确认的对接有助于互联网时代矛盾纠纷的多元化解。在线调解与传统线下调解活动在主体、方式、期限、委派流程等方面皆存在一定的差异。例如，《在线调解规则》第十三条规定调解组织或调解员披露可能存在利益冲突的情形之后，当事人有申请更换或同意继续调解的权利，与诉讼回避规则明显不同；《在线调解规则》第十八条引入 2012 年《最高人民法院关于扩大诉讼与非诉讼相衔接的矛盾纠纷解决机制改革试点总体方案》第十七条双方当事人共同确认无争议事实的记载机制，对调解中的自认例外规则形成必要的补充，有利于发挥调解程序整理争点的功效，在保障调解自愿性与秘密性的前提下推动调解与诉讼程序的衔接。①

除此之外，多种解纷方式的运用有赖于当事人的自我选择，而这又与机制本身的激励和竞争密切相关。例如，在电子商务纠纷领域中，消费者通常依赖经营者获得商品信息和判断商品价值。潜在的信息不对称使得消费者的知情权、公平交易权等权利难以得到切实保护。在解决这一问题时，在线解纷机制的运行应当充分关注消费者的特殊权益保护，并以敦促经营者提供透明的商品信息、维护公平高效的交易环境为目标。因此，在制度设计上，在线解纷机制应当着重强调和解

---

① 曹建军：《在线诉讼规则与民事诉讼法典化》，《河北法学》2022 年第 8 期。

与调解方式的重要作用，并适当偏向消费者的利益保护，以突出和解与调解方式的效率价值。对于解决小额纠纷的消费者和经营者而言，由于选择诉讼方式会造成高额的成本，双方当事人也就会更倾向采取和解或调解方式解决纠纷。

三　小结

数字时代下，我们亟须以高智慧司法助力高效能治理，用技术提升服务质量、延伸司法职能，融入基层治理格局，从矛盾纠纷源头进行预防和排查，发挥在线平台的沟通衔接作用，推动多元解纷格局形成。在线解纷机制是智慧法院建设的基本内容，同时又在其发展的过程中为智慧法院建设探索更为完善的规则体系与技术应用方案。智慧法院建设所追求的"司法为民"的根本目标也贯彻于以公平、效率、秩序为价值取向的在线解纷机制的建立健全过程中。深化包含在线解纷的智慧法院建设，是把能动司法贯穿新时代新发展阶段审判工作始终的体现，能够更好地回应不断变化的社会实践之上产生的解纷需求。

第三节　我国智慧检院建设：目标厘定、实践探微与前景展望

司法和科技的耦合，是未来法治建设的基本特征，而智慧司法的实施则是新一代数字技术与司法实践深度融合的重要体现。如前所述，智慧法院建设拉近了人民群众与司法的距离，利用先进的科技手段完善在线解纷机制，为数字时代实现"数字正义"的目标提供助力。除智慧法院外，智慧检院的设立也成为洞悉我国数字法治发展脉络的典型样本，契合于数字时代智慧治理的治理向度。尽管"数字检察"的战略实施时间不长，但智慧检院在技术开发、司法应用和辅助社会治理等方面已经取得较大进展，并且对检察系统的转型升级产生越来越大的影响。智慧检院的使命何在，在当下的战略定位为何，为传统的检察效能起到了哪些增益作用，智慧检院是否也与在线解纷机制产生关联，未来应以何种发展路径展开建构，这些问题都未能得到准确的

回应。更重要的是,在明晰智慧检院的目标和发展方向后,如何提炼出数字时代智慧检院建设背后所反映的深层理论,建构数字检察的话语体系?这成为当前研究的一项重要的科学命题。党的二十大报告中指出,要加快建设"数字中国"[1],要"以中国式现代化全面推进中华民族伟大复兴"[2],而智慧司法作为一种新型法治形态,正是实现这些目标的重要引擎。对于检察机关而言,其既是国家的法律监督机关,也是国家的司法机关。这种属性决定其更要适应数字时代面临的新挑战,促使其以检察工作的数字化转型来服务于中国式现代化的发展需要。在检察系统内部,智慧检院建设缘起于国家推进检察工作与科技手段紧密结合的战略规划部署。随之,全国各地的检察机关都将前沿的信息技术运用于检察的各项业务中,并进行技术赋能化,以确保检察人员能动履职,取得了显著成效。本节力图依托于智慧检院发展至今的实际情形,通过对智慧检院实践样态的梳理和内在逻辑的揭示,为智慧检院建设提出前瞻性的展望。

一 我国智慧检院建设的缘起与动因

智慧检院,也即是检察系统的数字化,集中体现在运用大数据、人工智能等数字化成果与传统检察业务的深度融合。技术赋能的加持使得数字时代检察机关的法律监督、出庭公诉以及参与社会治理的质效显著提高。为规避传统检察监督被动性、滞后性的弊端,削减技术结构与传统监督结构之间的张力,加快检察公诉和检察治理方式的更新迭代,智慧检院应运而生。智慧检院作为检察系统在数字时代的战略性改革部署,旨在从数字化的科技成果中汲取司法生产力,推动法律监督发生质的改变,以此促进国家治理能力现代化。那么,智慧检院与传统检察系统存在哪些差异?智慧检院又是如何产生的?国家打

---

[1] 习近平:《高举中国特色社会主义伟大旗帜 为全面建设社会主义现代化国家而团结奋斗——在中国共产党第二十次全国代表大会上的报告》(2022年10月16日),人民出版社2022年版,第30页。

[2] 习近平:《高举中国特色社会主义伟大旗帜 为全面建设社会主义现代化国家而团结奋斗——在中国共产党第二十次全国代表大会上的报告》(2022年10月16日),人民出版社2022年版,第21页。

造智慧检院、推动数字检察的发展,目标何在?在探究智慧检院的运作过程之前,有必要先厘清这些前提性问题。

(一)智慧检院相较于传统检察系统的特殊性

对于检察机关而言,其核心的任务是通过行使检察权,对国家机关及其工作人员、公民、法人或其他组织是否遵守法律进行监督,以保障法律的统一实施。[1] 具言之,检察机关根据法律的授权规定,能够对侦查活动、审判活动和执行机关的活动进行监督,能够批准逮捕,并对刑事案件行使公诉权,针对损害社会公共利益的行为,检察机关还可以依法提起民事公益诉讼,等等。在传统社会,检察机关通常采用被动监督、个案处理等方式进行履职。然而,进入数字时代以来,数据信息和虚拟空间翻转了物理场域,司法实践中也因技术赋权而产生了崭新的法律问题。倘若继续依赖传统的检察履职模式,很难应对当下网络化、数字化和智能化的新型治理诉求。

举例而言,在刑事诉讼领域,当下出现了多种涉网犯罪案件。传统犯罪一旦与计算机、人工智能等现代科技相叠加,搜集证据、审查起诉的难度就显著提高。譬如,针对跨境电信网络诈骗案件,国际诈骗行为人往往分布在不同国家,且预谋、筹划和实施犯罪行为的过程也可能分配给不同国家的不同犯罪主体。行为人通常会采取跨越国境的手段来躲避特定国家的追捕与制裁。而且,对此类案件,执法机关的调查取证难度较大,因为能够证明犯罪行为的证据通常会分布在不同地域,而这种案件境外证据也会以电子数据的形式呈现。[2] 诸如此类,均与审查传统犯罪的固有范式存在着较为明显的差异,这不得不促使我们重新思考有效打击数字时代犯罪活动的新型检察手段。再如,实践中有行为人利用区块链项目,吸引网上的投资者质押虚拟货币。当虚拟货币被储存在区块链项目后,行为人则借助于技术手段将投资的虚拟货币移走变现,造成网上投资者的经济损失。[3] 在处理此种案件时,如检察机关无法运用海量数据,辅之以科技信息系统协助追寻

---

[1] 胡锦光、韩大元:《中国宪法》,法律出版社2018年版,第436页。

[2] 韩婧颖:《打击跨境电信网络诈骗犯罪的国际刑事司法协助探究》,《江西警察学院学报》2023年第1版。

[3] 吴贻伙、刘晨、唐菲菲:《投资者的虚拟货币被他们从"后门"偷走了》,《检察日报》2023年3月21日第4版。

涉案线索、固定涉网案件证据，则难以让犯罪分子无所遁形，达成数字正义的目标。

　　传统检察系统除面对新型犯罪样态显得力有未逮，其法律监督模式的固化也呈现出难以适应数字时代发展的困窘局面。其一，传统的检察监督具有被动性、滞后性。检察监督的具体内容来自于当事人或其他司法机关提供的线索。倘若缺乏外界提供的信息，检察机关难以主动出击，而外界的信息从获取到移送常常耗费时间，以至于监督效率不高；其二，传统检察机关检察监督存在零散化、形式化和片面性。传统检察监督主要依靠检察官个人，以人工审查的形式审阅个案中的卷宗。① 检察官为应对检察系统内部的绩效考核压力，很多时候会抓住司法实践中公安或法院的小瑕疵进行监督。这种做法，使得检察监督的质效难以真正发挥。且过分依赖卷宗的人工审查，也难以透视司法实践中的深层问题，更无法承载数字时代纷繁复杂的涉网纠纷。其三，传统检察机关参与社会治理的能力受到限制。当前的多元化纠纷解决已无法止步于事后处理，更应包括事前预防和源头治理。检察机关针对办案中发现的社会治理薄弱方面，一般会以制发检察建议的方式推进诉源治理，推动矛盾从根源上化解。② 然而，如果没有科技手段的加持，检察机关参与治理的覆盖面有限、积极度不高，且难以找到社会矛盾的根源，必然事倍功半。有鉴于此，传统检察机关需要找到新的出路，以此促进检察职能更好地发挥，进而深度契合于数字时代对传统检察监督结构转型升级的迫切要求。大数据与现代科技，能够很好地嵌入检察系统的履职过程中，实现法律监督、参与诉讼和社会治理全流程的智能化变革。

　　相较于传统检察系统，智慧检院利用大数据、人工智能和区块链等新兴技术，全面打造检察履职工作的智能化和数字化。巧妙运用"数据"这一工具，可以实现检察权化被动为主动的目标，能够以数字监督治理思维取代传统的人力监督治理思维。智慧检院的推广，表明检察系统在信息共享、数据分析和智能决策方面发生深刻变革，提

---

① 马春晓：《数字检察的缘起、实践与理论建构》，《南京大学学报》（哲学·人文科学·社会科学）2023年第4期。
② 最高人民检察院：《26份检察建议背后的故事》，2023年6月11日，https://baijiahao.baidu.com/s?id=1768404693921522283&wfr=spider&for=pc，2023年9月12日。

高了检察机关的工作效能。一旦传统的检察系统被嵌入智能化的因子，大数据分析等技术手段将会在很大范围内代替人为的手工操作，提高检察工作质量，降低司法成本投入。智慧检院通过新型科技手段，能够给检察人员适时提供业务数据和信息，协助其便捷地了解所办业务的具体情况。相应地，智慧检院能够根据获取的数据，利用算法分析系统，预测案件未来的趋势，评估检察业务的走向。在涉及公共安全的案件中，智慧检院能够通过技术监督系统，监测各类案件的处理情况，确保社会风险从根源上消除。在社会治理方面，智慧检院能够借助人工智能等现代科技打造多方面协作共赢的办案模式。以检察机关参与公益诉讼为例，公益诉讼涉及的案件具有专业性强、知识领域分散等显著特点。智能科技手段的运用，可以协助打造交叉学科专家共同分析案件事实的新样态，以期更妥善地解决公共利益受损的问题。

（二）数字时代智慧检院建设的追求与使命

1. 实现被动监督向能动检察的新跨越

如前所述，传统检察监督方式具有被动性特征，且从时间节点上而言，相对较为滞后。被动性的突出表现则是，检察机关的监督总是发生在其他机关或个人提供线索之后。也即是，监督的启动具有一定程度的依赖和倚仗，不能凭借自身的力量主动探知案件线索。其实，并非是检察机关怠于履行监督职能，而是案多人少的固有积弊在短期内难以消除，办案人手的紧缺性在某种程度上制约了其能动性的发挥。久而久之，以检察监督为主导的监督模式就会陷入形式化的窠臼之中，监督的实效自然很难显现。随着大数据和人工智能等新型科技在检察监督领域的应用，法律监督出现主动性、协同性的新特征，其中渗透着数字时代积极主义的法律监督观。能动的司法检察理念[1]在数字时代将逐渐取代传统治理模式下被动的司法检察观。在司法实践中，智慧检院能够与智慧法院形成系统联通，搭建大数据诉讼平台，将区域频发的案件分门别类，做好类案梳理。大数据分析系统可以辅助梳理各类案件中的突出问题，实现检察机关在事前层面的主动监督。[2] 数

---

[1] 2021年7月12日，最高人民检察院检察长张军在全国四级检察机关干警讲授党史学习教育专题党课上作了题为"把握法治规律，深化新时代能动司法检察工作"的报告。《深化新时代能动司法检察工作》，《检察日报》2021年8月2日第1版。

[2] 胡铭：《论数字时代的积极主义法律监督观》，《中国法学》2023年第1期。

字检察背景下，检察机关可以与法院、公安协同联动，通过平台的一体化搭建，实现线下联席会议的线上化，并以检察建议的形式对审判机关和公安机关予以监督。数字时代检察机关监督的主动化，是司法能动主义在检察系统的显现。司法能动主义的内涵是，在司法的性质上更加强调主动性，有别于先前强调司法中立和被动的特征。[1] 在司法工作方式上，从过去强调的坐堂审案到纠纷多元化解决，再跨越到在线解纷机制的设置，无不是司法能动主义理念在实践中的生动诠释。现阶段，基于数据的能动检察监督方式主要是，在智慧检务系统的指引下，运用大数据快速抽取同案元素，技术分离出差异特征，对异常类案予以自动提示，协助检察人员发现可疑线索。智慧检院以大数据和人工智能的预测分析效能，逐渐摆脱被动监督的疲软状态，实现向能动检察转型的新跨越。

2. 以数字赋能推进传统监督向诉源治理延伸

智慧检院通过数据赋能，可以与智慧法院的智能辅助办案系统联动，共同建立线上矛盾多元化解平台。该平台中能够汇集海量数据，均与各种纠纷和犯罪类型相关。这种数据的积淀，能够为系统算法规程的更新迭代提供信息支持，还能为社会治理的方向提供准确度较高的预测。检察机关的智能系统能够依靠技术分析手段，对案件分门别类。根据数据的种类，大数据可以自动进行类案特征提取，进而分析不同犯罪和争议发生的原因，建立相应的动态模型，为检察工作的进一步展开提供了新型参考。拥有这种精准信息，检察机关也能够助力犯罪和纠纷预防工作，促使社会治理从末端向源头治理转变。对于数据分析、类案研判所得出的深层次问题，检察机关可以及时提出检察建议，弥补社会治理的漏洞。有学者在研究中发现，实践中存在不法分子大量注册虚假公司从事违法犯罪活动，并利用司法与行政机关数据壁垒的特征逃避追查。检察机关运用智能手段展开类案监督，建立异常企业预警模型，对虚假注册公司案件进行诉源治理，取得良好效果。[2] 由类案监督向纵深方向切入，智慧检院可以就同种案件的多个

---

[1] 杨建军：《"司法能动"的中国展开》，《法律科学》2010年第1期。
[2] 马春晓：《数字检察的缘起、实践与理论建构》，《南京大学学报》（哲学·人文科学·社会科学）2023年第4期。

方向、多个维度进行全面展开,将数字赋能转变为社会治理效能,达到智慧治理的集中突破和整体效应。传统的检察工作仅就个案展开监督,无法通过个案突破,实现类案一并治愈之功效。"治标不治本"的固有弊端在传统检察监督时代难以克服,而"标本兼治"的诉源治理范式则在智慧检院实现数字正义的过程中被逐渐发掘。

二 我国智慧检院的战略定位

从 2022 年最高检召开数字检察工作会议对加快数字检察建设作出重要部署以来,全国各地智慧检院进一步加大了数字检察的支持力度,并引导数字检察在多个领域取得重要进展。在国家大数据战略的统筹安排下,以数字化方式改造检察机关传统监督模式的改革,取得了显著成效,开辟了数字时代新型治理的新路径。其实,检察机关的智能化转型也并非一蹴而就,也经历了更新迭代、在前进中逐步优化的过程。回溯智慧检院的发展脉络,不难发现,早在 2000 年,最高检就强调要重视科学技术,推进检察机关整体科技水平提高,以促进其更好地履职。在 2014 年,司法与大数据融合的趋势日益明显,检察机关信息化建设也逐步升级。最高检在当时也对智慧检务建设的系统化布局作出统筹安排。到 2017 年后,各级检察机关将数字化嵌入检察工作的全流程中,在辅助类案检索、语音识别转化以及定罪量刑精准化评估等诸多方面实现高效化智能办案体系。这一系列前提准备,均为当下数字检察战略的提出和贯彻创造了良好的基础条件。① 那么,在"数字检察"的新型战略驱动下,我国智慧检院应当处于何种战略定位?其与前期检察机关信息化建设有何区别?

(一)检察业务本位:技术辅助公诉与法律监督

审查起诉是检察机关特定的业务之一。在刑事诉讼中,检察机关接到公安机关侦查终结后所移送的案卷材料,有权作出起诉或不起诉的决定。一旦检察机关决定起诉,则其代表国家行使公诉权以追诉犯罪。而起诉与否决定的作出,主要依靠检察机关对现有案卷证据材料

---

① 吴思远:《数字检察的法理反思》,《华东政法大学学报》2023 年第 5 期。

的审查判断。"案件事实清楚，证据确实充分"是刑事诉讼中被一以贯之的证明标准，但传统司法实践中检察人员也仅是从办案经验和良知良能方面对其作出符合内心判断的自由心证而已。随着检察机关智能化算法系统的完善，机器可以自动根据特定案件的复杂程度，针对这种证明标准作出细化的证据校检规程，以判断究竟现有证据达到何种充分程度才能满足证明标准，进而充分评估发生冤假错案的风险大小。智能化的算法辅助，能够协助检察人员准确识别、分析、评估、预测，将基于已有证据事实的案件全貌包括前因后果以知识图谱的样态呈现出来，① 以此来完成公诉前的审查工作。由于算法系统对刑事证据进行类型化、具体化的评估，设定具体的风险临界值，能够减少人工判断证据充分性的难度。

针对公诉过程而言，海量数据资源、算法系统的加持、智能化计算软件的建模和回归分析，都能以技术革新带动公诉效率提高。② 技术不仅能够实现对证据中手写文字、签名盖章、指纹等生物识别信息的自动获取，也可以协助检察机关搜集固定证据，自动形成出庭公诉时所要依次展示的证据清单。通过数据和人工智能的创新驱动，为检察机关智慧公诉业务提供了良好的技术保障，提高了处理案件的快捷度和精准度。当智慧检务系统引入检察机关初期时，检察机关内部人员可能存在两种认知倾向。其一，认为法律的精神实质在于凭借经验和阅历，现有的智能技术手段也只能提高办案硬件的质量，无法对法律专业人员的审查判断进行取代；其二，认为算法和人工智能已然十分完备，只要提前设置智能化的运算流程，系统能够自动生成专业的司法判断结论。这种技术万能主义的认知将现代科技提高到能够替代司法专业人员的高度，也过于极端化。实质上，数字时代现代科技的更新发展，其最终目的是服务于人类活动，而并非取代人的主体地位。更重要的是，司法判断过程是一个兼顾情理与法理、法律效果和社会效果统一的运行过程，追求的最终目标并非是苛求法律适用的统一性，而是个案的妥当性。在这种理念的引领下，科技手段也只能作为辅助

---

① 崔亚东：《人工智能应用与治理》，《行政管理改革》2020年第6期。
② 胡晓霞：《智慧公诉发展的理论支撑与实践路径》，《社会科学辑刊》2022年第3期。

案件的手段而已,并不能取代检察人员自身对案件的合理权衡,更无法越俎代庖地作出起诉与否的结论。

从智能科技手段助力法律监督的角度看,可以发现,其重点在于强化在线诉讼监督规则。对于在线诉讼的监督机制设置,是数字检察发挥功效的基础性工作。在刑事诉讼中,推动刑事案件远程讯问、远程系统审查证据、远程庭审,一定程度上提高了刑事在线诉讼的适用率,使得控辩双方和被告人均摆脱时空限制,缓解了案多人少的矛盾。从另一个角度看,科技辅助法律监督,本身也蕴含着对检察人员司法裁量权予以适当规制的意涵。① 检察机关要主动立足于司法数据化的特点,积极探索新的数据司法监督模式,加强检察机关内部的信息流程实时监控,并对科技辅助监督的合理边界予以把控。对于技术辅助监督的过程,要能够使大数据分析与客观准确的证据模型有机结合,使得对事实认定的结果保持精准性,增强检察监督的实效。此外,不能忽视的是,技术在检察监督中的应用,虽能够使很多类案分析结果以算法系统输出的形式呈现,对原有的自由裁量空间产生挤压。然而,其最终的定位设置依然是辅助作用。为契合数字时代对实质正义的呼唤,当智能输出的检察监督结果与公众朴素的道德直觉明显不相称时,要能够根据实际情形灵活应对。

(二)便利民众本位:以提升解纷质效实现检察为民

坚持以人为本、服务民众始终是智慧检院建设的出发点和落脚点。在智慧司法的引领下,智慧法院改造了传统的纠纷解决模式,以在线解纷机制的设置改变了传统法院在物理空间中面对面庭审的特定模式,有效规避当事人往返奔波的耗时耗力。虽然检察机关与审判机关的职能定位不同,但其可以在自身的职权范围内,运用现代科技协助法院进行社会治理,注重案件在检察环节的矛盾化解。举例而言,智慧检院可以采取类案分析功能,针对校园安全、环境污染、消费者权益保障、虚假诉讼等社会纠纷问题向有关部门提出针对性的检察建议,促使矛盾提前遏制。对于所办理的检察信访工作,要能够利用数据筛选机制进行分类,提炼出矛盾的共性,并利用区块链技术对较为冗杂的证据予以系统化存储。检察机关可以主动展示检察担当,开辟线上的

---

① 高景峰:《数字检察的价值目标与实践路径》,《中国法律评论》2022年第6期。

检察信访通道，最大限度地节省当事人的人力成本。相应地，检察机关在做好检察信访工作的同时，还要引导当事人采取线上调解等形式解决纠纷，对智慧法院线上解纷机制的实施过程进行督促保障，以司法合力强化诉源治理。在民事数字检察方面，智慧检院也应在线上对接社会矛盾纠纷调解中心，尽可能保障案件以调解形式解决。① 这种民间组织的社会调解与司法调解不同，检察机关应对此类社会调解的合理性、合法性予以监督和指导。

检察机关依法履行法律监督职能，其工作的重要性不言而喻。在智慧检院的建设中，检察机关作为公权力代表，拥有着较为强大的国家权力作为后盾，并且这种权力在数字时代还打上了大数据、信息化的智能优势。相对于一般主体而言，其具有明显的控权优势，有必要对检察机关的办案流程进行适当监督，以确保检察权行使的人民性。检察听证作为检察机关审查案件的重要方式，则是汲取民意、汇聚民智、体现检察民主的重要反映。智慧检院利用自身的科技优势，通过检察听证的线上化，让当事人、听证员对案件事实认定和法律适用过程进行全方位分析，有利于强化智慧检务公开、排除当事人对技术辅助的隐忧，进而提升数字时代的司法公信力。

无论是助力线上矛盾处理，抑或是线上信访、线上检察听证，都集中展现智慧检院便民利民、提高解纷质效的检察现代化履职手段。可见，智慧检院的一个重要功能定位即是便利民众，极力彰显以人民为中心的法治建设②。并且，在"数字检察"的战略布局之下，智慧检院的功能也与前期的检察机关信息化建设有所差异。先前的信息化建设，仅是从浅层的工具层面，对检察系统进行了技术化改造而已，旨在强化检察履职装备，提高检察效能。而现阶段的智慧检院，在发掘技术协助监督的检察系统内生动力的同时，促进法律监督与社会治理的深度融合，③ 利用数字化的法律监督手段，促进系统化治理模式的变革，真正实现检察为民的追求。

---

① 李岳：《检察机关深化诉源治理路径探析》，《山西省政法管理干部学院学报》2023年第3期。
② 李晓辉：《论以人民为中心的法治》，《法制与社会发展》2023年第3期。
③ 贾宇：《论数字检察》，《中国法学》2023年第1期。

三 数字时代我国智慧检院的实践探微

（一）智慧检院助力民事纠纷多元化解

1. 民事在线解纷过程中的智慧检察监督

根据《民事诉讼法》的规定，检察机关在民事诉讼中起到监督作用，而检察监督的对象则是民事审判活动和民事执行活动。换言之，法官在民事诉讼中的审判行为和监督行为都要受到检察院的监督。若检察机关在法律监督的过程中，发现法院作出的生效判决或裁定存在错误，有权以提起抗诉或提出检察建议的形式要求法院重新审理。[1] 审视民事在线解纷机制，在线诉讼作为数字时代解决民事争议的途径之一，具有跨越时空限制、便利当事人参与和节约司法成本等多项优势，不过，不可忽视的是，远程审判的便捷化也在某种程度上减少了司法仪式化，程序在虚拟空间内的简化也许会产生审判行为欠缺规范等隐患。对于民事在线诉讼规范性的监督，智慧检院能够以法院在线诉讼的数据为基础，运用数据筛查功能找出法院在线庭审异常的行为，并利用联网的系统数据，筛查全国各地在线诉讼中的类似问题。在明确在线诉讼中存在的问题后，智慧检院能够以检察建议的方式，通过电子系统向相应的智慧法院提出监督，引导法院民事在线诉讼的进一步规范化。

在 2012 年《民事诉讼法》修改中，立法规范中也将法院作出的调解书纳入检察监督的范畴内。当检察机关发现生效的调解书损害国家利益或社会公共利益时，应当提起抗诉或检察建议。在线调解也是推进数字时代诉源治理的重要途径之一。如民事案件的双方当事人选择在线调解，法院应当秉持双方自愿、合法的原则。在线调解中所达成的协议事项不得损害他人利益。检察机关倘若认为调解书的内容违反相关规定，可以使用大数据系统对在线调解的过程进行全流程审核，并利用算法分析调解书内容。在必要的情况下，智慧检院可以开辟线上交流渠道，向案外人调查核实相关情况，避免如传统检察监督时线下找寻案外人那般，徒增人力资源和司法成本。智慧检院的助力，彰

---

[1] 江伟、肖建国主编：《民事诉讼法》，中国人民大学出版社 2018 年版，第 62 页。

显出司法能动主义于民事在线解纷机制中的深刻运用，对智慧法院的工作模式起到促进和激励作用。不过，即便检察机关在数字时代应当有能动性的责任担当，可其对民事诉讼的监督，仍要遵循合法、有限、谦抑和补充原则。

2. 民事公益诉讼中检方的技术支持

相较于私益诉讼，检察机关助力民事公益诉讼更能凸显其社会治理优势，而这种做法的目标在于最大限度地维护国家和社会公共利益。检察公益诉讼并非为追究责任，也并非为争一时之输赢，而是为推动行政机关自我纠正，实现社会整体利益之最优。[①] 智慧检院在技术监测到公益诉讼案件时，可以通过诉前检察建议或提起诉讼的形式，促使行政机关规范行使权力。例如，青海省乐都区检察院围绕残疾人权益保障问题进行数字法律监督建模，抽离出异常数据，对用人单位不交或少交残保金的现象，充分发挥公益诉讼检察职能，督促相关行政机关履职。此外，西宁区检察院在大数据排查中发现，辖区内部分公共营业场所和食品经营内场所仅办理营业执照，未办理公共场所卫生许可证或食品经营许可证。该检院依法调取辖区内9400多条营业主体数据，建立类案监督模型，立案公益诉讼案件，同时发出相应的检察建议。[②] 在通过检察助力公益诉讼后，检察院运用大数据开展比对、碰撞，针对公共卫生领域监督不到位的问题，通过制发加持建议，推动行政主管部门进行专项整治，消除无证经营等安全隐患。实践中，还存在检察机关对刑事案件线索进行分流处理的现象，将部分案件线索通过系统平台分流至应用系统数据库，再将公益诉讼线索分流至民事公益诉讼检察部门。该部门通过线索，可以进一步排除是否存在社会治理漏洞，有指向性地制定公益诉讼方案。再如，吴中区检察院在办理一起盗窃汽油案后，系统自动将相关线索推送给公益诉讼检察部门。公益诉讼检察部门在接到系统提示后，展开检察调查。数据分析显示，危险品车辆在辖区小区停

[①] 戚永福、曹瑞璇：《检察机关参与社会治理的理念转变与实践展望》，《上海法学研究》2022年第19卷。

[②] 徐鹏：《青海检察院运用大数据法律监督手段激发工作效能》，《法治日报》2023年8月24日第4版。

放构成公共安全隐患,并向交管部分发出检察建议,推动危险品车辆治理活动。① 民事公益诉讼中的智慧检院,充当着技术辅助的角色,以数据赋能促进公益诉讼案件提质增效,有效维护社会公共利益。

(二)智慧检院推动刑事案件源头治理

1. 刑事案件中智慧检院的智能辅助应用

对刑事案件来说,在检察机关正式提起公诉之前,检察机关所做的工作无非是审查批捕,抑或是决定起诉与否。刑事检察智慧裁量辅助系统,能够同时负责同一案件的审查逮捕、提起公诉以及诉讼监督的任务。在其中,逮捕是国家专门机关为防止犯罪嫌疑人、被告人逃避或妨碍诉讼的顺利进行,抑或是避免其发生社会危险性,而依法剥夺其人身自由的强制措施。并且,逮捕是我国强制措施中严厉程度最高的。一旦该项强制措施被采取,即很有可能会给嫌疑人带来较长时间的未决羁押。② 为防止这种强制措施的滥用,我国《刑事诉讼法》对逮捕设置了较为严格的适用条件,并且贯彻了司法审查原则,持有极为审慎的态度。针对逮捕,刑事诉讼法确立了证据条件、实体条件和社会危险性条件这三方面。只有符合这三方面,犯罪嫌疑人的逮捕才有正当性。检察机关在批准或决定逮捕前,需要进行逮捕必要性审查。而针对被逮捕的犯罪嫌疑人是否应当继续羁押,检察机关也有义务进行审查。对不需要继续羁押的,检察机关应当建议办案机关予以释放或变更强制措施。③ 对于逮捕的社会危险性条件,以及羁押必要性条件的判断,单纯依靠人工的审查,不仅耗时耗力,而且很难把握住这种较为抽象的判断标准。有鉴于此,智慧检院的智能应用系统能够将"社会危险性"和"羁押必要性"通过不同的数据指标设计和认知智能应用体现出来。算法系统最后会对犯罪嫌疑人合理评估,输出智能化的危险性指标因子,供检察人员参考。系统会快速从海量信息中提取出嫌疑人信息,自动权衡嫌疑人一贯表现、犯罪前科、前述犯

---

① 陈飞、周珊:《智慧检务在刑事检察中的建设及运用》,《中国检察官》2020 年第 12 期。

② 陈瑞华:《刑事诉讼法》,北京大学出版社 2021 年版,第 316 页。

③ 王爱立主编:《中华人民共和国刑事诉讼法释义》,法律出版社 2018 年版,第 210 页。

罪情节轻重等因素。实践中有地区研发了智能审查辅助软件,以"红黄蓝"三种颜色代表危险性程度高低,对于判断逮捕危险性和羁押必要性非常便捷。① 坦言之,智慧检院系统所运用的机器具有类似人类主动思考和理解的能力。在智慧检院建设过程中,认知智能应用能够被不断挖掘开发,获取接近人脑的思维方式,使认知模式与人脑相趋近,② 有力地辅助刑事强制措施的审查判断。

在强调"诉源治理"理念的现代社会,宽严相济、审慎用刑等政策的出台均对检察机关转变司法理念层面作出了要求。观察当前长期居高的羁押率,不难看出,对取保候审等非羁押措施缺乏监管手段。这才导致了,众多羁押必要性不足的嫌疑人,因被担心无法受到监管而羁押。实践中,有地区智慧检院为破解这一难题,通过手机 APP,运用大数据、云计算和区块链技术建构出"非羁码"。以这种形式,为适用取保候审、监视居住的嫌疑人实行全面监控。③ 这使得公检法三机关愿意尽可能采取非羁押的强制措施对待嫌疑人,有效地降低了逮捕率。智慧检院的技术辅助,为"少捕慎押"和人权的司法保障提供了助力,能够有效地促进司法文明,推进诉讼制度和犯罪治理的现代化。

2. 智慧检院参与刑事在线诉讼

刑事在线诉讼能够通过远程视频的形式,实现刑事案件的线上审理,进而摆脱时空范围的局限,弥补传统刑事审判成本较高和效率偏低的不足。检察院作为提起公诉的主体,代表国家行使公诉职能。智慧检院拥有更强大的数字化、智能化包装,在公诉场景中应用得更为便捷,为刑事在线诉讼的开展奠定了高科技支持,使得国家追诉的职权主义色彩变得愈发浓厚。需要注意的是,智慧公诉的"公诉"本身虽然比起传统公诉时代更为激进,但追诉本身并非目的,而是实现公平正义的一种手段,更是契合于数字时代对数字正义的目标追求。当

---

① 陈飞、周珊:《智慧检务在刑事检察中的建设及运用》,《中国检察官》2020 年第 12 期。
② 张亚军、黄华:《机遇与挑战:我国智慧检务建设的发展隐忧与平衡路径》,《河北法学》2021 年第 2 期。
③ 刘巍:《数字赋能检察工作高质量发展的思考与研究》,《辽宁公安司法管理干部学院学报》2023 年第 4 期。

下，智慧检院的建设中，图像识别技术、文字和语音的识别转换技术、视频和生物识别功能的发挥，都在不同的公诉场合中加以运用，有力地推进了公诉工作的开展。① 智能语音转换技术，能够通过语音识别，将公诉人和诉讼参与人在刑事在线诉讼中所表述的话语，通过定制的公诉词库予以转换并识别为专业规范用语，减少了检察人员人工打字的繁重负担，提高了公诉效率。这种形式，能够自动将说话人的语言表述转换成文字记录，能够防止人工记录遗漏关键信息的弊端。而视频识别功能，能够对羁押人员和监管人员的行为模式进行充分识别，保障口供获取的合法性。智能预警技术能够检查出犯罪嫌疑人的不正常状态，并协助检察机关识别公安机关对嫌疑人的监管行为是否合法。

相较于民事在线诉讼规程之完备，刑事在线诉讼的文本依据显得体系性不强，难以涵盖实践中刑事在线诉讼所面临的诸多问题。② 刑事在线诉讼的适用范围相对有限，大部分案件以速裁程序为主。而适用速裁程序的刑事案件，大多数都通过认罪认罚从宽③的形式进行处理。在刑事在线诉讼开始前，检察机关会针对被告人犯罪的实际情况，提出量刑建议，并与被告人达成协商合意，允许被告人以主动认罪认罚的形式来换取量刑优待的刑罚减让。针对检察机关的量刑建议，法

---

① 胡晓霞：《智慧公诉发展的理论支撑与实践路径》，《社会科学辑刊》2022 年第 3 期。

② 《人民法院在线诉讼规则》中直接面向刑事诉讼的条款仅有两处，分别是第三条第二项和第三十七条。
第三条第二项：人民法院综合考虑案件情况、当事人意愿和技术条件等因素，可以对以下案件适用在线诉讼：刑事速裁程序案件，减刑、假释案件，以及因其他特殊原因不宜线下审理的刑事案件。
第三十七条：符合本规定第三条第二项规定的刑事案件，经公诉人、当事人、辩护人同意，可以根据案件情况，采取在线方式讯问被告人、开庭审理、宣判等。案件采取在线方式审理的，按照以下情形分别处理：
（一）被告人、罪犯被羁押的，可以在看守所、监狱等羁押场所在线出庭；
（二）被告人、罪犯未被羁押的，因特殊原因确实无法到庭的，可以在人民法院指定的场所在线出庭；
（三）证人、鉴定人一般应当在线下出庭，但法律和司法解释另有规定的除外。

③ 所谓认罪认罚从宽制度，意指犯罪嫌疑人、被告人自愿如实地供述自己的罪行、承认指控的犯罪事实，愿意接受处罚的，可以依法从宽处理。陈卫东：《认罪认罚从宽制度研究》，《中国法学》2016 年第 2 期。

院"一般应当采纳"①,但也存在法院否定量刑建议造成被告人预期利益损害的局面。究其缘由,正是由于法官对事实真相的极度追求,没有给任何协商和妥协留下共生的空间,这才造成了法官拒绝形式审查量刑建议而导致被追诉人量刑预期利益损失的局面。同样地,对办案质量终身负责和公众对法官明察秋毫这一刻板的角色期待,法官不可能充当着纠纷解决者的人物形象。②故而,检察机关量刑建议的精准性在刑事在线诉讼中就显得尤为重要。智慧检院的人工智能技术设备,可以依据算法推测的量刑幅度和检察官的联系建议幅度进行对比,对于刑罚额度的偏离程度,会给予不同程度的智能化预警。该算法系统能够检索到该地区先前类案中法院的一般量刑基准,通过运算测算出更为准确的量刑区间。一旦检察人员将量刑建议录入系统,系统会自动做出比较和预测,针对刑罚额度的差距大小作出不同程度的提示,起到诉讼风险的公诉前提示作用。③这种智慧检务功能的运用,有效地保障了刑事在线诉讼中被追诉人的预期利益,保障了公权力机关的公信力。

四 我国智慧检院建设前瞻

(一)数字时代我国智慧检院在司法实践中的挑战与隐忧

我国智慧检院的实践探索在检察监督的技术辅助、促进民事案件的多元化解、助力刑事案件的源头治理方面,均取得了一定的成绩。然而,近些年全国范围内,技术与检务融合的初步经验也显现出相应的阶段性问题,这也是智慧检院在利用信息化所承载的便利性同时所

---

① 《中华人民共和国刑事诉讼法》第二百零一条规定:"对于认罪认罚案件,人民法院依法作出判决时,一般应当采纳人民检察院指控的罪名和量刑建议,但有下列情形的除外:(一)被告人的行为不构成犯罪或者不应当追究其刑事责任的;(二)被告人违背意愿认罪认罚的;(三)被告人否认指控的犯罪事实的;(四)起诉指控的罪名与审理认定的罪名不一致的;(五)其他可能影响公正审判的情形。人民法院经审理认为量刑建议明显不当,或者被告人、辩护人对量刑建议提出异议的,人民检察院可以调整量刑建议。人民检察院不调整量刑建议或者调整量刑建议后仍然明显不当的,人民法院应当依法作出判决。"

② 魏晓娜:《冲突与融合:认罪认罚从宽制度的本土化》,《中外法学》2020年第5期。

③ 张垚、王译萱:《迈向新时代刑事检察信息化、智能化:主体、方法与规则——以检察裁量辅助系统为分析视角》,《湖北工业职业技术学院学报》2021年第6期。

面对的挑战。现行的检察数据变革中所带来的隐忧，亦需要及时、充分地加以突破，否则将对前沿信息技术与司法实践的深度融合产生掣肘。当前智慧检院的推动实施，主要面临着以下担忧，深刻反映了检察院智能化、数字化变革任务的艰巨性。

首先，智慧检院的数字化改革，意味着检察机关将会与多个侦查或司法机关联动，实现司法平台的数据共通共享。智慧检院若想发挥通过办理一个案件，进而解决一类案件，实现技术助力，推动诉源治理，则各个司法部门之间的数据共享便是其中至关重要的一环。即便目前处于信息化、智能化的互联网时代，数据在不同地域间也难以完全实现互联互通，数据流动也并非毫无阻力。坦言之，受制于立法、政策、地理位置等多方面因素，智慧检院与其他司法机关的大数据共享之间存在着系统兼容性问题。按照国家保密政策要求，各地司法机关如果层级不同，数据的输入与输出之间也会产生交接不畅的问题。公安机关的数据保密系统较低，输入到层级较高的检察系统，就相对便捷。检察系统的保密层级属于机密级别，导入到同一业务应用系统的法院，就相对较为困难。正是由于不存在统一的司法大数据系统，在实践中也存在着较为不便的情形。

其次，即使"信息孤岛"和"数字壁垒"被打破，数据安全也是当下面临的一大挑战。掌握检察机关技术建构的第三方也不可避免地会接触到海量的数据资源。相应地，数据也存在着被泄露的潜在风险。检察机关通过公权力支撑和数字技术加持，其掌握的数据包含司法数据、政务数据以及社会数据等，这些数据的运用都为检察机关能动履职提供了便利条件。不过，商业秘密、个人隐私也能够被社会数据包含进去，而这些都能够被掌控数据资源的检察机关或第三方数据运营组织所控制。① 在某种程度上，数字检察的改革，也面临数据安全性问题，需要采取措施加以规则。检察机关在掌握数字技术的同时，技术也为检察权的扩张提供了合法的筹码，在追求能动监督、主动办案的同时，并未明确检察职权的能动范围与公民个人权利保障之间的合理边界。所以，并不能一味地追求数字检察的职权主义倾向。这既不利于发挥智慧检院的能动性和诉源治理的优势，也不利于增强民众对

---

① 吴思远：《数字检察的法理反思》，《华东政法大学学报》2023 年第 5 期。

智慧司法的信任程度。

最后，智慧检院建设中，算法中立性和可靠性问题也需要予以关注。大数据和人工智能兴起的过程中，以往在程序设置中所经常提到的"算法"也渗透进司法活动之中，对检察系统的固有的决策方式造成些许冲击。所谓"算法"，也即是一种技术程序，能够提前通过机器系统设置，代替人工进行决策或者辅助决策。[1] 算法决策的特点在于以客观中立的技术包装掩盖操纵技术行为人的价值判断。应用到数字检察领域，从理论上来看，检察机关可以凭借算法的技术优势，将相应的偏好植入算法系统的决策程序之中。在刑事诉讼程序中，智慧检院会利用人工智能辅助其批准逮捕、审查起诉。那么，人工智能本身所涉及的算法系统，会采用技术分析手段，处理被告人的犯罪行为、罪名大小、刑罚轻重以及协助评估被告人的社会危险性程度。技术手段还能在海量数据库中提取与犯罪嫌疑人相关的信息，譬如个人以往的经历、社会评价或有无违法犯罪前科等，在分析后予以综合评估。可是，我国并未对人工智能的算法系统在司法实践中如何适用制定统一的算法标准，系统如何保持确定性、如何摆脱人为控制尚没有具体的规范指引。负责设定人工智能算法系统的技术中心也很难将算法设计的细节向公众披露。一旦检察机关的算法系统的辅助决策模式被外界公众获悉，潜在的犯罪嫌疑人就可能利用算法系统的特性而使用其他方式规避算法，达到摆脱法律追究的效果。依照这种态势，不同技术设计中心对智慧检院的算法要素配置不同，这将给予不同检院的技术辅助范式带来很大的不确定性。另外，算法自身也存在着不确定性。检察技术辅助中的"算法黑箱"也有其生存的空间，这也是智慧检院在建设过程中的一大挑战。

（二）我国智慧检院建设的前景展望

智慧检院在数字化时代，充分利用技术赋能，进行法律监督、审查起诉、辅助公诉，助力民事公益诉讼。另外，智慧检院在促进社会综合治理方面，配合在线解纷机制，联同智慧法院发挥诉源治理之功效。发展智慧检院建设，促进数字正义的实现，正是数字法治的题中应有之义。智慧检院建设能够促进数字正义的实现。究其缘由，一是

---

[1] 丁晓东：《论算法的法律规制》，《中国社会科学》2020年第12期。

因为智慧检院契合了数字时代对司法能动主义的要求。面对大量涉网案件，面临着案多人少的困境，司法机关迫切需要利用大数据和人工智能辅助，节省人力和时间成本达成快速公正处理案件的目标。二是因为智慧检院可以实现传统检察机制的转型升级。智慧检院利用数字技术极大地提高了法律监督效率，降低了审前羁押率，有针对性地保障犯罪嫌疑人认罪认罚时的预期利益，并有效地处理公益诉讼案件，保障社会公共利益。这一系列举措，将数字技术的使用嵌入社会治理中，为公众"接近"和"实现"正义提供了便利条件。基于此，智慧检院建设能够深度契合于数字正义目标。为达到这一目标，智慧检院在未来也应进一步推动人工智能技术与司法更加紧密融合，充分应对数字时代给予智慧检院建设的新挑战。

首先，坚持技术性正当程序理论的指引。面对数字化、智能化的司法实践，传统的正当程序理论已经难以具有充分的解释力与指导力。因此，在这种背景下，在"数字正义"的目标下，需要针对司法程序本身，提出一种新的程序理论，来补足对数字时代程序公正的期待。"技术性正当程序"是美国马里兰大学的教授首次提出，基本要求是将数字技术融入裁判程序的全过程，包括排除偏见、程序对等、充分参与等要素，而司法的中立性是这一理论的重要标准。[①] 司法的中立性并不单指裁判者的居中，也包括作出实质决策的司法人员都要保持中立，排除偏私，恪守客观公正的义务。那么，检察官的客观公正义务也必须得到必要保证。这才是技术性程序正义理论的必然要求。很显然，当人工智能等算法技术融入智慧检院的系统中，也应当防止系统偏见渗透到具体的审查批捕、审查起诉等正式决策过程中。技术性正当程序理论反对技术万能论，在技术设计前要进行测试和跟踪，技术试运行的时候还应发动群众参与，确保数字技术嵌入的公正性。因而，检察机关在设定智慧检院人工智能系统前，根据这一理论指引，应在算法研发过程中，引入多方主体协助审查判断，并做好事前测试，以保障技术的理性适用。在获取法律监督技术赋能的便利同时，需要保持对技术的审慎态度，适度平衡多元化的价值追求。

---

① 刘金松：《数字时代刑事正当程序的重构：一种技术性程序正义理论》，《华中科技大学学报》（社会科学版）2023 年第 2 期。

其次，要畅通数据在各个司法机关的流通渠道，突破技术壁垒。公安机关、检察机关和法院虽然职能分工不同，但都是法律共同体。促进矛盾纠纷快速化解，实现定纷止争和公平正义是其共同的追求。为摆脱三机关间数据共同共享的障碍，可以考虑由政法机关信息化中心建立大数据枢纽，分配各地政法大数据信息库，要求集中存储涉及司法类的数据资源，方便各个司法系统运用当地的政法数据信息库，查询所需要的数据资源。在智慧检院构建智能化大数据系统时，要着力推动系统的更新迭代和转型升级。要充分考虑到检察机关与其他司法机关之间的层级衔接问题，为三机关间数据对接做好技术铺垫，以便于智慧检院对其他司法系统数据的采集。除智慧检院与外部其他司法机关的数据互通外，检察系统内部的数据流动也应架构畅通的渠道。各级检察系统之间应建立数据分享的共享平台，而每一级检察机关也应建立自我监督系统，保障数据流通的安全性和正当性。如果所涉及的案件，与外部人员的个人数据和个人隐私相关，在不妨碍诉讼顺利进行且不违反法律规定的情况下，要将数据分析可能造成的风险和诉讼相关人及时告知。在对方知情同意的基础上，搜集相关的信息供检察机关参考。

最后，要保障智慧检院数据采集的透明性和算法的公开性。各级检察机关在实施数字检察战略的同时，需要以科学的检察理念为依托，保障大数据采集的客观准确性，不能为迎合上级检察机关的工作需要录入虚假数据，这将使得智慧检务工作出现隐患，至于人工智能中算法系统辅助检察决策的不透明问题，也应找寻对策加以应对。如仅依靠技术公司公开算法辅助的方式，显然不太现实。因为算法技术过于专业，如向社会公众公开有碍技术控制公司的隐私性。在未来，可以考虑对技术公司的算法系统相关的知识加以深度学习，对司法领域专业研发部门予以适度公开，以监督检察系统技术辅助的客观中立。人工智能的算法研发者也可以就研发原理和决策要素向司法应用人员释明，以保障检察人员能够恰如其分地使用算法决策系统，把握好使用的边界。这在很大程度上，能够保持人工智能等技术在辅助智慧检院运转中的中立性。

我们认为，我国以人工智能为代表的新一代信息技术与司法的融合效果已经进入加速变革期，智慧检院的数字检察战略助力了司法能动主义在检察机关工作中的运用。我国的智慧检院建设，无论是政策支持还是实践推进力度，都能彰显数字时代对数字正义的执着追求。智慧检院的建设具有法治层面的重要意义，是当代中国法治建设中的重要环节。如何利用技术激发法治的新效能，如何实现数字技术与传统法律制度的衔接，始终是数字时代亟须解决的难题。党的二十大报告中数十次地强调了"数字化"构想，智慧检院建设正是检察机关顺应数字化改革建设的重大决策部署。智慧检院不仅能够推进检察机关履职的现代化，更能够推进社会治理的多元化。我们应该积极推进数字检察的法治建设轨迹，积极推动智慧司法的良性发展，遵循数字时代的社会治理逻辑，真正达成数字正义的目标追求。

参考文献

一 中文著作及中译著作

包蕾萍、程福财等：《深度现代化："80后""90后"群体的价值冲突与认同》，上海社会科学院出版社2020年版。

陈昶屹：《网络人格权侵权责任研究》，北京大学出版社2014年版。

陈瑞华：《刑事诉讼法》，北京大学出版社2021年版。

邓正来：《美国现代国际私法流派》，中国政法大学出版社2006年版。

丁颖、李建蕾、冀燕娜：《在线解决争议：现状、挑战与未来》，武汉大学出版社2016年版。

范愉：《非诉讼纠纷解决机制研究》，中国人民大学出版社2000年版。

费孝通：《乡土中国》，北京大学出版社2012年版。

高兰英：《在线争议解决机制（ODR）研究》，中国政法大学出版社2011年版。

韩婧颖：《打击跨境电信网络诈骗犯罪的国际刑事司法协助探究》，《江西警察学院学报》2023年第1版。

何其生：《互联网环境下的纠纷解决机制：变革与发展》，武汉大学出版社2009年版。

胡锦光、韩大元：《中国宪法》，法律出版社2018年版。

黄薇主编：《中华人民共和国〈民法典〉释义（下）》，法律出版社2020年版。

江伟、肖建国主编：《民事诉讼法》，中国人民大学出版社2018年版。

廖永安总主编：《中国调解的理念创新与机制重塑》，中国人民大学出版社2019年版。

马长山：《迈向数字社会的法律》，法律出版社2021年版。

米歇尔·格拉齐亚代：《作为研究移植和继受的比较法》，高鸿均等译，载《牛津比较法手册》，北京大学出版社 2019 年版。

倪愫襄编著：《伦理学简论（第 2 版）》，武汉大学出版社 2018 年版。

潘吉星编，[美]李约瑟著：《李约瑟文集》，辽宁科学技术出版社 1986 年版。

邱联恭：《程序选择权之法理》，（台北）三民书局 1993 年版。

屈茂辉、凌立志：《网络侵权行为法》，湖南大学出版社 2002 年版。

孙昊亮：《网络环境下著作权的边界问题研究》，法律出版社 2017 年版。

汪世荣主编：《"枫桥经验"：基层社会治理的实践》（第 2 版），法律出版社 2018 年版。

王爱立主编：《中华人民共和国刑事诉讼法释义》，法律出版社 2018 年版。

王建学：《作为基本权利的地方自治》，厦门大学出版社 2010 年版。

王利明：《人格权法》，中国人民大学出版社 2022 年版。

习近平：《高举中国特色社会主义伟大旗帜 为全面建设社会主义现代化国家而团结奋斗——在中国共产党第二十次全国代表大会上的报告》（2022 年 10 月 16 日），人民出版社 2022 年版。

张楚：《电子商务法初论》，中国政法大学出版社 2000 年版。

张新宝：《中国〈民法典〉释评：侵权责任编》，中国人民大学出版社 2020 年版。

张中秋：《比较法视野中的法律文化》，法律出版社 2003 年版。

张中秋：《中西法律文化比较研究》，法律出版社 2009 年版。

郑世保：《在线解决纠纷机制研究》，法律出版社 2012 年版。

郑世保：《在线解纷机制（ODR）研究》，法律出版社 2012 年版。

郑维炜主编：《在线纠纷解决机制研究——理论、规则与实践（人大未来法治研究院网络法读书会第 4 辑）》，法律出版社 2022 年版。

中国社会科学院经济研究所编：《现代经济词典》，江苏人民出版社 2005 年版。

中华人民共和国最高人民法院编：《中国互联网司法白皮书》，人民法院出版社 2019 年版。

[德]黑格尔：《法哲学原理》，范扬、张企泰译，商务印书馆 1961

年版。

［德］马克斯·韦伯：《经济与社会》（下卷），林荣远译，商务印书馆1997年版。

［美］埃里克·布莱恩约弗森、安德鲁·麦卡菲：《第二次机器革命》，蒋永军译，中信出版集团2016年版。

［美］黄宗智：《过去和现在：中国民事法律实践的探索》，法律出版社2009年版。

［美］黄宗智：《清代的法律、社会与文化：民法的表达与实践》，法律出版社2014年版。

［美］朗·富勒：《法律的道德性》，郑戈译，商务印书馆2005年版。

［美］理查德·萨斯坎德：《线上法院与未来司法》，何广越译，北京大学出版社2021年版。

［美］理查德·波斯纳：《论剽窃》，沈明译，北京大学出版社2010版。

［美］塞缪尔·亨廷顿：《变化社会中的政治秩序》，王冠华等译，上海人民出版社2008年版。

［美］伊森·凯什、［以色列］奥娜·拉比诺维奇·艾尼：《数字正义：当纠纷解决遇见互联网科技》，赵蕾等译，法律出版社2019年版。

［美］约翰·H.威格摩尔：《世界法系概览》（上），何勤华等译，上海人民出版社2004年版。

［英］安东尼·吉登斯：《现代性的后果》，田禾译，译林出版社2011年版。

［英］哈耶克：《自由秩序原理》，邓正来译，生活·读书·新知三联书店1997年版。

［英］理查德·萨斯坎德：《法律人的明天会怎样？——法律职业的未来》，何广越译，北京大学出版社2015年版。

二　中文论文

曹建军：《在线诉讼规则与民事诉讼法典化》，《河北法学》2022年第8期。

曹雨薇：《网络平台合同中版权条款：法理分析与规则重构》，《福建金融管理干部学院学报》2022年第3期。

陈飞、周珊:《智慧检务在刑事检察中的建设及运用》,《中国检察官》2020年第12期。

陈锦波:《论信息技术对传统诉讼的结构性重塑》,《法制与社会发展》2018年第3期。

陈思民:《奋力打造全球互联网仲裁首选地——广州仲裁委员会探索"一站式"ODR争议解决平台及实践》,《商事仲裁与调解》2011年第2期。

陈晓枫、张实根:《论中国民法典的传统法文化精神》,《江苏行政学院学报》2022年第2期。

陈晓律:《从习俗到法治——试析英国法治传统形成的历史渊源》,《世界历史》2005年第5期。

谌洪果:《"枫桥经验"与中国特色的法治生成模式》,《法律科学》2009年第1期。

程琥:《在线纠纷解决机制与我国矛盾纠纷多元化解机制的衔接》,《法律适用》2016年第2期。

程啸:《论我国〈民法典〉网络侵权责任中的通知规则》,《武汉大学学报》2020年第6期。

初北平:《"一带一路"多元争端解决中心构建的当下与未来》,《中国法学》2017年第6期。

褚宸舸、李德旺:《近十年人民调解"枫桥经验"研究的回顾与展望(2008—2017)》,《民间法》2018年第1期。

褚宸舸、史凯强:《"网上枫桥经验"浙江实践及其创新》,《浙江工业大学学报》(社会科学版)2019年第2期。

丛立先、张满潇:《论网络知识产权侵权案件的地域管辖》,《东北大学学报》2011年第5期。

崔国斌:《网路服务上共同侵权制度之重塑》,《法学研究》2013年第4期。

崔亚东:《人工智能应用与治理》,《行政管理改革》2020年第6期。

代辉:《行业协会在国家知识产权体制中的地位——以中美比较为基础》,《科技与法律》2015年第5期。

邓文武:《知识产权纠纷行政调解的服务转向和制度供给》,《重庆大学学报》（社会科学版）2017年第4期。

翟东升、蔡文浩、张杰、郭程：《基于图相似度的专利侵权检测方法研究》，《图书情报工作》2018年第5期。

翟凯：《触摸互联网+ADR的线上正义——微博侵权纠纷的ODR在线救济机制探析》，《新闻法制研究》2016年第1期。

丁国峰、张晴：《反思与完善：我国知识产权领域创设惩罚性赔偿责任的适用路径》，《电子知识产权》2021年第8期。

丁丽瑛：《搭建侵犯著作权民事纠纷行政调解的高效便捷平台》，《中国版权》2017年第4期。

丁晓东：《论算法的法律规制》，《中国社会科学》2020年第12期。

董储超：《迈向韧性治理：数字时代"枫桥式"人民法庭的转型前瞻》，《湖湘法学评论》2023年第3期。

段宏磊、沈斌：《数字经济领域平台服务互操作性的实现路径与立法回应》，《学习与实践》2023年第6期。

范明志：《律师在线诉讼规则研究》，《法学评论》2022年第4期。

范小华：《执行和解协议的效力分析及完善立法建议》，《河北法学》2008年第6期。

冯建军：《网络公民教育：智能时代道德教育的新要求》，《伦理学研究》2022年第3期。

冯晓青、刘政操：《技术创新视野下网络著作权保护的困境及其破解》，《湖南师范大学社会科学学报》2021年第6期。

冯雨：《B2C模式下的自贸区跨境电子商务法律问题研究——以"跨境通"平台为切入点》，《上海商学院学报》2015年第5期。

高景峰：《数字检察的价值目标与实践路径》，《中国法律评论》2022年第6期。

高莉：《数字时代著作权合理使用制度的检视与重构——基于技术中立的理论分析》，《苏州大学学报》（法学版）2023年第1期。

高玉林：《信任建立与信任结构》，《广东行政学院学报》2012年第2期。

葛天博：《"枫桥经验"的回溯、重读与再兴》，《领导科学论坛》2020年第7期。

巩聪聪：《新媒体视域下著作权保护思考——以"微信公众号"为重

点研究对象》，《全媒体探索》2022 年第 1 期。

郭雪慧：《欧盟视角下的电子商务在线纠纷解决》，《河北经贸大学学报》2013 年第 6 期。

韩烜尧：《论中国的线上纠纷解决机制（ODR）——"网上枫桥经验"的探索与发展》，《首都师范大学学报》（社会科学版）2021 年第 2 期。

何柏生：《数字的法律意义》，《法学》2022 年第 7 期。

何永军：《乡村社会嬗变与人民调解制度变迁》，《法制与社会发展》2013 年第 1 期。

何志鹏：《国际法治的中国方案——"一带一路"的全球治理视角》，《太平洋学报》2017 年第 5 期。

胡建文、吴昊：《微信公众号作品传播行为的著作权保护》，《江西科技师范大学学报》2022 年第 1 期。

胡铭：《论数字时代的积极主义法律监督观》，《中国法学》2023 年第 1 期。

胡晓霞：《我国在线纠纷解决机制发展的现实困境与未来出路》，《法学论坛》2017 年第 3 期。

胡晓霞：《智慧公诉发展的理论支撑与实践路径》，《社会科学辑刊》2022 年第 3 期。

黄国栋：《比较法视野下智慧法院建设的中国经验、实践困境与路径优化》，《法律适用》2023 年第 3 期。

黄国群、徐丽红：《知识产权领域的"新枫桥经验"：典型案例与启发》，《科学学与科学技术管理》2023 年第 8 期。

黄丽云：《数字社会的伦理困境与法治文化建设》，《中国政法大学学报》2022 年第 2 期。

黄莉萍、汪志强：《我国著作权法署名推定规则的研究》，《太原理工大学学报》（社会科学版）第 1 期。

黄政宗、叶英萍：《版权数字救济中封网禁令实施困境的因应之策》，《海南大学学报》（人文社会科学版）2023 年第 1 期。

黄忠顺：《全流程在线诉讼规则体系的建构及意义》，《人民论坛》2022 年第 24 期。

季金华：《司法权威的文化建构机制》，《理论探索》2021 年第 1 期。

季卫东：《程序比较论》，《比较法研究》1993 年第 1 期。

贾宇：《论数字检察》，《中国法学》2023 年第 1 期。

姜福晓：《数字网络技术背景下著作权法的困境与出路》，博士学位论文，对外经济贸易大学，2014 年。

姜启波：《涉外知识产权纠纷法律问题研究》，《中国法律评论》2022 年第 6 期。

蒋忠波：《"群体极化"之考辨》，《新闻与传播研究》2019 年第 3 期。

景汉朝：《互联网法院的时代创新与中国贡献》，《中国法学》2022 年第 4 期。

李彬：《走出社会转型时期人际信任的困境》，《齐鲁学刊》2006 年第 2 期。

李建伟：《习近平法治思想中的营商环境法治观》，《法学论坛》2022 年第 3 期。

李林：《推进新时代"枫桥经验"的法治化》，《法学杂志》2019 年第 1 期。

李晓辉：《论以人民为中心的法治》，《法制与社会发展》2023 年第 3 期。

李鑫：《人工智能在法院工作中应用的路径与前景》，《经济与社会发展》2018 年第 4 期。

李鑫：《智慧法院建设的理论基础与中国实践》，《政法论丛》2021 年第 5 期。

李洋：《算法时代的网络侵权救济规则：反思与重构——以"通知 + 取下"规则的类型化为中心》，《南京社会科学》2020 年第 2 期。

李永明、赖利娜：《区块链背景下数字版权全链条保护的困境与出路》，《科技管理研究》2022 年第 10 期。

李岳：《检察机关深化诉源治理路径探析》，《山西省政法管理干部学院学报》2023 年第 3 期。

李忠夏：《数字时代隐私权的宪法建构》，《华东政法大学学报》2021 年第 3 期。

廖柏寒：《区块链在版权存证上的技术优势与未来应用——基于"版权链 + 天平链"协同取证第一案的启示》，《出版广角》2021 年第 21 期。

廖永安：《论构建中国自主的调解学知识体系》，《商事仲裁与调解》2023 年第 1 期。

刘斌志、周宇欣：《新世纪我国青少年网络暴力研究的回顾与前瞻》，《预防青少年犯罪研究》2019 年第 1 期。

刘春田：《关于我国著作权立法的若干思考》，《中国法学》1989 年第 4 期。

刘金松：《数字时代刑事正当程序的重构：一种技术性程序正义理论》，《华中科技大学学报》（社会科学版）2023 年第 2 期。

刘晋名、艾围利：《"避风港规则"的法律适用及消解路径》，《南京社会科学》2020 年第 8 期。

刘连泰：《信息技术与主权概念》，《中外法学》2015 年第 2 期。

刘品新：《论电子证据的真实性标准》，《社会科学辑刊》2021 年第 1 期。

刘品新：《论区块链证据》，《法学研究》2021 年第 6 期。

刘铁光：《〈民法典〉统辖下的知识产权单行法修订》，《当代法学》2021 年第 2 期。

刘铁光：《作品独创性判定标准调适的准则及其遵守的路径——以体育赛事直播画面独创性的判定为例》，《苏州大学学报》（法学版）2019 年第 4 期。

刘巍：《数字赋能检察工作高质量发展的思考与研究》，《辽宁公安司法管理干部学院学报》2023 年第 4 期。

刘兴华：《数字全球化时代的技术中立：幻象与现实》，《探索与争鸣》2022 年第 12 期。

刘兴华：《数字全球化与全球数字共同体》，《国外社会科学》2021 年第 5 期。

刘银良：《知识产权惩罚性赔偿的类型化适用与风险避免——基于国际知识产权规则的视角》，《法学研究》2022 年第 1 期。

刘友华：《知识产权纠纷多元化解决机制研究：以纠纷类型化为中心》，《知识产权》2013 年第 4 期。

刘峥、何帆、李承运：《〈人民法院在线诉讼规则〉的理解与适用》，《人民司法》2021 年第 19 期。

龙飞：《中国在线纠纷解决机制的发展现状及未来前景》，《法律适用》

2016年第10期。

娄必县、崔明莉：《智慧法院视野下全流程无纸化办案的反思与完善》，《重庆理工大学学报》（自然科学版）2023年第5期。

罗文波：《预期的稳定化——卢曼的法律功能思想探析》，《环球法律评论》2007年第4期。

马春晓：《数字检察的缘起、实践与理论建构》，《南京大学学报》（哲学·人文科学·社会科学）2023年第4期。

马德普、龙涛：《现代种族主义的嬗变及其个人主义根源》，《民族研究》2022年第1期。

马俊峰、白春阳：《社会信任模式的历史变迁》，《社会科学辑刊》2005年第2期。

马长山：《数字社会的治理逻辑及其法治化展开》，《法律科学》2020年第5期。

马长山：《司法人工智能的重塑效应及其限度》，《法学研究》2020年第4期。

马长山：《网络空间治理中的公民文化塑造》，《内蒙古社会科学》（汉文版）2018年第4期。

满洪杰：《被遗忘权的解析与构建：作为网络时代信息价值纠偏机制的研究》，《法制与社会发展》2018年第2期。

孟醒：《智慧法院建设对接近正义的双刃剑效应与规制路径》，《中国政法大学学报》2020年第6期。

聂勇浩、张炘：《基于区块链的电子证据保全模式研究——以广州互联网法院为例》，《档案学研究》2021年第5期。

潘庸鲁：《人工智能介入司法领域路径分析》，《东方法学》2018年第3期。

戚永福、曹瑞璇：《检察机关参与社会治理的理念转变与实践展望》，《上海法学研究》2022年第19卷。

钱晓晨、刘雪梅、徐德芳：《〈人民法院在线调解规则〉理解与适用》，《人民司法》2022年第10期。

全红霞：《略论著作权地域性的演变》，《科技与法律》2008年第2期。

任渝婉：《自媒体"洗稿"的治理难题及其多元破解》，《出版发行研究》2018年第11期。

申欣旺：《淘宝网的纠纷解决经验及其司法借鉴价值》，《浙江审判》2015年第11期。

石宏：《〈民法典〉视角下的名誉权保护制度》，《上海政法学院学报（法治论丛）》2021年第1期。

苏力：《法条主义、民意与难办案件》，《中外法学》2009年第1期。

孙维佳：《论欧盟电子商务消费者权益保护制度》，博士学位论文，中国政法大学，2004年。

王斌通：《乡贤调解：创新"枫桥经验"的传统文化资源》，《山东科技大学学报》2018年第2期。

王德全：《试论INTERNET案件的司法管辖权》，《中外法学》1998年第2期。

王福华：《电子法院：由内部到外部的构建》，《当代法学》2016年第5期。

王光玲：《首创"版权"立法，以制度供给力促版权兴业——〈广东省版权条例〉解读》，《人民之声》2023年第2期。

王静：《数字公民伦理：网络暴力治理的新路径》，《华东政法大学学报》2022年第4期。

王利明：《论法律解释之必要性》，《中国法律评论》2014年第2期。

王荔：《司法"接近正义"之实践逻辑转向》，《公共治理》2017年第8期。

王迁：《论版权法对滥用技术措施行为的规制》，《现代法学》2018年第4期。

王韬钦：《传统政治文化语境下当代农村基层调解多重性叠加与联动之治》，《青海民族研究》2022年第2期。

王天夫：《数字时代的社会变迁与社会研究》，《中国社会科学》2021年第12期。

王艳芳：《论侵害信息网络传播权行为的认定标准》，《中外法学》2017年第2期。

魏晓娜：《冲突与融合：认罪认罚从宽制度的本土化》，《中外法学》2020年第5期。

吴汉东：《人工智能生成作品的著作权法之问》，《中外法学》2020年第3期。

吴汉东：《知识产权损害赔偿的市场价值基础与司法裁判规则》，《中外法学》2016 年第 6 期。

吴汉东：《中国知识产权法律体系论纲——以〈知识产权强国建设纲要（2021—2035 年）〉为研究文本》，《知识产权》2022 年第 6 期。

吴锦良：《"枫桥经验"的演进与基层治理创新》，《浙江社会科学》2010 年第 7 期。

吴双：《浅析网络交易中消费者隐私权的保护》，《经济与法》2013 年第 6 期。

吴思远：《数字检察的法理反思》，《华东政法大学学报》2023 年第 5 期。

吴玉霞：《自媒体法律规制的现状、问题与完善对策》，《传媒》2016 年第 4 期。

肖建国：《在线诉讼的定位与〈民事诉讼法〉的修改》，《北京航空航天大学学报》（社会科学版）2022 年第 2 期。

肖永平、谢新胜：《ODR：解决电子商务争议的新模式》，《中国法学》2003 年第 6 期。

谢登科：《论在线诉讼中的当事人程序选择权》，《南开学报》（哲学社会科学版）2022 年第 1 期。

谢登科：《在线诉讼中证人出庭作证的场域变革与制度发展》，《法制与社会发展》2023 年第 1 期。

谢恩临：《推进新时代乡村治理与文化重构的"枫桥经验"启示——评〈乡村治理与文化重构〉》，《中国农业资源与区划》2020 年第 4 期。

熊浩：《语境论视野下的〈新加坡调解公约〉与中国商事调解立法：以调解模式为中心》，《法学家》2022 年第 6 期。

熊皓男：《版权链论纲：区块链对网络版权底层规则的重塑》，《科技与法律》（中英文）2022 年第 1 期。

熊琦、朱若含：《论著作权法中的"行政介入"条款》，《山东大学学报》（哲学社会科学版）2020 年第 1 期。

徐冬根：《人文关怀与国际私法中弱者利益保护》，《当代法学》2004 年第 5 期。

徐汉明、邵登辉：《新时代枫桥经验的历史地位与时代价值》，《法治研究》2019 年第 3 期。

徐明、岳浩然:《从管理到服务:知识产权纠纷调解机制的模式重塑》,《科技与法律》(中英文)2022 年第 5 期。

徐伟:《〈民法典〉中网络侵权制度的新发展》,《法治研究》2020 年第 4 期。

杨焘:《论民事在线诉讼中的当事人程序选择权——以〈人民法院在线诉讼规则〉为视角》,《北京航空航天大学学报》(社会科学版)2022 年第 4 期。

杨建军:《"司法能动"的中国展开》,《法律科学》2010 年第 1 期。

杨立新:《民法典侵权责任编草案规定的网络侵权责任规则检视》,《法学论坛》2019 年第 3 期。

杨立新:《网络服务提供者在网络侵权避风港规则中的地位和义务》,《福建师范大学学报》2020 年第 5 期。

伊然:《区块链存证电子证据鉴真现状与规则完善》,《法律适用》2022 年第 2 期。

伊然:《区块链技术在司法领域的应用探索与实践——基于北京互联网法院天平链的实证分析》,《中国应用法学》2021 年第 3 期。

游劝荣:《习近平法治思想的司法理论》,《中国法学》2023 年第 4 期。

余红霞:《"枫桥经验"的形成和发展历程》,《中共党史资料》2006 年第 2 期。

余钊飞、罗爱军:《"枫桥经验"形成渊源考》,《浙江工业大学学报》(社会科学版)2023 年第 2 期。

张春和、陈斯杰、李婷:《网络著作权纠纷交互式审理的构建与适用——以广州互联网法院 ZHI 系统实践为对象》,《中国应用法学》2021 年第 3 期。

张莉莉、朱子升:《算法歧视的法律规制:动因、路径和制度完善》,《科技与法律》2021 年第 2 期。

张凌寒:《数字正义的时代挑战与司法保障》,《湖北大学学报》2023 年第 3 期。

张卫平:《在线诉讼:制度建构及法理——以民事诉讼程序为中心的思考》,《当代法学》2022 年第 3 期。

张文显:《推进全球治理变革,构建世界新秩序——习近平治国理政的全球思维》,《环球法律评论》2017年第4期。

张文显:《习近平法治思想研究(中)——习近平法治思想的一般理论》,《法制与社会发展》2016年第3期。

张文显:《新时代"枫桥经验"的核心要义》,《社会治理》2019年第9期。

张文显:《新时代全面依法治国的思想、方略和实践》,《中国法学》2017年第6期。

张文显:《新时代中国社会治理的理论、制度和实践创新》,《法商研究》2020年第2期。

张亚军、黄华:《机遇与挑战:我国智慧检务建设的发展隐忧与平衡路径》,《河北法学》2021年第2期。

张龑:《例外状态与文化法治国》,《法学家》2021年第4期。

张垚、王译萱:《迈向新时代刑事检察信息化、智能化:主体、方法与规则——以检察裁量辅助系统为分析视角》,《湖北工业职业技术学院学报》2021年第6期。

张玥、沈秋豪:《在线纠纷解决机制的法治逻辑及完善建议——以浙江ODR实践为分析样本》,《浙江树人大学学报》2022年第1期。

张中秋:《传统中国的法秩序及其构成原理与意义》,《中国法学》2012年第3期。

赵蕾:《"枫桥经验"的理论提升》,《法律适用》2018年第17期。

赵双阁、姚叶:《区块链技术应用于短视频版权保护的优势与局限》,《中国编辑》2021年第8期。

赵杨:《人工智能时代的司法信任及其构建》,《华东政法大学学报》2021年第4期。

赵玥:《网络环境下著作权保护的法经济学分析》,博士学位论文,吉林大学,2017年。

郑丁华、郭星华:《西方干预未成年人网络暴力的有效措施及其启示》,《中国青年研究》2021年第2期。

郑维炜、高春杰:《"一带一路"跨境电子商务在线争议解决机制研究——以欧盟〈消费者ODR条例〉的启示为中心》,《法制与社会发展》2018年第4期。

郑维炜:《中国"智慧法院"在线调解机制研究》,《当代法学》2020

年第 6 期。

郑小勇:《行业协会知识产权治理与集群企业集体维权行动——创新合法性的中介效应探索》,《管理工程学报》2022 年第 3 期。

郑晓剑:《侵权损害赔偿效果的弹性化构造》,《武汉大学学报》(哲学社会科学版) 2019 年第 4 期。

郑璇玉、刘红宵:《论新〈著作权法〉中的社会治理与个体诉求》,《民主与科学》2021 年第 2 期。

中国司法大数据研究院课题组、浙江省台州市中级人民法院课题组:《数字时代网络侵权责任纠纷实证研究——基于 6589 份裁判文书的司法数据分析与反思建议》,《数字法治》2023 年第 1 期。

周尚君、罗有成:《数字正义论:理论内涵与实践机制》,《社会科学》2022 年第 6 期。

周翔:《描述与解释:淘宝纠纷解决机制——ODR 的中国经验观察》,《上海交通大学学报》2021 年第 4 期。

朱福勇、曾子亮:《论区块链电子证据司法审查的核心要义》,《科技与法律》2022 年第 2 期。

邹国勇、李俊夫:《欧盟消费者在线争议解决机制的新发展——2013 年〈欧盟消费者在线争议解决条例〉述评》,《国际法研究》2015 年第 3 期。

邹禹同:《自媒体的著作权保护:历史、现状、困境——基于"知乎"答主的视角》,《青年记者》2022 年第 15 期。

左卫民:《中国在线诉讼:实证研究与发展展望》,《比较法研究》2020 年第 4 期。

[英] 布里格斯勋爵:《生产正义方式以及实现正义途径之变革——英国在线法院的设计理念、受理范围以及基本程序》,《中国应用法学》2017 年第 2 期。

三 中文报纸

陈琨:《互联网法院不只是网上案件网上审? 看这三个维度!》,《人民法院报》2018 年 5 月 22 日评论版。

国瀚文:《区块链第三方存证平台的司法应对》,《人民法院报》2022

年 9 月 16 日第 8 版。

胡建淼：《法治是规则之治》，《法制日报》2016 年 6 月 15 日第 7 版。

胡萌：《区块链存证的效力及审查规则》，《人民法院报》2021 年 8 月 5 日第 8 版。

江和平：《亚太经合组织在线跨境商务纠纷的合作框架》，《人民法院报》2017 年 5 月 12 日第 8 版。

刘峥、何帆：《司法改革 2021：守正创新，行稳致远》，《人民法院报》2022 年 1 月 16 日第 2 版。

陆健、严红枫、张颖：《"枫桥经验"，基层社会治理的中国方案》，《光明日报》2021 年 3 月 17 日第 5 版。

孟建柱：《加强和创新社会治理》，《人民日报》2015 年 10 月 9 日第 2 版。

人民法院报评论员：《把非诉讼纠纷解决机制挺在前面》，《人民法院报》2022 年 10 月 20 日第 4 版。

孙梦龙：《区块链取证与可信时间戳技术梳理适用》，《检察日报》2021 年 9 月 1 日第 3 版。

吴贻伙、刘晨、唐菲菲：《投资者的虚拟货币被他们从"后门"偷走了》，《检察日报》2023 年 3 月 21 日第 4 版。

熊志钢：《全国首例！北京互联网法院采用区块链智能合约技术实现执行"一键立案"》，《人民法院报》2019 年 10 月 30 日第 1 版。

徐鹏：《青海检察院运用大数据法律监督手段激发工作效能》，《法治日报》2023 年 8 月 24 日第 4 版。

张军：《深化新时代能动司法检察工作》，《检察日报》2021 年 8 月 2 日第 1 版。

郑维炜：《以智慧法院完善在线解纷机制》，《中国社会科学报》2023 年 6 月 7 日第 6 版。

郑维炜：《在线解纷机制推动公平正义触手可及》，《光明日报》2023 年 7 月 1 日第 5 版。

郑重：《构建我国多元化纠纷解决机制的三个向度》，《人民法院报》2019 年 7 月 26 日第 5 版。

周强：《最高人民法院工作报告 - 2023 年 3 月 13 日第十四届全国人民代表大会第一次会议上》，《光明日报》2023 年 3 月 8 日第 5 版。

周强：《推进中国特色一站式多元纠纷解决机制建设》，《人民日报》2022年3月3日第6版。

四　外文著作

Ethan Katsh and Orna Rabinovich-Einy, *Digital Justice: Technology and the Internet of Disputes*, Oxford: Oxford University Press, 2017.

F. A. Hayek, *The Road to Serfdom*, London: Routledge, 1944.

Faye Fangfei Wang, *ODR: Technology, Management and Legal Practice from an International Perspective*, Oxford: Chandos Publishing, 2008.

Pablo Cortés, *Online Dispute Resolution for Consumers in the European Union*, Routledge and the Taylor & Francis Group, 2010.

Roland Robertson, *Globalisation: Social Theory and Global Culture*, London: SAGE Publications Ltd, 1992.

The European Consumer Centres Network: *The European Consumer Centres Network 10 years serving Europe's consumers Anniversary Report*, 2005 – 2015.

五　外文论文

Bogenschneider, Bret N., Mironko, Arkadiusz and eBay Frauds, "Specific Illustrations and Analysis", *Loyola Consumer Law Review*, Vol. 34, 2022.

Catherine H. Tinsley, "Culture and Conflict: Enlarging OurDispute Resolution Framework", in Michele J. Gelfand and Jeanne M. Brett eds., *The Handbook of Negotiation and Culture*, California: Stanford University Press Stanford, 2004.

Christina L. Kunz, Maureen Del Duca, Heather A. Thayer & Jennifer Debrow, "Click-through agreements: Strategies for Avoiding Dispute on Validity of Assent", *The Business Lawyer*, Vol. 57, 2001.

Emily B. Laidlaw, "Re-imaging Resolution of Online Defamation Dispute", *Osgoode Hall Law Jonrnal*, Vol. 56: 1, 2018.

Ethan Katsh and Colin Rule, "What We Know and Need to Know about Online Dispute Resolution", *South Carolina Law Review*, Vol. 67, No. 2, 2016.

Ethan Katsh, "*ODR: A Look at History*, in Online Dispute Resolution: Theory and Practice", in Mohamed S. Abdel Wahab, Ethan Katsh and Daniel Rainey eds., *Online Dispute Resolution: Theory and Practice-A Treatise on Technology and Dispute Resolution*, The Netherlands: Eleven International Publishing, 2012.

Eva Storskrubb, "Alternative Dispute Resolution in the EU: Regulatory Challenges", *European Review of Private Law*, Vol. 24, Issue 1, 2016.

Gulati Rishi, "Meta's Oversight Board and Transnational Hybrid Adjudication − − What Consequences for International Law?" *German Law Journal*, Vol. 24, 2023, p. 474.

Janet Rifkin, "Online Dispute Resolution, Theory and Practice of the Fourth Party", *Conflict Resolution Quarterly*, Vol. 19, No. 1, 2001.

Kadri, Thomas E. & Kate Klonick, "Facebook v. Sullivan: Public Figures and Newsworthiness in Online Speech", *Southern Califonia Law Review*, Vol. 93: 1, 2019.

Matthew Fagin, "Regulating Speech Across Borders: Technology vs. Values", *Michigan Technology Law Review*, Vol. 9, No. 2, 2003.

后　记

　　党的二十大报告创造性地提出中国式现代化理论,而现代化的实现需要与之相匹配的法治体系。作为中国式现代化的重要组成部分,法治现代化是确保中国式现代化在法治轨道上前行的重要力量。如何回应数字时代的法治实践,实现法治现代化,在线解纷机制的理论重塑与实践创新无疑是其中的重要内容。在法治现代化这一视域下观察,我国应从纠纷解决的理论和实践出发,借助现有在线解纷的法治成果进一步完善和发展机制,调整和重构纠纷解决理论及机制设计的价值方向与实践策略。我们处在一个数字时代,这是一个客观事实,是一个无法回避的历史现象和历史潮流。坚持和发展"网上枫桥经验",纠纷解决机制在不断向更加广阔的领域拓展,并与每一个社会成员息息相关。在已有纠纷类型的基础上,还有产生新类型的纠纷,这决定了我们需要持有一种体系性与广角性的思路,多种解纷方式各有特点、功能不同,又存在着一定程度的交叉、衔接,据以充分发挥它们的积极效用以此适应各种纠纷类型。互联网信息和通信等新技术的兴起和发展,在线解纷机制的科学设计能够保障人们在个案中更多以可视化方式来体验公平正义,努力创造更高水平的数字正义,既是实现审判体系和审判能力现代化的重要举措,也是回应国家治理体系改革要求的必然选择,并对提升审判质效的优化分配,依法保护当事人,平等保护民事主体的合法权益具有纲举目张的重要意义。这应是与中国式现代化的要求相匹配,也是建设中国特色社会主义法治体系、建设社会主义现代化国家的内在要求。

　　本书收录了作者近年于《法制与社会发展》《当代法学》《光明日报》《中国社会科学报》等报刊上发表的学术论文,以及主编中国人民大学未来法治研究院网络法第35—44期读书会专辑《在线纠纷解决机制研究：理论、规则与实践》的部分书稿，是在保持基本内容的基础上，经过一些修改、补充和完善而形成的。本书的出版要感谢教育部人文社科研究规划项目、京东基金项目的支持；感谢中国人民大学法学院对我学术研究的肯定；感谢中国社会科学出版社许琳老师辛苦地编辑书稿；感谢浙江大学光华法学院的博士研究生严嘉琪以及我的学生濮丹红、张艺苑、刘婷和钟碧云提供的帮助，他们认真地搜集整理文献资料，编辑校对书稿章节，提供很多意见。最后，十分感谢中国人民大学未来法治研究院推出的人大未来法治研究丛书计划，本书旨在为研究在线解纷机制的科研工作者和高校师生提供参考，可供数字法学、计算机法学以及网络法学等交叉学科专业学生作为教材或相关主题研究的推荐阅读书目使用。